자원봉사론

김남숙 · 백민수 · 정명환

KNOWLEDGE COMMUNITY 공동체

머리말

사회복지의 핵심적 단어를 뽑으라 한다면 단연코 "관계성"이다. 개인과 개인과의 관계, 개인과 조직(체계)과의 관계, 조직과 조직과의 관계, 개인과 사회와의 관계 등... 우리는 무수한 관계를 맺고 살고 있으며 관계에서 갈등과 상처를 받고 그 관계에서 또 다시 해결책을 찾으려 한다. 이러한 "관계의 힘" 중에서 가장 선하면서 강력한 영향력을 발휘하는 것이 바로 자원봉사라고 필자는 강조하고 싶다.

자원봉사의 구체적인 활동은 다채롭고 광범위한 모든 사회복지 제 영역에서도 가장 인간적으로 매력적인 분야라 평하고 싶다. 그 이유는 봉사활동을 받는 수혜자와 봉사활동을 실행하는 공급자 간의 벽이 없기 때문이다. 현재는 상황적으로 타인의 도움을 받거나 손을 빌려야 하는 시기일지라도 우리의 긴 인생 여정에서 언제라도 이 수혜자가 다시 다른 봉사활동의 공급자가 될 수도 있고 반대의 경우도 일어날 수 있는 것이 우리의 삶이기 때문이다. 이런 까닭에 그 어떤 경우라도 자원봉사 공급자의 우월성이나 시혜성 혹은 수혜자의 낙인이란 것이 없다. 동시에 수혜자나 공급자 중 그 어느 한 축의 노력만으로는 이루어질 수 없는 것이 바로 봉사활동이다. 양쪽의 날개가 균형 있게 힘을 써야 제대로 힘을 받아 날 수 있듯이, 양자의 노력이 결합되었을 때 완성도가 높은 성과물, 즉 봉사활동이 빚어지게 된다.

한국 사회에서 자원봉사, 사회봉사라는 행위가 그나마 보편성을 띠고 대중화된 계기는 여러 차례의 국제대회를 개최하면서이다. 1986년 아시안게임, 1988년 올림픽, 2002년 월드컵 등 국가적인 차원의 행사는 많은 인원의 훈련된 봉사자를 요하게 되었으며 이런 봉사자들의 모집, 훈련, 배치, 평가 과정은 사회적인 관심을 끌만한 이슈가 되었다. 또한 2000년 들어 한국 사회도 선진국 대열에 합류하기 위해 국민 삶의 질을 논하는 시점에서 생산적인 노동과 맞물려 여가, 레저에 대한 큰 관심이 모아졌고 5일제 근무가 보편화되었다. 이에 직장과 가정에서는 함께하는 봉사활동에 대한 집중이 일었다. 현재는 초고령 사회, 다문화 사회, 디지털 사회,

친환경 사회 등의 사회적 변화에 대응하기 위한 솔루션으로 자원봉사활동은 다루어지고 있다.

본 서는 자원봉사 관련 전공자 3명이 최근의 사회 변화와 자원봉사활동 추이를 반영하여 총 12장으로 구성하였다. 봉사활동에 대한 기초이론으로서 제1, 2, 3, 4장에서는 역사적 전개, 구성 체계, 자원봉사활동을 뒷받침하는 관련 이론을 소개하였다. 제5, 6, 7, 8, 9장에서는 자원봉사활동에 직접적으로 활용할 수 있는 프로그램 개발에서부터 자원봉사자 모집, 교육 및 훈련, 배치, 평가를 소개하였으며 봉사관리에 유익한 인정과 보상, 갈등관리 등을 수록하였다. 제10, 11장에서는 자원봉사활동의 유형 및 활동하는 현장에 대해 소개하였으며 마지막으로 제12장에서는 향후 사회적 변화에 대응하고 호흡하는 봉사활동의 현재와 미래를 블록체인기술 기반 관리 등으로 전개하였다.

앞서 언급한 대로, 봉사활동은 크게 두 가지 축으로 구성된다. 봉사 영역에서 직접 활동을 하고 자신의 시간과 노력, 재능을 자발적으로 투입하는 봉사자와 자신의 힘으로는 상황을 극복할 수 없어 타인의 손길을 받을 수밖에 없는 봉사 대상자(수급자)이다. 더 확장하면 이 모든 봉사활동을 관장하는 봉사관리자가 존재한다. 이 삼박자가 잘 맞아 정음을 내기 위해 반드시 뒷받침되어야 하는 것이 관련 이론이다. 자원봉사의 원리와 각자의 역할을 제대로 숙지할 때 모두가 만족하는 연주가 완성된다. 그러기 위해서 본 서에서는 봉사자들이 알아야 하는 봉사활동의 원칙, 원리 등 기초적 이론들을 담았으며 무엇보다 성공적인 봉사관리를 위해 봉사관리자들이 익혀야 하는 봉사관리 관련 이론은 물론 봉사현장에서 바로 사용 가능한 다양한 봉사관리 관련 정보들을 수록하였다.

숙련된 봉사자들의 지속적인 공급은 어느 자원봉사조직이나 꿈꾸는 안정된 자원이 된다. 이를 위해 관리자들은 양질의 지속적인 봉사활동 공급 및 봉사자들이 만족할 만한 봉사활동에 깊은 관심을 갖게 되는데 이에 대한 도움을 주고자 자원봉사자 중도탈락, 갈등관리, 위험관리 등의 내용도 담았다. 인력이 절대적으로 부족한 사회복지현장에 활용 가능한 내용이라 여겨진다.

많은 대학에서 대학생의 인성학습과 올바른 가치관, 시민성을 교육하기 위해 자원봉사를 졸업 관련 필수 과목으로 채택하는 경우가 늘고 있다. 이들에게 본 서가 세상을 배우는 지침서가 되고 곧 졸업 후 사회복지현장 전문가로 활동하게 될 학생들에게는 각자의 사회복지현장에서 만나게 되는 봉사자들을 어떻게 과학적으로 관리하고 응대해야 하는지 알게 되는 지식 창이 되길 희망한다.

마지막으로 본 서의 출판을 맡아주신 도서출판 공동체 가족 여러분들께 감사를 드린다.

2025년 1월

봉사활동의 마술적 힘을 널리 알리고 싶은 3인 저자

김남숙, 백민수, 정명환

차 례

제 2 부 자원봉사관리의 이해

제 1 부

자원봉사의 기초 이론

CHAPTER 1

자원봉사의 이해

1. 자원봉사 및 관련 개념

1) 자원봉사의 어의적 개념

한국 사회가 선진국 시민들의 생활 패턴과 유사함을 보이는 것 중 하나는 바로 자원봉사활동의 폭넓은 전개이다. 자원봉사 혹은 자원봉사활동은 우리 생활 속에 매우 널리 퍼져 있고 이러한 개념이 어색하거나 생소한 의미를 지니고 있지 않음을 우리는 모두 실감하며 살고 있다. 이런 의미에서 우리는 자원봉사의 참뜻을 파악하고 잘 활용해야 하는 시기를 살아가고 있으며, 자원봉사에 대한 어의적 개념을 살펴보는 작업은 매우 의미가 있다. 먼저 자원봉사는 '자원'과 '봉사'의 합성어이며 보다 올바른 이해를 위해서는 한자어와 영어의 의미를 파악해야 할 필요가 있다.

먼저 우리말 사전에서 '자원(自願)'이란 '일정한 일을 자기 스스로 원함'(신기철 · 신용철, 1990), 그리고 '봉사(奉仕)'란 '① 남의 뜻을 받들어 섬김, ② 국가나 사회 또는 남을 위하여 자기 이해를 돌보지 않고 노력이나 힘을 들여 친절하게 보살펴 주거나 일함'(신기철 · 신용철, 1990)으로 설명하고 있다. 보다 면밀히 한자어를 풀어보면, 自願(자원)이란 스스로 알아서 행동으로 옮기는 일이나 그 활동과정에서 스스로가 원하는지를 알게 되는 일을 뜻하며, 奉事(봉사)는 서로 나누는 쌍방적 관계와 더불어 사는 공동체를 지향한다는 뜻을 담고 있다(주성수, 2005).

영어의 '볼런티어(volunteer)'는 인간의 자발적인 의지(will)와 욕망(desire)을 나타내는 라틴어 voluntas(자유의지)에서 유래한 것으로, volo는 영어의 의지(will)에 해당하는 말이며, volo에서 voluntas의 어원을 찾을 수 있다. 이에 영어 volunteer의 사전적 의미는 자발적으로 어떤 일을 하는 사람, 자진하여 참여하는 사람 등의 뜻을 담고 있다. 또한 YMCA나 YWCA와 같은 사회교육기관에서는 '자원지도자'로, 대한적십자사에서는 '봉사자', 혹은 '봉사원'으로, 그 외의 여러 기관에서는 '자원봉사자'로 쓰고 있으며 영어인 'volunteer'로 사용하는 곳도 있다(박태영 외, 2008).

이런 의미에서 자원봉사와 그러한 활동을 의미하는 자원봉사활동은 한자어권과 영어권을 모두 통틀어 공통적으로 '누군가의 혹은 외부의 어떤 압력이나 지시에 의한 것이 아니라 자신 스스로의 선택으로 타인이나 사회, 공동체를 위해 실천하는 일련의 이타적인 행위'라고 정의할 수 있다.

<표 1-1> 자원봉사의 국가별 정의

국 가	자원봉사의 정의
영 국	• 가까운 친지, 또는 친지가 아닌 개인이나 그룹, 환경을 위한 목적으로 자신의 시간을 할애하여 대가 없이 참여하는 모든 활동(Volunteer England, 2014)
캐나다	• 일상생활의 한 부분으로서, 지역사회에 참여하고, 자신과 다음세대를 위해 우리가 바라는 공동체를 만들어 가는 방법(Volunteer Canada, 2011)
덴마크	• 비영리 기관을 위해 무보수로 행한 일(Bjame Ibsen, 1992)
미 국	• 자원봉사자는 단체를 위하거나 통해서 무보수로 자원봉사활동을 하는 사람(US Bureau of Labor Statics, 2008)

	• 개인, 집단, 지역사회에서 다양한 사회문제의 영향을 예방, 통제하고 개선하기 위해 존재하는 공공과 민간의 다양한 조직 활동에 보수 없이 자발적으로 참여하는 행위(National Association of Social Workers; 이재완 · 이관률, 2009)
멕시코	• 개인이 자유의지를 가지고 타인의 이익을 위해 시간을 투자해 봉사하는 활동. 이윤추구가 아니며 금전이나 현물로 대가를 받지 않는 것 (Butcher, 2007)
에스토니아	• 자유의지와 무보수로 시간, 에너지, 기술을 지원. 주로 공익과 사회 이익을 위하여 수행되는 활동. 자기 가족을 위한 활동은 자원봉사에 포함되지 않음(Estonian Ministry of the Interior, 2006)
ILO	• 무보수 비강제적 일. 즉, 개인이 보수를 받지 않고 조직을 통하여 또는 직접적으로 자신의 가정이 아닌 타인을 위한 시간을 할애하는 것
UN	• 개인의 자유의지에 따라 자발적으로 금전적 보상, 법이나 계약에 의한 요구, 학업상의 필요에 의하지 않고, 공익을 위해 행하는 활동. 공식 단체에서 정기적으로 하는 활동 이외의 활동도 포함

출처 : 박현정 · 홍현정(2011) 재구성.

2) 자원봉사와 유사한 개념

다음은 사회적으로 자원봉사와 유사하게 통용되는 개념들을 비교하여 정리하였다. 다음의 유사 개념 중 자원봉사와 확연히 구분되는 용어 및 개념도 있으나 어떠한 경우는 상황에 따라 혹은 뉘앙스에서 경미한 차이가 있는 개념들도 있음을 밝힌다.

(1) 사회봉사활동

사회봉사활동은 자원봉사의 기본 정신 중 자발성, 비대가성 등이 다소 결여된 활동이라 볼 수 있다. 즉, 다소 의무적인 성격과 시간 인증이라는 대가 제공의 특성으로 자원봉사와는 차이를 가지고 있으나, 봉사활동 경험을 통한 전인적 성장에 초점을 둔 활동이라는 측면과 공익성에 초점을 둔 활동이라는 측면에서 자원봉사와 목적이 동일하다고 볼 수 있다. 사회봉사활동은 청소년기에 학교에서 배우는 도덕 혹은 윤리 과목의 실습시간으로 이해하는 것이 좋다. 가사 혹은 기술 시간에 배운 지식을 실습과정을 통해 실생활에 접목하듯이 도덕과 윤리 시간의 지식과 가치, 방법을 실제 생활 속에서 경험해 봄으로써 영화 상영 전 맛보기처럼 봉사활동이 인간이 살아가는 데 필요한 것임을 깨닫게 하는 것이다.

청소년기의 사회봉사활동은 의무적, 강제적으로 학점 혹은 할당시간인증이라는 대가성에 초점을 둠으로써 자원봉사활동과는 구별되지만, 이러한 사회봉사활동을 통해 지역사회와 사회적 약자를 돌보는 삶을 체험하면서 본인의 가치관을 새롭게 정립하는 기회를 갖게 한다는 점에서 매우 중요하다. 구체적인 사회봉사활동으로는 학생생활기록부나 직장에서 진학 및 승진을 위해 의무적으로 할당된 일정한 시간 동안 학교환경 정화, 급식 봉사, 공원 청소, 양로원의 노인 방문, 보행이 어려운 환자에 대한 음식 배달하기와 같은 다양한 활동 등을 들 수 있다.

한편 사회봉사활동이 사용되는 또 다른 영역으로 법무부의 '사회봉사명령제'가 있다. 유죄가 인정되거나 보호처분 등의 필요성이 인정된, 경범자에 대하여 일정 시간 무보수로 사회에 유익한 근로를 하도록 명하여 사회에 대한 봉사활동을 통해 범죄피해의 배상 및 속죄의 기회를 제공하는 제도이다. 평일 1일 9시간을 원칙으로 하는데, 단 자신의 생업에 지장이 없는 범위 내에서 봉사활동을 하게 된다. 주로 하는 일(집행분야)은 소외계층 지원(목욕, 이미용, 빨래, 청소, 무료급식, 가사 지원활동 등), 복지시설 지원(노인·아동·장애인 등 복지시설 지원활동 등), 주거환경개선 지원(집수리, 도배·장판·방충망 교체, 도색, 청소 등), 농·어촌 지원(농·어촌 지역 인력지원, 농가환경 개선 등), 긴급재난복지 지원(자연재해 및 재난 발생 시 복구활동 등), 지역사회 지원 및 기타 공익 지원(지역환경정화 활동, 공익행사보조 등) 등이 있다.

(2) 봉사학습

봉사학습(service learning)은 단순한 자선이 아닌 사회정의의 차원에서 지역사회를 위한 다양한 활동에 참여해야 하는 특성을 가진다. 봉사를 하는 학생과 봉사를 받는 사람 양측의 상호성이 강조되며, 교사는 학습과정에 초점을 두어 교육한다. 봉사활동이 교육과정에 통합되어 학점을 받을 수 있으며, 특정 과정의 목표와 결과에 직접적으로 연관되어 있기도 하다. 학생들은 봉사활동을 통해서 강의실에서 배운 개념을 보다 강화하고 이론을 실제에 적용시켜 볼 수 있는 기회를 갖게 되며, 이때 반성적 고찰은 매우 중요한 과정이다.

봉사활동 전 학습과정에 초점을 두기 때문에 교육 및 훈련, 기획 과정이 중요하게 다루어지게 되며, 봉사학습의 예로는 회계학 전공 학생들이 회계학 수업과정의 하나로 지역사회복지관에서 회계업무 봉사에 참여하는 것, 아동발달 수업을 듣는 학생들이 어린이집에서 보조교사로 봉사활동에 참여하는 것 등이 있다.

(3) 프로보노(재능기부)

프로보노란 라틴어인 Pro bono publico를 줄인 단어로, 영어로 해석하면 for the public good, 즉 '공익을 위해서'라는 의미를 가진다. 이 용어는 공익을 위해 전문적인 지식이나 서비스를 무료로 자발적으로 제공하는 봉사활동을 뜻한다. 봉사활동은 비전문적인 노력봉사에서 전문적 봉사까지를 포함하는 반면, 프로보노는 전문적 영역에서의 봉사활동으로 특징지을 수 있다.

처음에는 변호사들이 사회적 약자를 위해 무료 법률서비스를 제공하기 시작하면서 사용되었고, 지금은 법률뿐 아니라 의료・교육・경영・마케팅 · 전문기술 · 전략컨설팅 등 다양한 분야의 전문가들이 행하는 활동을 통칭하는 말로 의미가 확장되었다.

프로보노는 넓은 범위의 수혜자들을 대상으로 다양한 도움을 제공하는 노력봉사와는 달리 특정한 대상과 분야에 한정된 도움을 제공할 수밖에 없지만, 봉사자들이 각자의 전문성을 바탕으로 보다 전문적이고 체계적인 도움을 제공하는 것이 가능하다는 큰 장점이 있다.

기업처럼 큰 단체만 참여하는 것이 아니라, 은퇴한 경영가 · 의사 · 건축가 등 다양한 개인 프로보노들도 활동하고 있다. 개인 차원에서의 프로보노 운동이 일어나려면, 프로보노들이 자신이 속한 조직 내에서 격려받고 적극 참여할 수 있도록 도와주는 문화의 정착과, 사회적 기업이 필요로 하는 프로보노를 쉽게 찾을 수 있는 체계적인 매칭시스템이 필요하다.

(4) 타임뱅크

타임뱅크(Time Bank)란 특정한 서비스나 기술 등을 제공하고 그 시간만큼 다른 사람의 도움을 요청할 수 있는 일종의 서비스 교환 은행을 뜻한다. 미국의 법학교수인 에드거 칸(Edgar Cahn)이 처음 만들었으며 공동체를 시장경제의 기준이 아닌 상부상조의 관계를 중심으로 사회적 약자를 배려한다는 취지를 담고 있다. 타임뱅크는 본인이 참여한 서비스를 또 다른 서비스나 재화로 누적하고 필요시 돌려받는다는 의미에서, 비대가성 부분에서 자원봉사와는 차이점을 가진다. 또한 자원봉사활동의 초기단계나 홍보단계에 활용되기도 한다.

지역화폐의 일종이기도 한 타임뱅크는 '모든 사람의 시간은 동일한 가치를 지닌다'는 철학에 입각하여 시작된 다자간 교환시스템으로, 그 목적은 시장원리와는 다른 대안적 원리에 기초해 시간을 척도로 사람들 사이의 교환관계를 구축하고자 했으며 무제한적 호혜성의 원리에 뿌리를 두고 있다(한성일, 2015). 타임뱅크는 기본적으로 두 개의 경제영역이 있다는 생각에 바탕을 두고 있는데, 하나는 돈에 기반한 시장경제 영역이고 다른 하나는 가정, 가족, 공동체의 코어경제 영역이다. 자녀양육, 가족의 식사 준비, 오염된 강의 청소, 동네 정원 돌보기 등은 모두 코어경제 영역으로, 이런 영역에는 가격을 붙일 수가 없고 시장경제도 가격을 붙여주지 않지만, 이런 활동은 사회적으로 가치가 있다(타임뱅크 코리아 홈페이지).

타임뱅크 방식은 시장화폐와 가치평가 기준이 같은 데 비해(1만 원=1만 포인트), 실물보다는 양질의 서비스나 기술의 봉사 또는 상호교환에 초점을 맞춰 시간 단위로 거래되는 것이 특징이다. 이미 영국을 비롯해 러시아, 미국 등 전 세계적으로 이러한 타임뱅크가 활발하게 운영 중이다. 처음엔 봉사활동을 장려하기 위한 목적으로 시작되었던 것이 오늘날에는 자신의 숨겨진 재능을 발휘하여 사람들을 연결시키고, 이웃 간의 친밀감을 회복할 수 있는 획기적인 아이디어로 주목받고 있다.

|그림 1-1| 타임뱅크 코리아 홈페이지

출처 : 타임뱅크 코리아(timebanks.or.kr).

(5) 상부상조 활동

전통사회에서는 자원봉사활동이라는 용어는 사용하지 않았지만 자원봉사활동과 유사하게 대가를 바라지 않고 서로 돕는 상부상조 활동이 있었다. 대표적으로 두레와 향약을 들 수 있는데, 두레는 공동노동을 위한 조직으로 노동하기 어려운 주민에게 무상으로 노동을 제공하였고, 향약은 취약계층을 돕는 상부상조의 자치 규약을 가지고 있었다. 오늘날의 자원봉사활동과 다른 점은, 두레는 마을 구성원이 모두 참여하는 강제적 성격이 있었다는 것이고, 향약은 양반계층이 향촌의 교화를 위해 만든 통치적 성격을 가지고 있었다는 것이다.

두레와 향약의 이러한 특성은 오늘날 자원봉사활동의 자발적 특성에 부합하기 어렵지만 서로 돕고 환란에 처하거나 대비하게 함으로써 공동체의 안녕과 복지에 기여하였다는 점에서 자원봉사 정신의 뿌리로 볼 수 있다. 상부상조 정신은 국가가 전쟁 등으로 환난에 처했을 때 대가를 바라지 않으면서 생명과 재산을 내놓는 의병이나 민병대의 자발적인 구국활동에서도 찾아볼 수 있다.

자원봉사가 구국활동과 관련이 있다는 것은 '볼룬티어(volunteer)'가 군대 자원병을 나타내는 용어로 사용되었다는 사실에서도 나타난다. 옥스퍼드(Oxford) 사전에 의하면 볼룬티어(volunteer)는 '보수를 받지 않고 일을 하는 자나 강요하지 않아도 무엇인가를 해주는 자' 외에도 '강제에 의하지 않고 군대 입대를 선택하는 자'로 정의되고 있다. 자발적으로 목숨을 걸고 대가를 바라지 않고 구국운동을 펼치는 사람들이야말로 극단의 이타적 행동을 보여주는 자원봉사자라 볼 수 있을 것이다(구혜영, 2024).

2. 자원봉사의 특성과 필요성

1) 자원봉사의 특성

자발적인 시민참여에 깊은 관심을 가지고 연구를 진행하던 일리노이 대학의 일슬리(Ilsley)는 많은 조직들에게 헌신적인 자원봉사자들의 모집과 유지가 그 조직 유지의 성공과 실패를 결정한다고 믿어 자원봉사의 특성을 연구하였다(Ilsley, 1990). 본 서에서는 이러한 일슬리의 자원봉사 특성을 이타성, 헌신, 자유의지, 학습성, 무보수성, 조직성, 심리적 보상, 희생 등 8가지로 선별하였으며, 이 8가지 특성이 현장에서 어떠한 차이가 있는지 정리하였다.

(1) 이타성

이타성(altruism)은 이타주의로 해석되며 자신의 이익을 중심으로 두는 이기주의와 상반되는 용어로 이해하면 어렵지 않다. 즉, 자신의 이익을 우선으로 삼는 입장과는 달리 타인이나 사회, 공공의 이익 및 선(善)을 위해 생각하고 행동하는 것을 의미한다. 타인을 존중하고 타인의 변화 및 발전에 더 큰 관심을 둠으로써 자원봉사활동의 가장 핵심이며 기본적인 특성이라 할 수 있다.

그러나 절대적인 이타주의는 불가능하며 자원봉사활동에서만큼은 이타성과 이기성이 적절하게 공존할 필요가 있다고 강조하고 싶다. 다시 말하면, 타인을 위한 절대적인 헌신과 희생을 의미하는 것이 아닌 자원봉사활동을 통해 자신의 심리적 이득과 성장도 함께 따른다면 매우 완벽하고 성공적인 자원봉사활동의 토대를 이루게 된다. 간혹 봉사활동 현장에서 타인에게는 헌신적인 봉사활동을 하였으나 그 행위가 자신에게 혹독한 고통을 주거나 즐거움, 학습 등이 따르지 않는 경우는 성공적인 자원봉사활동으로 간주할 수 없다. 또한 이타성에서 가장 근본이 되는 마음의 자세는 공감이다. 다음 <표 1-2>에서는 한 봉사자의 공감 사례를 소개하였다.

<표 1-2> 어느 봉사자의 공감 장면

어느 병원에 감당키 어려운 환자가 입원을 했다. 공사장에서 허리를 다쳐 하반신이 마비된 젊은 환자였는데, 의사든 간호사든 보는 사람마다 "병신 처음 봐?"라며 온갖 욕을 퍼붓곤 했다. 그러던 어느 날 난폭하던 사람이 점차 유순해지기 시작하더니 전혀 딴 사람 같았는데 알고 보니 사연이 이러하였다. 이 환자는 사고 직후 아내가 전세 보증금을 챙겨 사라지는 바람에 돌봐줄 사람이 없어, 배치된 간병인에게도 난폭하게 굴어 간병인도 손을 들고 말았다. 그래서 자원봉사자가 환자를 돌보기 시작했고 그는 아무것도 묻지 않고 도와주는 봉사자에게 반발심이 생기면서 '어디 한번 들어 보라'는 심정으로 자신의 일그러진 과거를 말했다. 부모로부터 버림받고 고아원에서 자란 이야기, 고아원에서 도망쳐 나온 후 막노동판에서 원망과 술로 세월을 보낸 이야기, 사고 직후 아내마저 도망쳐 버린 이야기, 그래서 자신이 미워지고 세상이 미워진 이야기를 털어 놓았다. 이야기를 묵묵히 들은 자원봉사자는 그의 손을 잡고, "참으로 힘든 세월을 사셨군요. 나 같으면 벌써 미쳤을 거예요. 그런데 당신은 잘 참고 잘 견디고 있군요. 제가 할 수 있는 있는 일은 친구가 되어 주는 일 말고는 아무것도 없군요"라며 뚝뚝 눈물을 흘렸다. 환자도 울기 시작했고 두 사람은 손을 맞잡고 울었다. 환자는 태어나서 처음으로 사람다운 대접을 받았다는 생각에 주체할 수 없는 눈물을 흘렸다. 지친 인생살이에서 까칠하고 버림받았다는 한 사람이 공감으로 새로이 태어난 순간이었다. 출처 : 이성록(2013).

(2) 헌신

헌신(commitment)은 희생과는 매우 구별되는 특성이다. 이를 위해 한국에서 헌신으로 번역되는 commitment를 살펴볼 필요가 있다. commitment에는 '헌신'이라는 뜻도 있지만 '수행'이라는 의미도 내포되어 있다. 우리는 흔히 헌신에 비유하는 대명사로 '불꽃을 피우는 초'를 말하는데, 자신을 불태우고 녹여 주변을 밝히는 촛불의 이미지를 그리게 된다. 그러나 이 commitment는 구체적인 행위를 통해 도움을 필요로 하는 대상이나 사회를 위해 사회적 정의와 같은 비전이나 이상을 실현함을 의미한다. 헌신은 곧 추상적인 비전이나 이상만을 품고 있는 것이 아닌 사회적 정의 실현을 위해 구체적인 행위로써 구현하는 그 자체를 의미한다고 볼 수 있다.

(3) 자유의지

자유의지(free will)는 자원봉사활동이 기타 유사한 개념들과 구별되는 중요한 개념 중 하나로, 운명이나 다른 개인, 집단, 조직 등에 의하여 강요받지 않고 스스로 선택하는 힘을 의미하며 이러한 힘으로 봉사활동함을 뜻한다. 이는 자발성으로도 표현될 수 있는 특성으로, 금전적인 이득이나 어떤 대가 없이 봉사활동이 이어질 수 있는 기제라 할 수 있다. 이런 의미에서 자원봉사활동을 조직하여 운영하는 단체 및 기관에서는 자원봉사활동의 지속성을 유지하기 위해 봉사자들이 어떠한 자발적인 동기에서 봉사활동을 참여하고 지속하는지에 많은 관심을 기울이게 된다.

(4) 학습성

자원봉사자의 입장에서는 봉사활동을 통해 경험과 자기훈련, 지식, 기술, 태도 및 신념 등을 획득하게 된다. 동시에 자원봉사관리자의 입장에서는 봉사활동을 통해 자원봉사자들에게 복지교육, 민주시민, 시민사회조직, 이타성 등을 교육하게 된다. 자원봉사활동을 통해 지역사회의 문제와 새로운 대처방안, 지역사회 내에서 함께 살기 위한 대인관계 기술, 자원동원 기술, 자원활용 기술 등을 학습함으로써 교육적인 효과를 얻게 된다.

(5) 무보수성

기본적으로 무보수성, 무급부성은 자원봉사활동의 대표적인 특성 중 하나라 할 수 있다. 자원봉사활동을 하면서 그 어떠한 금전적 대가나 보수를 목적으로 기대해서는 안 된다는 원칙이다. 그러나 최근에는 자원봉사활동에 사용되는 봉사자의 최소한의 경비, 즉 교통비와 식비 정도의 금액은 지급해야 한다는 의견들이 많다. 자원봉사자는 봉사활동을 함에 있어 새로운 기술, 지식, 삶에 대한 지혜를 배운다는 학습적 효과와 그러한 활동을 통해 얻게 되는 심리적 이득에 만족을 하여야 하며, 반대로 자원봉사관리자는 기관에서 봉사자에게 예산의 범위 내에서 봉사자의 시간과 노력을 존중하는 의미로 경비를 마련할 필요가 있다.

(6) 조직성

자원봉사활동의 특성 중 조직성이란 봉사활동의 효율성과 효과성을 극대화하기 위해 자원봉사자들의 모집, 교육, 훈련, 배치 등과 같은 교육을 통해 성공적인 봉사활동을 이루기 위해 노력하는 일련의 과정을 의미한다. 과거에는 산발적이며 비정기적, 비조직적 봉사활동이 주를 이루었다면 지속적이며 만족스러운 봉사활동이 되기 위해서는 봉사활동의 조직성을 통해 봉사조직체의 운영, 관리가 중요한 특성으로 자리 잡는다.

(7) 심리적 보상

봉사활동은 타인을 이익과 존중을 중심으로 이루어지지만 동시에 자원봉사자는 자발적인 동기로 봉사활동을 수행함으로써 만족감, 성장의 기회, 새로운 지식 및 기술의 습득 등 심리적 보상을 얻게 된다. 이러한 심리적 이득은 봉사자 개인마다 다르며 유지하는 방법도 다르기 때문에 봉사자 자신과 자원봉사활동 관리자에게 심리적 보상을 파악하는 것은 매우 중요한 과업이다.

(8) 희생

자원봉사자들은 누구나 일정 부분 자신의 시간이나 경비, 또는 육체적 노고를 희생하여 봉사활동에 투입하게 된다. 그러나 이러한 노고와 노력이 지나치게 투입되는 순간 지속적인 봉사활동을 기대하기 어렵거나 반대로 우월감이나 자만심이 생겨 건강한 자원봉사활동으로 이어지지 못할 수도 있다. 희생이 적절하도록 자신의 자원을 관리하고 극단적인 투입이 없도록 균형을 살펴보아야 한다.

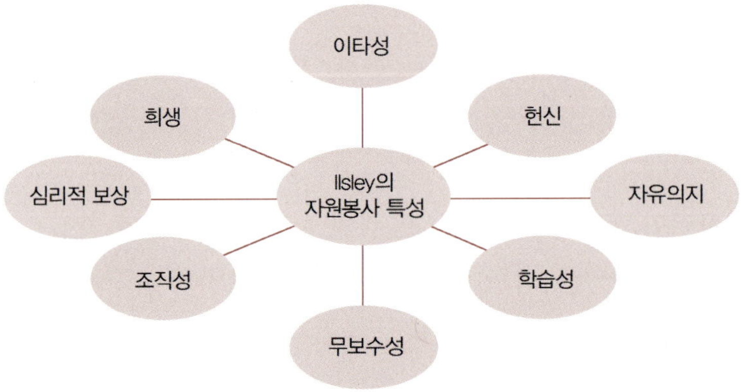

|그림 1-2| 일슬리의 자원봉사 특성

2) 자원봉사의 필요성 및 원칙

(1) 자원봉사의 필요성

학생들에게 자원봉사활동이 필요한 이유를 살펴보면 다음과 같다(서울특별시교육연구원, 1998).

① 인간 존중 정신과 태도 형성

자원봉사활동은 학생들로 하여금 건전한 인격 형성을 도모할 수 있도록 도움을 주며, 아울러 학생들에게 자기 존재의 의미와 자기 존중감을 깨닫게 해준다. 또한 인간의 존엄성과 가치를 인식하게 하며 사회화를 돕는 계기가 된다.

② 사회성 개발

자원봉사활동을 하는 동안 학생들이 다른 사람들과 협력하며 원만한 인간관계를 유지하게 함으로써 사회성을 기르고 자아를 실현하게 된다.

③ 자신감과 지도력 배양

자원봉사활동은 학생들로 하여금 자신감을 가질 수 있도록 해주며, 또한 잠재적인 지도력을 개발할 수 있는 계기가 된다. 자원봉사활동을 하는 동안 자기를 표현할 기회를 가지게 되어 자신감이 생기며, 다른 사람들과 집단적으로 협동하여 함께 일하는 가운데 자기도 모르는 사이에 잠재적인 지도력을 발휘하게 된다.

④ 공동체 의식의 함양

학생들은 자원봉사활동을 통해 다른 사람들을 도우면서 더불어 살아가는 공동체 의식을 기를 수 있다. 요즘 우리 사회가 도시화·산업화되면서 점차 자기중심적이고 가족 이기주의적인 경향을 보이고 있다. 자원봉사활동은 이러한 자기중심적이고 이기적인 태도를 극복하고 구성원들이 서로 돕고 살아가는 사회를 이룩하려는 공동체 의식을 길러준다. 또한 가치 있는 삶을 직접 체험하면서 그 의미를 깨닫고 실천과정에서 기쁨과 보람을 느끼게 하며 이상적인 지역 공동체 건설의 기초를 마련해 준다.

⑤ 민주시민으로서의 책임감 형성

자원봉사활동은 학생들에게 바람직한 민주시민의 자질을 함양시켜 준다. 자원봉사활동에 적극적으로 참여함으로써 학생들은 자발성, 협동정신, 책임감과 같은 민주시민으로서의 자질을 함양하게 된다.

⑥ 보람 있는 여가생활

취미 향상을 도모하고 여가를 활용할 수 있다. 학생들은 자원봉사활동을 하면서 의미 있는 여가시간을 보낼 수 있다. 학생들은 여가생활로 자기 취미에 맞는 자원봉사를 하면서 보람을 찾을 수 있을 뿐만 아니라, 학생들의 탈선이나 비행도 예방할 수 있다. 그리고 신체적・정신적・정서적 건강을 지닌 전인적 인간으로 성장할 수 있도록 도움을 준다.

⑦ 진로 선택에 도움

자원봉사활동은 학생들이 자신의 적성을 발견할 수 있는 기회를 제공해 주며, 새로운 기술을 학습할 수 있게 하고, 이미 가진 기술은 더욱 발전시킬 수 있도록 해준다. 자기가 좋아하는 활동 터전에서 여러 가지 활동을 경험하는 동안 학교에서는 배우지 못했던 사회를 경험하게 되고 다양한 직업을 탐색할 수 있는 기회를 갖게 된다. 즉, 자원봉사활동은 학생들의 장래 진로 선택에 도움을 준다.

⑧ 지역사회의 이해

학생들은 자원봉사활동을 통해 지역사회에 대한 이해를 넓힐 수 있다. 지역사회에서의 다양한 자원봉사활동은 학생들이 학교에서 배운 것을 보충하고 심화시킬 수 있게 해준다. 곧 자원봉사활동은 교육의 장을 학교뿐만 아니라 지역사회에까지 확대하는 효과를 줄 수 있다.

⑨ 체험적 교육 기회의 확대

학교에서는 제한적으로 제시할 수밖에 없는 체험을 통한 교육의 기회를 자원봉사를 통해 풍부하게 제공할 수 있다. 학생들은 자원봉사를 통해 체험 교육의 기회를 가짐으로써 성인 생활을 준비하는 데 도움을 얻을 수 있다.

⑩ 미래의 자원봉사자 육성

학생들이 자원봉사활동 지도를 받음으로써 장차 지역사회의 문제를 담당할 인재로 성장하게 될 것이며, 장차 지역사회에서 활발하게 자원봉사활동을 펼치게 될 것이다. 따라서 지역사회에서는 미래의 자원봉사자를 기른다는 거시적 안목에서 가능한 한 학생들의 자원봉사활동을 적극적으로 도와주어야 한다.

(2) 자원봉사활동의 원칙

자원봉사는 그 이름처럼 실천적 행위 그 자체이다. 일본 오사카 자원봉사협회에서는 자원봉사활동의 공통된 원칙을 다음과 같이 인권의 존중, 민주주의 정신의 존중, 공공성과 사회성 그리고 자원봉사의 목적화로 제시하고 있다(大阪 ボラティア協会, 1993; 박태영 외, 2004 : 20-22).

- 인권의 존중 : 활동의 원점을 기본적 인권의 옹호에 두는 것

진정한 자원봉사는 약자를 돕는 것이 아니라 자신이 가지고 있는 것을 나누는 것이다. 이 원칙은 인간이 인간답게 살아가기 위한 권리, 인간으로서의 존엄성을 위한 바른 이해가 자원봉사활동에 있어서 시발점이 된다는 것이다. 인간이 인간으로서 존중되고, 살아가는 권리를 기본적 인권이라고 한다. 이 권리는 ① 생명, 자유 및 행복추구의 권리(행복추구권), ② 누구라도 평등하게 차별받지 않을 권리(평등권), ③ 사상, 집회, 결사, 표현 등 자유롭게 표현하고 행동할 수 있는 권리(자유권), ④ 건강한 문화적인 생활을 영위할 수 있는 권리(생활권), ⑤ 능력에 맞는 교육을 받을 수 있는 권리(교육권), ⑥ 근로할 권리(근로권), ⑦ 정치에 참가할 권리(참정권) 등으로서 헌법에 보장된 권리를 말한다.

자원봉사활동은 이들 권리 가운데 자유권에 관련된 것으로, 자유로운 표현활동을 통하여 행복추구권, 평등권, 생활권, 교육권 등과 대응해 보다 인간답게 살아가기 위한 사회 건설에 목표를 두고 있다.

■ 민주주의 정신의 존중 : 민주주의 정신, 수단이나 방법을 존중하는 것

자원봉사활동은 민주주의 사회의 증거로서 존재한다. 주체적으로 한 사람 한 사람이 존중됨과 동시에 한 사람 한 사람의 참가에 의해서 형성해 가고자 하는 것이다. 따라서 이와 같은 민주주의의 원리, 방법이나 절차를 자원봉사활동의 실천으로 활성화시키는 것이 자신들의 생활을 지키는 것과 관련되고, 민주적 사회 조성에 기여하는 것이 된다. 민주주의는 국가행정이 주인공이 되는 것이 아니라, 주민이 주인공이 되어가는 사회를 목표로 하며 자원봉사는 파시즘이나 폭력을 부정하고, 신뢰와 대화를 기초로 공동선과 공감과 평화의 사회 조성을 목표로 하고 있다.

■ 공공성과 사회성 : 시민적 성격을 견지하는 것

자원봉사활동은 종교적 활동, 정치활동, 영리활동이 아니며 공공성과 사회성을 바탕으로 한 활동이다. 시민성이란 주체적인 개인이 보편적인 인권, 민주주의, 자치라고 하는 새로운 공동체의 이념에서 행동하는 것을 의미한다. 국가라든지 특정 종교나 이데올로기를 초월한다는 원리에 의해서 인간과 인간이 연대해 사회문제를 해결하고자 하는 것이다. 따라서 자원봉사활동은 종교적인 선전의 장이 되거나, 특정 정당의 확장의 수단으로 이용되어서는 아니 된다. 자원봉사활동에서는 이러한 주민이나 주민적 성격을 존중하고, 지속적으로 견지해 나가야 하는 것이다.

■ 자원봉사의 목적화 : 활동 자체가 목적일 것

선거득표활동, 기업의 PR, 포교활동 등과 같이 자원봉사가 다른 목적을 달성하기 위한 수단으로 이용되어서는 안 된다.

이 외에도 자원봉사자의 기본 원칙은 자원봉사활동의 시작은 마음과 건강한 신체적·정신적 조건만 갖추면 가능하다는 것이다. 그러나 봉사활동을 보다 효과적으로 하기 위해서는 다음과 같은 자원봉사자로서의 몇 가지의 기본 원칙이 준수되어야 한다.

① 자원봉사자는 자신의 봉사활동이 자기 자신보다 상대방이나 사회와 국가를 위한다는 차원에서 시작해야 하며, 남들이 하지 못하는 어려운 일을 해낸다는 자부심과 함께 어려움을 극복해 내야 한다는 마음가짐이 되어 있어야 한다. 대부분의 봉사활동은 열심히 노력하는 자세로 충분할 수 있다. 그러나 때로는 그 이상의 극기 혹은 인내심도

요구되는데, 자기 자신의 생각과는 너무나 거리가 먼, 피봉사자로부터 오해를 받는 경우를 포함하여 육체적인 고통, 심리적인 갈등과 기술적인 오류에 이르기까지 너무나 다양하고 힘든 상황에 처할 수 있다. 그러한 문제를 잘 극복하기 위해서는 사전에 필요한 준수사항을 반드시 이해하고 자원봉사활동에 임해야 할 것이다.

② 자원봉사자는 자신에게 관심 있는 일부터 시작해야 한다. 멀리 있는 일보다 자기 주변의 일들과 사람들을 대상으로 시작해야 한다. 봉사하는 대상에게 기쁨과 행복을 나누어 주는 마음과 함께 봉사하는 대상에 대한 겸손한 태도로 정성과 신의를 다해야 한다.

③ 자원봉사자는 봉사활동기관이나 혹은 봉사활동대상자와의 약속을 꼭 지켜야 하며, 이를 위해서는 자신의 일상적인 활동에 무리가 가지 않도록 범위를 정해서 활동한다.

④ 자원봉사자는 자기 자신이 하고 있는 봉사활동에 대하여 항상 점검하고 기록하고 평가하여 항상 발전할 수 있도록 함은 물론, 다른 자원봉사자들에게 교훈이 되도록 홍보할 내용들에 대해서 알린다.

⑤ 자원봉사자는 봉사활동 중에 발생하는 어려움과 문제점, 의문사항을 봉사활동 주관 실무관계자나 전문가 또는 동료 자원봉사자들과 반드시 상의하여 처리한다.

⑥ 자원봉사자는 봉사활동을 통하여 알게 된 비밀은 꼭 지켜야 한다.

⑦ 자원봉사자는 봉사활동을 시작하기 전에 반드시 가족의 이해를 얻어야 하며, 맡은바 직무에 충실하면서 봉사활동에 임해야 한다.

⑧ 자원봉사자는 항상 자신이 다른 모든 자원봉사자를 대표한다는 마음가짐을 바탕으로 자원봉사자를 위한 교육이나 모임에 적극 참여하도록 한다. 또한 점진적으로 가족과 친구 그리고 모든 사람들이 봉사활

동에 적극 참여할 수 있도록 모범적인 생활을 하도록 노력한다. 그리고 일상생활 태도 면에서 봉사활동을 쉽게 생각하지 말고 자기도취와 우월감에 사로잡혀 자만하지 않아야 한다.

⑨ 자원봉사자는 다른 사람들에 대해서 편견이나 고집을 버려야 한다. 봉사활동 대상에게 잘못을 추궁하거나 비판을 하지 않는다. 또한 자신의 개인 사정이나 문제가 발생하여 마음이 불안하고 긴장상태라면, 그날의 봉사활동은 잠시 중단하고 반드시 그러한 사정을 사전에 통보하여 후속적인 조치가 이루어지도록 한다.

⑩ 자원봉사자는 종교·성별·지역 등 사소한 이유로 봉사활동을 거부해서는 안 된다. 자원봉사활동 기간에는 진정 자신이 하는 봉사활동이 타인을 사랑하는 일이고, 개인적 차원에서 자아성장을 위한 일이며, 그렇게 하고 있는가를 자기 자신에게 수시로 질문함으로써 봉사활동을 통해서 보다 성숙한 자아를 이루도록 노력한다.

⑪ 자원봉사자는 봉사활동 현장에서 수수하고 활동하기 쉬운 단정한 옷차림을 한다. 또한 가능한 한 자원봉사자임을 알리는 유니폼이나 배지 및 명찰을 달고 활동한다. 항상 활동장소에는 제시간에 도착하여 도착한 것을 알리고 서명한 후, 떠날 때도 서명한다.

⑫ 자원봉사자는 봉사활동의 현장에서 허락받지 않은 사진촬영을 가급적 하지 말고, 부득이한 경우 양해를 구해야 한다.

⑬ 자원봉사자는 자신이 가능한 봉사활동 시간대를 봉사대상자들에게 알리고, 시간 사용계획에 맞추어 종료 시까지 최선을 다한다.

⑭ 자원봉사자는 가능한 한 초기 봉사활동 기간에는 단순한 노력봉사와 업무보조 등 쉬운 것부터 시작하고 점차 노련해지면 어려운 일들로 순서에 입각하여 실행하도록 한다.

⑮ 자원봉사자는 자원봉사대상자들에게 항상 언행을 조심해야 한다. 특히 위로나 동정하는 말은 하지 않아야 하고, 금전에 관한 질문, 사생활에 관한 질문은 피하도록 한다.

⑯ 자원봉사자는 가능한 한 자원봉사대상자와 친숙한 관계를 유지하고 결연을 통해 안정적인 봉사가 지속적으로 이루어지도록 함이 바람직하다.

⑰ 자원봉사자는 기본적으로 모든 인간에 대한 평등한 시각을 가져야 한다. 모든 사람은 인종 · 종교 · 직업 · 연령 · 사고방식 등을 초월하여 누구에게나 존엄성이 있다는 생각과 동시에 사람은 누구나 무한한 가능성을 가지고 있는 소중한 존재라는 신념을 가지고 있어야 한다.

⑱ 자원봉사자는 나 이외의 모든 사람은 나에게 필요한 존재라는 인식을 가지고 나 또한 모든 사람에게 필요한 존재라는 생각을 바탕으로 하여 인간에 대한 존엄성과 끊임없이 사랑을 베푸는 자세를 가져야 한다.

⑲ 자원봉사자는 봉사활동은 나 자신을 돕는 나의 일이며, 이 같은 봉사활동을 사회에 바람직한 운동으로 확대시켜야 할 필요성이 있다는 확신이 필요하다. 자신이 하는 봉사활동이 힘들게 살아가고 있는 사람들에게 가장 소중한 힘이 된다는 생각이 바탕을 이루고 있어야 한다. 이러한 봉사활동은 최소한 일주일에 2시간 이상, 반년 이상의 시간과 경제력을 요구하는데, 이런 일들을 수용하기 위해서는 확고한 다짐을 가지고 시작해야 한다.

⑳ 자원봉사자는 태도와 말에 있어 신중함과 정중한 언어로 최선을 다해야 한다. 학교(가정 · 친구 · 소속단체 등)를 대표할 뿐 아니라 지역사회의 발전에 기여하고 자신의 능력을 증진시키는 일을 하고 있다는 것을 기억해야 한다.

3. 사회복지와 자원봉사

1) 복지국가의 지각변동과 복지이념의 변화

영국을 중심으로 20세기 중반에는 국민의 행복과 국민의 안전을 국가가 전적으로 책임지는 복지국가들이 유럽에서 태동하는 시기를 맞이한다. 즉, 국가는 사회에서 발생하는 사회적 위험으로부터 국민을 적극적으로 보호하고 이에 대한 복지서비스를 과감하게 제공하였다. 이를 위해 국가 경제에 대한 정부의 통제, 완전고용, 국민의 사회보장 혜택 등 국가의 강력하고 거시적인 개입이 진행되었다. 그러나 이는 오래 지속되지 못했으며 복지국가의 운영은 난관에 봉착하게 된다. 국유화를 포함한 국가의 시장 개입은 기업의 자율성과 성장을 저하시켰으며 이는 경제성장의 위축으로 이어졌고, 개인의 시장 진입에 걸림돌이 되어 완전고용이 위협을 받아 국가는 세금징수에 어려움을 겪게 되고 또한 연쇄적으로 복지비용의 감소라는 결과를 낳았다. 이런 현상은 복지국가의 기본 기조인 국가책임 과잉현상으로 부각되어 가족의 가치와 연대의식이 약화되면서 복지국가 위기를 맞게 된다.

특히 영국의 경우, 1976년 IMF 구제를 받게 되어 기존의 선두적인 복지국가로서의 면모를 변화시킬 수밖에 없는 국면에 이르게 된다. 흔히 이 시기 영국의 상황을 묘사하는 표현인 '영국병', 그리고 '영국병과 맞서기 위해 나선다'라는 당시 마가렛 수상의 슬로건은 복지국가의 위기가 얼마나 사회적으로 심각했는지를 보여준다. 지나친 복지비용은 국민들의 노동의욕을 저하시켜 국민의 국가의존성을 높이게 만들었다. 당시 영국은 이러한 위기를 탈피하고자 복지급여를 과감하게 삭감하고 국영화되었던 많은 시스템들을 경쟁에 의해 운영하게 하는 민영화를 단행하였으며, 지역사회보호 정책을 추진하여 시장경제와 민간복지를 활성화시키는 복지 개혁을 과감하게 실시하였다.

1970년 이후 국가 주도의 복지를 이끄는 복지국가의 위기는 새로운 지각변동을 맞게 되는데 바로 복지다원화이다. 복지다원주의자들은 정부가 독점적으로 제공하는 복지서비스를 시장, 가족, 지역사회, 자원 부문 등 다양한 복지 제공 주체들로 대체할 것을 주장하였다(이인희, 2005). 이에 영국에서는 1980년대 복지서비스 조직과 전달체계를 재편하는 데에 복지다원주의 시각을 적극 활용하였고, 지역사회에서 정부부문과 민간부문을 혼합한 NGO 등으로 구성된 제3섹터(the third sector)로 불리는 영역이 새롭게 형성되었다(남기민, 2011). 이로써 복지서비스 제공 축으로서 제3섹터의 존재감이 부각되기 시작하였다. 특히 제3섹터는 사회문제 해결에 있어 서비스대상자들에게 낙인이 부여되지 않으며 바로 이웃에서 접근이 가능하므로 보다 깊이 있고 자발적인 접근이 가능하다는 장점들이 언급되었다. 이로서 민간의 자원봉사활동은 그 가치를 인정받고 조명을 받게 된다.

또한 사회복지이념으로 정상화, 통합화, 지역사회보호 등과 같은 이념이 대두되면서 사회복지시설의 지역사회 개방, 시설운영의 사회화 등 사회복지분야가 다양해지고 자원봉사의 중요성과 그 인력의 필요성은 더욱 강조되기 시작한다. 노인, 아동, 장애인 등 보다 집중적인 보호가 요구되는 대상들에게 오직 시설 보호만이 최상이라고 여겨지던 관점에서 탈시설화와 정상화는 사회적 기능상에 심각한 어려움을 호소하는 대상들에게 활용 가능한 중요한 자원으로 인식되었다. 이에 자원봉사활동의 중요성, 이들의 가치와 교육에 대한 관심들이 고조되기 시작하였다.

2) 다각화되는 사회문제

산업화와 도시화는 기존의 가족제도를 바꾸어 놓았고 이러한 사회변화에 적응하기 위해 적합한 가족구조로서 핵가족화는 또한 지역사회공동체의 붕괴를 초래하였다. 이에 대응하고자 주민의 지역사회 참여와 시민성을 강조하는 행사와 교육에 대한 필요성이 강조되었다. 무엇보다 앞서 말한 산업화와 도시화는 다양한 사회문제를 이끌었다. 청소년 탈선 및 비행, 노인 및 아동 돌봄 문제, 이주민보호 및 다문화가족의 사회부적응, 최근에는 기후위기에서 오는 취약층들의 생활보호문제까지 다면화된 사회문제를 맞고 있다.

한편에서는 자원봉사를 통한 자기성장과 여가선용, 자기실현의 욕구를 필요로 하는 자원봉사활동가들이 존재하여 이러한 욕구들의 매칭은 최근 사회복지현장에서 중요한 이슈가 되고 있다. 단순 노력봉사가 아닌 시민교육과 복지교육이 기반된 봉사활동은 지속성과 창조성을 담보할 수 있다. 다각화되고 심층화되는 사회문제 발생에 있어 자원봉사자들의 자발적인 활동은 예방하고 해결할 수 있는 자원인 것이다. 무엇보다 사회문제 대처에 자원봉사인력이 유용하게 평가받는 것은 공적 영역에서의 대응보다 훨씬 신속하게 접근할 수 있다는 장점 때문이다. 또한 복지서비스를 받는 이들에게 공적 영역의 접근보다 자원봉사를 통한 접근이 보다 낙인의 우려가 낮다는 장점 또한 있다.

행정안전부(2020)가 발표한 2020 자원봉사활동 실태조사에 따르면 우리 사회가 우선적으로 해결해야 할 과제는 27.3%가 빈곤예방 및 해결이었으며, 이어서 환경(기후변화대응, 쓰레기 줄이기 등 숨쉬는 지구 만들기) 26.0%, 사회안전 및 범죄예방 18.4% 등의 순으로 나타났다. 빈곤해결이 여전히 사회적으로 중요한 과제이나 환경, 교육, 고령화, 인권 등의 다양한 사회적 주제는 사회문제 해결을 위한 자원봉사활동의 프로그램 개발과 밀접한 관계가 있다. 그런 의미에서 자원봉사센터 및 자원봉사협의회에서는 다양한 사회문제 해결을 위한 시민참여 모델 프로그램을 공모하여 이를 확산 보급하고 있는 중이다(박명혜 외, 2024).

3) 복지자원으로서 자원봉사

최근 민관협력의 자원봉사가 증가하고 제3섹터 영역의 자원봉사활동이 활발해짐에 따라 자원봉사활동에 대한 관심은 더욱 고조되고 있다. 지역사회 주민은 단순 복지수혜자와 소비자의 역할에서 벗어나 복지서비스 공급자로 바뀌었고 복지사각지대의 소외된 계층과 긴급 지원이 필요한 대상 역시 지역사회 문제를 해결하는 적극적인 시민으로 역량을 증가시키고 있다(김성희, 2023). 그러다 보니 과거에 봉사의 대상으로만 여겨졌던 계층들이 오히려 봉사주체로 활동하는 경우를 많이 볼 수 있다.

|그림 1-3| 자원봉사하는 어르신

출처 : 영남매일(2021. 6. 11). ynnews.kr/news/articleView.html?idxno=171528

사회복지분야가 더욱 확대되고 전문화되면서 그에 따른 사회복지 수요도 늘고 있는 것은 자명한 사실이다. 사회복지기관들이 급증하고 사회복지사, 사회복지공무원, 건강사정사, 정신건강사회복지사, 학교사회복지사 등 그 전문 영역은 꾸준히 증가하고 있으나 사회복지 수요와 대상자의 욕구를 따라가기에는 늘 부족한 현실이다. 특히 최근에는 자신의 지역에서 삶을 유지하고 보통의 평범한 일상을 영위할 수 있도록 지역사회보호가 강조되고 있다는 점에서 사회복지 전문인력을 보완하고 더 많은 사회복지서비스를 제공하기 위해서는 지역사회 복지자원으로서 자원봉사자들의 연구와 관리가 더욱 요구된다.

CHAPTER

2 자원봉사의 발달과 역사

본 장에서는 각국 자원봉사활동의 역사적 흐름을 되짚어 보고 어떠한 방향성을 가지고 발달해 왔는지 학습하는 계기를 갖는다. 서구에서는 복지국가의 태동이 빨랐던 영국과, 자유방임주의를 가지고 있어 또 다른 복지국가의 모습을 지니고 있는 미국을 중심으로 기술하였고, 한국과 유사성을 많이 지닌 일본 그리고 길지는 않지만 한국의 자원봉사 발달과 역사를 살펴본다.

1. 영 국

영국의 자원봉사는 산업혁명으로 촉발되는 도시빈민을 대상으로 한 중류계층과 성공한 자본주의자, 박애주의자들의 기독교 자선활동에서 근간을 찾을 수 있다. 특히 심화되는 도시화로 빈부격차는 더욱 심해지고 노동을 함에도 불구하고 저임금과 불안정한 고용형태에서 빚어지는 도시빈민들의 열악한 삶에 국가는 과거 엘리자베스 빈민법 시대의 빈곤관으로 접근하는 데 비해 민간에서는 이들의 삶에 적극 개입하는 노력들이 일기 시작한다.

1) 태동기 : 민간 차원의 봉사조직화 시기(19세기~1900년)

이 시기는 경제적·정치적 자유주의와 국가에 의한 자유방임주의 사상이 만연하면서 점차 산업화와 도시화에 따른 빈곤 및 실업 문제가 심화되었다. 도시의 팽창으로 주거문제, 범죄문제 등 기존에 경험하지 못한 산업화와 도시화에 따른 사회문제들이 속출하며 가장 근본이 되는 빈곤문제에 대한 국가적인 안목은 아직 중세시대의 수준에 머물렀다. 국가는 여전히 엘리자베스 시대의 빈곤관을 가지고 있어 1834년 신빈민법을 통한 산업화 과정에서 발생하는 도시빈민들을 열등처우 원칙으로 대응하였다. 당시 유럽대륙을 휩쓴 대표적인 사조였던 맬서스의 『인구론』, 아담 스미스의 자유방임주의에 큰 영향을 받아 신빈민법의 위세를 공고히 하였다. 그러나 이 시기 새롭게 등장한 신흥 부르주아 계급은 박애주의과 인본주의 사상을 기반으로 경제적 우위가 곧 도덕적 우위라는 입장을 도출하였고 빈자들을 돕는 일들에 나서기 시작하였다. 민간의 구호활동은 크게 두 가지로 나뉘었는데 자선조직협회(COS : Charity Organization Society)와 인보관운동이었다.

이렇듯 19세기 국가의 구빈사업의 공백을 메우기 위해 빈민의 집에 직접 방문하여 친구가 되어 빈곤층의 갱생을 촉진하려고 한 자선조직협회의 우애방문(friendly visitor), 빈곤층 거주지역에 직접 들어가 캠프를 만들고 교육과 강연 등을 통해 노동의 재생산을 도왔던 인보관운동은 민간 사회복지활동으로 시민의 참여를 촉진하는 계기가 되고 자원봉사활동의 출발점이 되었다. 자선조직협회와 인보관운동은 자발적인 민간의 구호활동이라는 큰 공동점이 있으나 두 기구가 지향하였던 사상, 참여계층 등은 매우 상이성을 보이고 있다. 그럼에도 불구하고 영국의 이 두 기구의 현대적 의미가 자원봉사자라는 개념으로 자리매김하였다고 볼 수 있다.

2) 확립기 : 정부 중심의 육성 시기(1901~1978년)

이 시기에는 복지국가로의 진입과 확대로 사회복지서비스에 대한 국가 책임이 강화되고 민간 사회복지기관의 역할이 새롭게 전환되면서 영국의 자원봉사 역사에도 큰 성장을 가져왔다. 모든 국가의 경험에서 그러하듯 큰 전쟁 후 국민 생활 안정을 위한 민간의 활동이 더욱 왕성해지듯 영국 역시 제1차, 제2차 세계대전을 겪으면서 민간활동을 더욱더 촉진시키게 되었다. 동시에 그 규모도 점점 커지고 과학적이며 전문적인 활동으로 진행되었다. 1960년대에는 자원봉사활동에 대한 국민의 이해와 사회의 역할이 더욱 강조되었는데, 이러한 변화는 무엇보다도 복지국가에 대한 인식의 변화에서 기인된 것이었다. 베버리지(Beveridge)는 그의 보고서에서 국가만의 집권적인 활동으로는 궁핍, 질병, 무지, 타락, 게으름 등을 뿌리 뽑기가 충분하지 않다고 지적하고, 복지국가의 서비스를 보완하기 위해 개인의 자발적 노력이 계속적으로 필요하다고 하였다(구혜영, 2024).

이 시기에는 자원봉사활동의 획을 긋는 각종 법들이 제정되었는데, 1960년의 '자선법(Charity Act)'과 지방 차원에서 자원봉사활동을 지원하기 위한 '지방정부사회복지서비스법(Local Authority Social Service Act)' 등을 들 수 있다. 1960년대 로커(Rockers), 히피족(Hippies), 학생 폭동 등 새로운 청년문화와 기성세대 간의 차이 등의 문제가 발생하자 청년자원봉사조직으로서 '지역사회봉사 자원봉사자(Community Service Volunteer)', '특별위원회(Task Force)', '기금을 위한 청년자원봉사자들(Young Volunteer for Foundation)' 활동이 활발해지면서 '자원봉사활동의 붐'이라고 묘사되기도 하였다. 1968년 아베스(Aves) 보고서의 발표에는 전문직원의 서비스를 보완하고 사회서비스의 제공을 통합하기 위한 자원봉사자의 참여 필요성 강조 및 훈련, 원조에 관한 실천적 전문가의 표준이 필요하다고 강조하였다(배기효 외,

2020; 구혜영, 2024). 이 보고서를 토대로 영국에서는 자원봉사센터가 급증하게 되었으며 전국 자원봉사센터 간의 네트워크, 유급 자원봉사관리자 등이 창출되었다(임혜숙 외, 2013).

1970년대는 자원봉사활동의 전문화·관료화 현상이 일어나기 시작하였는데, 자원봉사활동에 대한 각종 보고서 및 지침을 통해 전국 차원의 기본 원칙과 통일된 체계를 갖추고자 하였다. 1974년과 1978년 두 차례에 걸친 석유파동으로 세계경제는 불황기를 맞이하게 되었다. 영국은 국가의 사회복지 지출을 줄이고 민간의 영역을 확대하는 신자유주의의 대두로 복지국가가 위기를 맞이하면서 사회복지의 민영화가 확산되었다. 복지국가의 위기론으로 정부의 사회복지 지출이 감소하면서 자원봉사활동이 중요한 역할을 수행해야 하게 되었으며, 정부의 사회복지서비스의 부족 부분을 자원봉사 영역이 담당하게 되어 자원봉사활동이 더욱 확대되었다(이근홍, 2020).

3) 재정립과 팽창기 : 공·사 협력 시기(1979~2019년)

이 시기는 복지국가의 발전사를 바탕으로 살펴보면 복지국가의 위기를 거쳐 복지다원주의로의 재편성과 재정립이 모색되는 시기라 할 수 있다. 1979년 보수당 정권은 복지국가의 위기를 맞이하여 민간의 사회참여를 확대하는 개념에서 자원봉사활동의 육성을 강조하였다.

1992년에는 자선법이 개정되어 민간사회복지기관과 단체의 보호·육성 및 자선위원회에 등록된 단체에 대한 세금공제 등 자원봉사활동의 진흥을 위한 다양한 법안이 만들어졌고, 정부의 재정적 보조에 힘입어 새로운 기관이 설립되었다. 이는 정부와 자원봉사 부문 간의 파트너십을 강조하고 있음을 보여준다. 1990년대부터 기업 및 개인, 민간단체들의 참여가 증가되고 사회복지서비스 부문에 자원봉사 영역이 중요한 부분을 차지하게 되었다.

영국의 정부 차원의 사회복지서비스가 개인이나 민간단체로 이양되면서 자원봉사 영역이 그 어느 때보다도 다양해지고 폭넓은 영역에 걸쳐 발달된 시기라 할 수 있다(최덕경 외, 2006).

4) 최근(2020년~현재)

영국에서는 이 시기에 자원봉사 활동방식 및 자원봉사 관리조직에 대한 변화가 진행되었다. 그 이유는 인구 노령화로 인해 자원봉사 활동인력의 지속적 유지와 확대를 위한 인구학적 고려와 자원봉사 몰입 시간의 감소로 인한 봉사활동의 부진성 때문이었다. 그리고 '마이크로 자원봉사(Micro Volunteer)'가 대두되었는데, 이는 자원봉사자가 개별적으로 시간이 날 때마다 SNS나 인터넷을 통해 짧지만 집중적으로 참여할 수 있는 자원봉사 활동을 의미한다. 마이크로 자원봉사가 증가하는 변화 추세에 부응하기 위해 여러 대책이 제시되었는데, 단기간 맞춤형 자원봉사 참여 기회를 충분히 제공하고, 참여자들의 참여 의향이 지속적으로 유지될 수 있는 지원 대책을 강화하였다. 이를 통해 온라인·비대면 활동 등 가상 자원봉사(virtual volunteering)가 증가했고, 자원봉사 조직의 행정적 관료적 형식주의(red tape)는 감소되는 경향을 보였다(구혜영, 2024).

자원봉사를 담당하는 기구는 '시민사회청(Office for Civil Society)'으로 지역공동체가 스스로 문제를 해결하도록 훈련·개발 프로그램을 제공하거나 지역공동체 프로그램 사업비를 매칭 형식으로 지원하고, 심사에 기반하여 자원봉사센터의 지속가능한 자립을 위해 역량강화 프로그램도 제공하고 있다. 또한 UK자원봉사포럼이 인증하는 '자원봉사관리인증제도

(Investing in Volunteers)'를 통해 비영리조직들의 자원봉사관리를 표준화하고 질적 제고를 도모하고 있다. 영국 기준 약 750개의 자원단체들이 자원봉사관리인증을 받았으며 인증단체들은 작은 공동체그룹에서부터 1,000명 이상의 자원봉사자들이 활동하는 전국 수준의 큰 규모 비영리조직에 이르기까지 다양하다.

|그림 2-1| 영국의 자원봉사관리인증제

출처 : Investing in Volunteers(investinginvolunteers.co.uk).

2. 미 국

17세기 초 개척시대에 이민자들의 상부상조에 의해 이루어진 미국의 자원봉사활동은 종교의 자유와 신대륙 개척이라는 이민자들의 생계를 위해 가족과 이웃이 서로 돕지 않으면 생존할 수 없는 환경에서 출발했음을 상기해야 한다. 이러한 미국의 독특한 배경은 영국과는 사뭇 다른 출발을 보인다.

무엇보다 1889년 제인 아담스와 엘렌 케이즈 스타에 의해 시작된 시카고 헐하우스(Hull House)에서 비롯되어 1961년 케네디 대통령의 제창에 의해 연방의회에서 제정된 범세계적인 봉사활동을 목표로 하는 평화봉사단의 창조, 1963년 존슨 대통령이 주창한 빈곤과의 전쟁을 위한 범국민적 국내 자원봉사단인 VISTA(Volunteers in Service to America)의 의미를 살펴본다.

1) 태동기 : 민간 차원의 조직화 시기(19세기~1950년 말)

미국의 역사상 대변혁의 시기로, 자주독립에서부터 제1·2차 세계대전까지를 말한다. 정치적으로는 민주정치, 경제적으로는 산업발전으로 인한 독점자본주의, 사상적으로는 개인주의 사상 팽배, 사회적으로는 도시인구 집중, 빈곤 등 각종 사회문제가 대두하였다. 민간 차원의 자발적인 자선만이 사회적응의 과정을 돕는다고 생각하였기 때문에 1820년을 시작으로 많은 민간 자선기관들이 설립되기 시작하였다. 1877년에는 버팔로에 자선조직협회가 최초로 설립되었고, 1889년에는 시카고에 헐하우스가 설립되었는데, 이는 1891년에 대학인보사업협회로 개칭되었다. 미국의 인보관운동은 1929년 대공황이 엄습하기 전까지 준자선적인 성격을 유지하였다(구혜영, 2024).

공황기(1929~1933년)를 기점으로 연방정부가 사회복지서비스에 개입하여 사회보장법이 입법화되는 배경하에 전국 기관과 연맹을 맺는 지역기관들, 예를 들면 보이스카우트, 걸스카우트, Boys Clubs 등이 출현하였으며 제1차 세계대전 동안에는 YWCA, 미국적십자사 같은 국가 및 국제 봉사기관들의 활약이 활발하였다. 1926년에는 최초의 자원봉사사무국(Volunteer Bureau)이 보스턴에 설립되었고, 이후 필라델피아의 세인트 루

이스 등 미국과 캐나다 전 지역에 확산되었다. 제2차 세계대전 중에는 시민방위청이 조직되었다가 1941년 미국연방정부의 민방위국이 통합되었고 1945년 미국공동모금 및 지역사회협의회를 새로 구성하였는데 후에 미국지역사회공동금회원회(UCFCA : United Community Funds and Councils of America)로 개칭되었다(임혜숙 외, 2013).

1941년에는 미국 연방정부의 민방위국(Office of Civil Defense)에 통합되면서 전국에 4,300여 개 민간방위 자원봉사사무소를 중심으로 자원봉사자들의 활동이 활발히 전개되었다. 1945년에는 미국공동모금 및 지역봉사협의회(Community Chest and Council of America)가 새로 구성되었고, 이 기구 안에 시민참여자문위원회를 두어 자원봉사활동을 주관하도록 하였다.

2) 확립기 : 정부주도하의 육성 시기(1950~1980년)

제2차 세계대전 후 냉전의 시대에 돌입하면서 미국은 자유진영의 대표적인 강대국으로 부상하였지만, 학생들의 반전운동, 흑인민권운동, 소수인종의 빈곤문제 등 사회문제들이 등장하자 그 해결책으로 자원봉사활동을 적극 추진하기 시작하였다. 연방정부 차원의 자원봉사 프로그램이 최초로 실시되었는데, 케네디 대통령이 '뉴프론티어' 정책의 일환으로 후진국의 경제개발을 도와주고 국제평화에 공헌하기 위하여 1961년에 조직적이고 제도적인 국제봉사단체인 '평화봉사단(Peace Corps)'을 창설한 것이 그것이다. 평화봉사단은 해외의 빈곤, 교육, 건설 등에 필요한 봉사자들을 파견하는 봉사단이며 현재도 운영되고 있다.

|그림 2-2| 평화봉사단 홈페이지

출처 : Peace Corps(peacecorps.gov).

이어 존슨 대통령은 미국 내 빈곤퇴치를 위해 '위대한 사회(Great Society)' 정책을 실시하고 그 일환으로 VISTA(Volunteers in Service to America)를 창설하였다. VISTA는 1950년대와 1960년대의 미국의 빈곤문제 등 여러 가지 사회문제에 대한 대처방안으로 자원봉사활동을 적극 추진하기 위해 만들어진 기구였다. VISTA 사무국에서는 자원봉사자들을 모집하여 그들의 기술, 재능, 성격에 적합한 일을 찾아 연결시켜 주며, 주로 빈곤퇴치 프로그램, 은퇴노인 자원봉사(RSVP) 등 국내 프로그램을 실시하였다(임혜숙, 2013).

1960년대에 들어오면서 미국 정부는 재정 압박과 제한된 세입 때문에 국민들의 사회복지 욕구를 양질의 서비스로 제공하는 것이 현실적으로 불가능하게 됨에 따라 자원봉사활동을 확대하는 것으로 공공정책의 목표를 설정하였다(배기효 외, 2020). 1962년과 1967년의 사회보장법 개정안에는 자원봉사활동에 대해 합법적인 지위를 부여하였고, 1969년에는 공공과 민간 분야에 시민참여를 진작시키고자 미국자원봉사활동프로그램법(National Program for Voluntary Act)을 제정하였다. 1970년에 들어서면서 정부의 지원을 받는 새로운 형태의 전국적 자원봉사센터가 설립되었고, 닉슨 정부 때 미국자원봉사활동법이 만들어졌다. 이 법은 특별법으로서 자원봉사자에 대한 연방정부의 각종 지원활동을 규정하고 정부의 직접적인 공공자원봉사단 운영에 관한 내용을 담고 있다.

1979년에는 전국자원봉사활동정보센터와 NCVA가 통합되어 전국시민참여센터인 'VOLUNTBER'가 만들어졌고, 전국자원봉사센터의 창설 및 자원봉사관리를 지원하는 다양한 기구 및 조직이 형성되어 활동하게 되었다. 지방 차원에서는 지역자원봉사센터(Local Volunteer Centers)를 조직, 설치하고 중앙에 이들 센터를 지원하고 추진하는 중심조직인 '촛불재단(POLF : Point of Light Foundation)'을 설치하였다.

3) 재정립기 : 공·사 협력기(1981~2019년)

1980년대 미국은 높아진 국민들의 복지욕구를 충족시키기 위해 막대한 복지예산을 증액하였으며 레이건 대통령은 민간부문의 주도권을 강조함으로써 자원봉사활동 역시 강조하였다. 이어서 1990년대 미국에서는 전국지역사회봉사법(National and Community Service Act)이 제정되어 자원봉사활동을 위한 법적 지위가 강화되었으며, 1993년에는 클린턴 행정부가 전국자원봉사트러스트법을 새로이 제정하여 1993년 미국봉사단(America Corps)을 결성하여 자원봉사활동의 적극적 참여를 강화하였다. 2001년 9·11테러 이후 부시 대통령은 미국봉사단을 국가봉사단(New Freedom Corps)으로 전면 확대하여 학습봉사, 전국노인봉사단 등의 프로그램도 병행하였다. 특히 청년봉사자들을 모집하여 지역사회 치안유지활동과 다른 공공안전활동을 지원하면서 지역사회의 공공안전에 대한 욕구를 설명해 주는 등의 활동을 하였다.

4) 최근(2020년~현재)

미국에서는 코로나 팬데믹 이전부터 자원봉사 참여가 감소되는 경향을 보이고 있었기 때문에, 자원봉사 환경 및 활동방식의 변화에 대응하기 위한 방안이 논의되었다. 베이비붐 세대의 증가와 MZ 세대의 대두가 미국 자원봉사의 대표적인 변화를 주도했다. 풍족한 경제를 바탕으로 경험 확대와 소비지출 등을 통해 현재 삶을 즐기는 성향(밀레니얼 세대의 성향)을 고려한 자원봉사 프로그램 개발이 증가되었다. 자원봉사 참여 확대를 위한 소셜 미디어 적극 활용 및 자원봉사를 자선활동을 넘어 자신의 개인적 성장과 발전에 도움을 주는 일종의 투자적 차원으로 접근하는 특성을 보였다. 그래서 개인이 추구하는 다양한 가치 및 행복 증진 등 목적 지향적 자원봉사활동 기회의 확대가 필요하게 되었다(구혜영, 2024).

3. 일 본

일본의 자원봉사활동이 시작된 것은 패전 후 국가의 공권력에만 의존할 수 없는 혼란한 상황에서 자발적인 지역활동이 시작되면서부터이다. 패전 후 부상자의 원호, 부랑자의 보호를 필두로 하여 1947년에는 '공동모금', 'BBS운동'이 시작되었고, 그후 워크캠프(Workcamp) 활동, 학생 인보관 운동이 시작되었다.

1980년부터는 후생성, 문부성 등 정부조직에서 자원봉사활동이 적극 추진되었는데 후생성에서는 그런 자원봉사활동의 진흥을 위해 그 활동의 기반이 될 조건 정비를 목적으로 한 복지자원봉사마을만들기사업을 실시함과 함께 학생의 자원봉사활동 보급사업협력에 대한 조치를 강구하였다.

1990년대에 들어서는 자원봉사활동에 있어 기업의 참여가 크게 활성화됨을 볼 수 있다(임혜숙, 2013).

무엇보다 일본은 태풍, 홍수, 지진, 쓰나미와 같은 자연재해가 많은 국가이다 보니 정부의 구조활동보다는 가까이 있는 이웃들의 결사체가 보다 신속히 재난구조상황에 대응할 수 있는 생활환경을 갖추고 있어 이런 환경하에 자원봉사활동이 실생활 속에 깊이 자리 잡았다고 할 수 있다.

|그림 2-3| 일본의 자연재해와 봉사활동

출처 : 피처링(featuring.co.kr/news/articleView.html?idxno=2896).

1) 태동기 : 민간 차원의 조직화 시기(1950~1971년)

일본의 자원봉사활동이 조직성과 체계성을 가지고 자리를 잡은 것은 패전 후 혼란을 수습하기 위한 노력에서 찾아볼 수 있다. 자원봉사활동에 대한 국민의 관심이 높아지면서 다양한 자원봉사활동이 행해졌고, 전국부모연락회, 전국중증심신장애아(인)를 지키는 모임, 전국노인그룹연락회 등의 자원봉사조직이 조직되었다. 1962년 이후 사회복지협의회에 선의은행(Good Will Bank) 설치, 오사카자원봉사협회, 후지자원봉사협회, 일본

청년봉사협회 등 민간주도의 자원봉사사무국이 설치되어 자원봉사활동을 활발히 전개하였다. 1965년에 설립된 오사카자원봉사협회는 최초의 민간자원봉사협회로 교육과 훈련에 주력하기 시작하였는데, 이것은 일본 자원봉사학교의 전형이 되었다.

1968년에는 자원봉사활동의 일대 전환기를 맞이하였다. 전국사회복지협의회에서 '자원봉사자 육성 기본요강'을 책정하였을 뿐 아니라 전국선의은행연락협의회가 발족되어 자원봉사자의 참여를 독려하는 계기가 되었기 때문이다.

2) 확립기 : 정부 중심의 육성 시기(1972~1990년)

1973년부터 중앙이나 지방자치단체의 보조에 의해 중앙에 '전국자원봉사활동진흥센터', 도, 부, 현 및 지정도시에는 '자원봉사센터'를 설립하는 등 자원봉사 추진체계가 정비되기 시작하였다. 자원봉사활동에 관한 독립된 특별법이나 진흥법의 제정 없이, 정부가 위촉하는 일종의 관선자원봉사자인 민생위원제도가 민생위원법에 근거해 운영되었고, 1975년부터는 지역사회보호형, 즉 지역사회 중심의 복지시책을 추진하려고 하는 방향으로 변화해 나갔으며, 여기에 자원봉사자의 활동을 육성하였다. 자원봉사보험제도를 개시하였고, 자원봉사정보센터 뉴스 발행, 시민운동, 공해반대운동, 소비자운동 등에 자원봉사자들이 참여하였다. 1979년 이후 일본형 복지사회를 구상하면서, 서구형의 고복지 고부담 폐단을 방지하기 위해 자원봉사활동의 활용방안들이 보다 적극적으로 구체화되어 추진되기 시작하였다.

3) 재정립기 : 공·사 협력 시기(1991~2019년)

1990년대에 들어오면서 복지관계법이 대폭적으로 개정되어 시정촌을 중심으로 종합적인 사회복지 추진체계로 전환되는 한편, 1990년대부터 기업의 사회공헌 활동이 활발해져 대기업을 중심으로 기업의 기부활동과 소속 직원의 자원봉사활동에 대한 지원이 추진되기 시작하였다. 국가의 재해와 재난 시에 일반시민과 소방기관과의 협력을 구축하는 것이 각 지방에서 제도화되었으며, 자원봉사 교육과 코디네이터 양성, 자원봉사 단체 간의 네트워크 추진, 자원봉사정보시스템 구축 등이 이 시기에 이루어졌다. 기업에 의한 사회공헌활동의 방법은 기부금 지원, 근로자의 자원봉사활동 지원, 프로그램 참여의 세 가지 형태로 진행되고 있다.

더불어 일본은 NPO(비영리활동법인)가 새로운 활동단체로서 급속하게 발전한다. NPO는 공익법인으로서 사단법인, 재단법인, 학교법인, 사회복지법인, 종교법인 등 폭넓은 형태로 활동하면서 주간보호소, 홈헬퍼서비스, 도시락서비스 등 직접서비스와 상담지원, 권리지원 등의 사업, 여가지원, 동행서비스 등 다양한 형태로 진행된다. 일본은 NPO 운영과 NPO 봉사 등을 지원하는 센터가 각 도·도·부·현에 설치되었고 보건복지 부문 NPO 운영에 필요한 재정을 정부가 지원하게 되었다.

4) 최근(2020년~현재)

코로나19는 일본의 자원봉사활동에 패러다임의 변화를 가져왔다. 자원봉사 조직에서의 활동 중 상당한 비중이 공식적 활동에서 비공식적 활동으로 전환되었고, 코로나19 이후 자원봉사의 모집과 조정, 조직이 빠른 속도로 디지털화되었다. 그리고 재난의 시간을 보내면서 국가 역할에 의지하기보다는 시민들의 자발적 자원봉사활동에 더 많은 중요성을 인식하게 되었고, 봉사활동 참여 동기를 강화시키게 되었다. 또한 자원봉사활동의 온라인 전환은 인터넷 접근성을 중심으로 이루어지면서 자원봉사 참여의 세대 간 격차를 가져오게 되었다(구혜영, 2024).

4. 한 국

한국은 전통적인 상부상조 정신으로 발생한 품앗이, 계, 두레 등 지역주민들의 복리와 협력을 목적으로 만든 조직들이 있으나 이는 노동력 교환의 성격으로 경제적 보상의 성격을 띠고 있어 현대적 의미의 자원봉사와는 다소 차이가 있다 할 수 있다. 그런 의미에서 현대적 의미의 자원봉사활동은 기독교정신과 개화사상의 영향을 받은 YMCA와 태화기독교회관의 여성계몽 및 아동건강 봉사활동에서 뿌리를 찾을 수 있다. 또한 1970년대 새마을운동의 전개를 통한 대학생의 농사봉사활동과 1980년 후반 국제적인 수준의 행사인 아시아게임, 올림픽 등을 준비하면서 자원봉사에 대한 범시민적인 관심이 일기 시작하였다.

1) 태동기(1903~1950년대)

현대적 의미의 자원봉사가 도입된 것은 근대화가 시작될 무렵인 1903년 YMCA 창립을 시작으로 1921년 태화기독교회관에서 여성계몽과 어린이 건강을 위한 봉사활동이 전개되면서부터라고 할 수 있다. 일제시대의 자원봉사활동은 두 가지 형태로 나뉘는데, 하나는 조선총독부에서 설립한 인보관을 중심으로 행해진 관 주도의 교화사업의 형태이고, 다른 하나는 일제 식민지시대의 구국운동으로 행해진 학생운동의 형태이다. 구국을 위한 학생운동은 광복 이후 사회개량적 성격으로 전환되어 문맹퇴치를 위한 야학, 농촌봉사활동, 질병구제 등의 사회봉사활동으로 전개되었다.

광복 후 미군정시대를 지나 한국전쟁 후, 외원기관이 들어오면서 외국에 나가 모금활동을 전개하고 자원봉사를 실시하는 선교인들을 포함한 외국인들의 자원봉사활동이 서서히 국내에 나타나기 시작하였다. 1950년대와 1960년대에 이르러 산발적으로 전개되었던 자원봉사활동이 YMCA, YWCA 활동으로 활발히 전개되었고, 인도주의 차원에서 적십자운동을 중심으로 보다 조직으로 활성화되었다(류기형 외, 2018).

2) 확립기(1960~1970년대)

1960년대에는 그동안 산발적으로 전개되었던 자원봉사활동이 인도주의와 자원봉사를 기본 정신으로 하는 적십자운동을 중심으로 조직적으로 활성화되었는데, 대학생들을 중심으로한 계몽성격의 농촌봉사활동 전개가 활발히 이루어진다.

또한 1971년부터 전개된 새마을운동은 지역주민들의 생산기반과 생활능력을 개발하여 소득수준을 향상시키고 의식계발을 포함한 사회개발에 획기적인 기여를 하였을 뿐만 아니라, 자원봉사정신의 확산과 고취에 커다란 영향을 미쳤다. 1978년부터는 한국사회복지협의회가 자원봉사자 교육훈련을 실시하고 사회복지분야에 배치하기 시작하였으며, 각종 사회복지단체를 중심으로 자원봉사활동이 전개되었다(구혜영, 2024). 이로써 자원봉사자 교육훈련을 받은 자원봉사자를 사회복지부문에 배치하기 시작하였는데, 이는 자원봉사활동의 양적·질적 향상의 전환점이 되었다.

3) 재정립기(1980~2005년)

1980년대 우리나라는 자원봉사활동에 대한 관심이 본격적으로 높아지기 시작한다. 대표적인 배경으로 1980년대에 들어오면서 지방 사회복지협의회가 6개 광역시와 도 단위에 조직되면서 자원봉사자 모집・훈련・배치의 기능이 전국적으로 확산되게 되었다. 또한 1984년 한국여성개발원에 의하여 자원봉사인력은행이 설치되었고, 1985년에는 올림픽조직위원회에 의하여 자원봉사단이 구성되어 보다 조직적으로 자원봉사활동이 전개되었다. 1986년 아시안게임과 1988년 올림픽에서의 거국적인 자원봉사자 활용은 전국적으로 자원봉사를 인식시키고 확산시키는 데 크게 기여하였다(김범수, 2017).

1991년 이후부터는 행정자치부, 문화관광부, 여성부를 중심으로 자원봉사 업무를 담당하는 부서가 설치되는 등 정부지원의 각종 자원봉사센터들이 전국적으로 설치되었다. 1994년에는 자원봉사 관련 전산정보체계 구축, 자원봉사자활동 지도자 교육, 자원봉사활동조사연구와 교재발간, 홍보, 정책건의를 목적으로 하는 사회복지협의회 부설 사회복지자원봉사안내센터를 설립하였고, 또한 한국자원봉사단체협의회가 조직되어 자원봉사단체를 아우르는 법정단체가 되는 기반을 마련하였다.

1995년에는 초・중・고등학교의 종합생활기록부에 사회봉사활동시간에 대한 의무적인 기록을 계기로 청소년자원봉사활동이 활발해졌고, 대학 내에도 사회봉사단의 구성으로 대학생들의 봉사활동 참여를 학점화하는 추세가 이어졌다. 대학의 사회복지학과에서도 자원봉사론이라는 과목을 개설하는 등 사회복지사의 자원봉사관리에 대한 체계적 접근과 방법에 대한 논의가 활발하게 이루어졌다.

대기업에서도 신입사원 채용과 직원연수에 자원봉사 실적을 반영하기 시작하였고, 1995년부터 행정안전부 시민협력과에서 자원봉사활동 관련 업무(자원봉사센터 업무)를 총괄 관리하게 되었다. 또한 1997년 이후부터 지방자치단체마다 지역자원봉사센터를 조직하고 자원봉사활동을 지원하게 되었다.

2002년 한일월드컵을 계기로 자원봉사활동이 세계적으로 크게 부각되면서 2005년 6월 29일 자원봉사활동기본법이 국회를 통과하여 자원봉사자의 권익 보호와 자원봉사센터 및 단체 육성의 기초가 확립되었다(이근홍, 2020; 구혜영, 2024).

4) 정체기(2006~2019년)

고령화, 세계적인 경제위기 등 경제침체로 일자리 및 사회서비스사업과 관련된 다양한 활동들이 확대되고 그동안 사회서비스 영역에서 주로 활동하던 자원봉사자들이 일자리 영역으로 넘어가면서 자원봉사자 참여율은 20%로 정체되는 상황에 놓이게 되었다. 또한 행사 위주의 봉사활동 및 시간 누적형 봉사활동에만 봉사자들이 집중되면서 자원봉사계는 여러 가지로 답보 상황을 맞이하게 되었다. 특히 마을만들기 등과 같은 시민참여형 봉사활동이 늘어나면서 봉사활동과 시민 참여활동 간의 개념모호성이 늘어나게 되었다. 2010년에는 중앙자원봉사센터가 설립되었다(구혜영, 2024).

2008년에는 제1차 자원봉사진흥 국가기본계획(2008~2012)이, 2013년에는 제2차 자원봉사진흥 국가기본계획(2013~2017)이, 2018년에는 제3차 자원봉사진흥 국가기본계획(2018~2022)이 수립되었다. 제1차 국가기본계획은 처음 작성된 기본계획인 만큼 자원봉사에 대한 기본적인 부분과 실태를 중심으로 한 내용이 상당 부분 차지하고 있다. 즉, 자원봉사활동에 대한 개념을 다시금 정리하고, 자원봉사활동을 통한 사회적 가치와 의의를 강조하고 있다. 자원봉사의 의미를 통해 우리 사회의 다양한 자원봉사활동에 대한 정의들을 통합하고, 그 필요성 및 효용가치에 대해 설명하였다. 또한 그동안의 자원봉사활동 성과고찰을 통해 자원봉사 인프라(법 및 조례, 자원봉사센터 설치 및 운영, 전산관리시스템 구축 및 운영 등)와 자원봉사활동 참여율 및 자원봉사단체 증가추이, 자원봉사관리업무 전문화, 다양한 자원봉사 프로그램 개발, 인정보상, 교육 및 훈련, 홍보 및 행사 등에 대한 영역의 실적을 나열하고 문제점을 분석하였다.

제2차 기본계획에서는 자원봉사 문화의 확산, 생애주기별 시민참여 확대, 자원봉사활동을 통한 시민사회 역량 강화를 강조하였으며, 제3차 기본계획에서는 자원봉사센터의 민영화를 토대로 관리 및 운영에 고도화를 꾀하려 하였다.

이렇게 한국의 자원봉사활동은 국가 중심의 기본계획을 수립하면서 보다 진보하는 모습을 갖추려 노력하였지만 이 외 큰 이슈 없이 정체기를 지나게 된다.

5) 최근(2020년~현재)

모든 국가와 공통적으로 한국도 코로나19 이후 자원봉사활동 참여율은 급격하게 감소되는 경향을 보였다. 2021년에는 8.4%로 최근 20년 중 최저 참여율이었다. 코로나19에 따른 사회적 거리두기 강화로 전통적 대면방식의 자원봉사 참여가 제한된 것이 원인이었다고 볼 수 있다. 그리고 학생 자원봉사활동실적이 대입입시에 반영되지 않도록 하는 교육제도 변화로 학생 자원봉사가 대폭 감소함에 따라 참여율이 더 낮아지게 되었다. 학생의 자발적 봉사활동 참여 확대를 위한 제도 개선이 필요하게 되었다.

코로나19 이후 온라인 봉사활동 및 비대면 봉사활동에 대한 중요성이 인식되기 시작되었다. SNS 활동과 홈페이지 홍보활동 등이 활발해지면서 온라인 봉사활동에 참여하는 봉사자들이 대거 증가했다. 또한 블록체인 기반의 봉사활동 등 디지털 시대를 맞아 봉사활동도 큰 변혁의 시대를 맞이하게 되었다.

또한 코로나19 시기를 지나 성립된 제4차 자원봉사진흥 국가기본계획(2023~2027)에서는 이러한 디지털 기반의 융·혼합형 방식의 봉사활동을 진흥하며 정부의 부처 간 장벽을 넘은 범부처와 민간의 강한 협력 관계를 통한 지속가능한 봉사를 추구한다. 또한 인프라 구축 및 관리를 위해 지방자치단체의 자원봉사 조례 개정과 지역센터의 평가제도 도입을 강조하였고, 국제봉사 역시 비대면 방식의 계획을 수립하여 추진할 것을 계획하고 있다.

<표 2-1> 제3차, 제4차 자원봉사진흥 국가기본계획 비교

구분	제3차 기본계획	제4차 기본계획
문화·참여	• 공식·대면 자원봉사 중심 활성화	• 비공식 자원봉사 참여 지원 • 기존(대면)+디지털 기반 융·혼합형 방식
	• 재난 대응 자원봉사 지원 기반 구축 • 행안부 중심 자원봉사 홍보·캠페인	• 지역사회 안전 역량 강화(예방) 자원봉사 • 범부처·민간 협력으로 지속가능한 브랜딩 추진(K-Volunteering)
인프라·관리	• 자원봉사센터 민영화, 민간 재원 확보 등 자율성 강화 중심 ➜ 자원봉사센터의 운영 성과 제고 및 관리체계 고도화 필요	• 지역센터 평가제도 도입 • B/C분석 도입(재정 효율성 분석) • 지자체 자원봉사 조례 개정 및 자원봉사활성화 정책 가이드 마련
	• 자원봉사 자격제도 도입(민간 차원) • 부처 포털* 간 로그인 및 실적 연계 *1365(행안부), VMS(복지부), DOVOL(여가부)	• 국가공인 자격제도 도입 추진 • 정부 포털과 민간 시스템의 연계 강화
국제	• 대면·방문형 국제 자원봉사 활성화 • 외교부(WFK) 중심 국제교류·봉사	• 코로나19 등 상황에 대응한 비대면 국제봉사 • 국제봉사 참여 주체 다양화(행안부, 지자체 등)

CHAPTER 3

자원봉사의 구성(추진)체계

자원봉사활동의 추진체계는 자원봉사자, 자원봉사관리자 그리고 자원봉사운영체계로 구성되며 이 삼각구도가 각각 그 역할을 잘 달성할 때 성공적인 자원봉사활동이 이루어질 수 있다. 본 장에서는 이러한 자원봉사 구성체계를 학습하며, 추진체계로서는 법적 체계와 운영체계를 중심으로 살펴본다.

1. 자원봉사자의 동기와 역할

1) 자원봉사자의 동기

현대의 심리학자들은 동기(motivation)를 말할 때 행동을 시작하고, 방향짓고, 행동의 강도와 지속성을 결정짓는 요인으로 보고 있다. 인간은 항상 무엇인가를 추구하고 이를 위해 행동하는 존재이기 때문에 동기가 없이는 행동하지 않는다. 자원봉사의 참여도 역시 어떠한 동기가 전제되어야만 가능하다. 따라서 성공적인 자원봉사는 자원봉사자가 봉사에 대한 분명한 동기를 자각할 때에 가능하다.

자원봉사 동기에 대한 이해는 자원봉사자의 욕구충족의 측면에서 중요한 의미가 있다. 자원봉사자의 욕구충족의 측면에서 보면, 자원봉사자는 확실히 자신의 욕구보다는 봉사대상의 욕구를 충족시키기 위하여 자원봉사활동에 참여하고 있다. 그러나 자원봉사자도 어떠한 특수한 한정적인 욕구를 가지고 있음을 인식하는 것은 중요한 일이다.

자원봉사자가 자원봉사활동에 참여하는 동기는 매우 다양하며 또한 어떤 특정한 동기에 의해 참여하기도 하지만 여러 가지 동기가 혼재되어 있을 수 있고, 처음 가졌던 동기가 자원봉사활동을 하면서 변화되기도 한다. 또한 자원봉사의 동기는 다양한 요인에 근원을 가지고 있어 이러한 동기는 항상 변화하는 역동적인 것이며 자원봉사활동의 진행에 따라 새로운 동기가 첨가되곤 한다.

윌슨(Wilson, 1990)은 시민의 자원봉사활동에 참여하게 되는 동기에 대해 다음과 같이 구분하였다.

① 인간이 타고난 유전적 특성에 의해 어려움에 처한 이웃에 봉사하고자 하는 이타적 동기
② 여가선용이나 신앙생활의 일부분 또는 자신의 능력이나 지식을 활용하여 개인의 욕구를 충족시키고자 하는 이기적 동기
③ 사회문제의 위기감에 의한 사회적 의무감과 사회적 관계, 사회적 승인, 사회적 성취 등의 사회적 욕구를 충족시키고자 하는 사회·심리적 동기

자원봉사자의 참여 동기를 좀 더 구체적으로 제시한 의견을 살펴보면, 사람들이 자원봉사에 참여하는 동기는 일반적으로 다음과 같다.

① 집 밖으로 나오고 싶어서
② 지역사회에서 존경받는 인물을 알기 위해서
③ 직업을 얻을 수 있는 경력을 쌓기 위하여
④ 직업을 바꾸기 전에 자신의 능력을 시험해 보기 위하여
⑤ 새로운 친구를 사귀고 싶어서
⑥ 새로운 기술을 개발하기 위하여
⑦ 지역사회 문제에 대한 지식을 얻기 위하여
⑧ 지위를 얻고 싶어서
⑨ 과거에 타인에게 받았던 도움을 되갚기 위해서
⑩ 소속감을 느끼기 위하여

2) 자원봉사자의 권리와 책임

(1) 자원봉사자의 권리

자원봉사자는 자원봉사활동을 함에 있어 봉사자로서 가지는 권리가 있다. 권리는 효과적인 봉사활동 대상, 봉사활동 기관에 도움이 될 때에만 권리로서 존재한다. 맥그리거(McGregor, 1982)가 규정하는 자원봉사자의 욕구와 권리는 다음과 같다.

① 인정받을 욕구와 권리
② 비밀보장에 대한 욕구와 권리
③ 지지받을 욕구와 권리
④ 훈련받을 욕구와 권리
⑤ 개인적인 성장 발달에 대한 욕구와 권리
⑥ 개인적인 만족에 대한 욕구와 권리

⑦ 이야기할 기회에 대한 욕구와 권리
⑧ 동료로서 대접받고 싶은 욕구와 권리

(2) 자원봉사자의 책임

사람들이 사회의 구성원으로서 마땅히 지켜야 할 도리와 책임이 있는 것처럼, 자원봉사자 또한 위와 같은 권리를 가짐과 동시에 자원봉사자로서 이행해야 할 책임이 뒤따르게 된다. 맥그리거(McGregor, 1982)가 규정하는 자원봉사자의 책임은 다음과 같다.

① 정직해야 할 책임
② 신뢰받을 책임
③ 비밀을 지켜야 할 책임
④ 수용적이며 비심판적이어야 할 책임
⑤ 충고가 위험하다는 것을 알아야 할 책임
⑥ 잘 경청해 주는 사람이 되어야 할 책임
⑦ 슬픔을 이해해야 할 책임

3) 자원봉사자의 역할

자원봉사자는 기관이나 지역사회의 특별한 욕구 및 문제의 특성에 따라서 다양한 역할을 수행하게 된다. 자원봉사자의 역할은 시대에 따라 변화되어 왔고, 자원봉사자에게 부과되는 역할은 조직 또는 기관에 따라 다양하기 때문에 간단하게 규정하기는 쉽지 않다. 미국 사회사업사전(1977)에서는 자원봉사의 역할을 다음과 같이 규정하고 있다.

① 치료적 또는 재활 서비스를 요청하는 상황 또는 조건을 확인하는 일
② 정책이나 계획의 수립 및 결정 과정에 참여하는 일

③ 직접적, 보완적 서비스를 제공하는 일
④ 공공 및 민간 부문의 재정지원을 촉구하는 일
⑤ 조직 및 기관의 대변인으로서 프로그램과 그들이 지향하는 문제를 해석하는 일
⑥ 프로그램에 대한 지역사회의 반응을 평가하고 보고하는 일
⑦ 지역사회계획에 협력하는 일
⑧ 새로운 서비스 전달체계를 개발하는 일
⑨ 빈민과 불우한 계층의 권익을 옹호하는 일
⑩ 사회정의를 도모할 수 있는 합법적 사회행동에 참여하는 일

자원봉사자의 역할에 대한 각각의 견해를 살펴보면, 우선 한양대학교 사회봉사단(1998)은 자원봉사자의 역할을 크게 개인적 역할과 사회적 역할로 규정하고 있다. 개인적 역할은 도움이 필요한 개인이나 집단과 직접 대면해서 관계를 맺고 서비스를 제공하는 것인 반면, 사회적 역할은 정책 결정이나 서비스 활동에 참여하고, 대변 또는 매개하는 역할을 하는 것이다. 김영호 등(2006)은 자원봉사자의 역할을 크게 네 가지, 즉 문제예방 · 치료자로서의 역할, 대변자 · 매개자로서의 역할, 변화 · 개혁자로서의 역할, 건설적인 비판자로서의 역할로 규정하고 있다.

① **문제예방 및 치료자로서의 역할** : 사회문제 및 욕구의 발견과 더불어 사회문제를 예방, 통제, 치료하는 사회복지기관의 방침을 결정하거나 직접 서비스를 제공하는 활동에 참여한다.
② **대변자 및 매개자로서의 역할** : 도움이 필요한 개인, 집단, 지역사회의 문제를 알리는 대변자로서의 역할과 활동 대상자, 사회복지기관, 지역사회 간의 중간 매개자의 역할을 한다.

③ **변화 및 개혁자로서의 역할** : 바람직한 사회변화와 적절한 사회적 서비스를 지원할 수 있도록 발전시키며 인간존중의 정신을 실현하기 위한 제도적·구조적 개혁을 주장하고 변화시킨다.

④ **건설적인 비판자로서의 역할** : 복지 서비스의 질적 효과를 측정, 평가하는 평가자로서 평가를 통한 서비스의 개선을 제안하며, 나아가 부족한 제도나 시책을 개선하도록 하는 추진자로서의 역할을 한다.

2. 자원봉사관리자의 개념과 역할

1) 자원봉사관리자의 개념

최근 자원봉사활동의 필요성이 사회적으로 더욱더 요청되고 그 중요성이 널리 인식됨에 따라 자원봉사활동 관리의 중요성이 부각되고 이를 담당할 인력, 즉 관리자에 대한 관심이 증대되고 이에 따라 자원봉사관리직이 새로운 전문직으로 등장하고 있는 추세이다. 이러한 전문직은 자원봉사 관리자(volunteer administrator), 감독자(director) 혹은 조정자(coordinator)의 역할이다. 자원봉사관리자는 그 서비스를 수행하기 위해 수많은 자원봉사자를 활용하는 기관이나 조직의 최고 실무 감독자(executive director)라고 할 수 있고, 자원봉사감독자는 조직 내에서 자원봉사 프로그램을 책임지고 있는 중간관리자라고 할 수 있을 것이다(Schindler-Rainman & Lippitt, 1975 : 101-102). 이러한 대부분의 자원봉사관리직은 상근 유급직이지만 어떤 경우에는 아직도 비상근이거나 무급 자원봉사자로 임명되기도 한다.

이러한 자원봉사관리자는 전문성의 정도에 따라 전문가, 준전문가, 리더로 세분화해 볼 수 있다(남미애, 1997 : 36). 자원봉사전문가는 자원봉사활동 전반에 대한 전문적인 교육과 훈련을 받고, 기관이나 시설에서 자원봉사자 관리 및 조정에 대한 일을 주된 업무로 하는 유급직원이다. 선진국의 경우 이미 오래전부터 자원봉사자 관리를 전담하는 전문가를 자원봉사 슈퍼바이저, 자원봉사조정자, 자원봉사감독자(director) 등으로 세분화해서 부르고 있으며, 이들의 명칭이 이미 직업목록에 등장했을 뿐 아니라 자원봉사행정의 중요성이 강조되어 이들에 대한 활발한 연구가 행해지고 있다. 이들의 역할은 기관이나 시설에 따라 조금씩 상이하고 그 역할은 명확히 구분되는 것이 아니라 중복되어 행해지는 경우가 많으며 한 사람이 이들 역할을 동시에 수행하기도 한다.

이들 전문가 중 자원봉사 슈퍼바이저는 자원봉사자 교육이나 사례관리에 초점을 두고, 자원봉사감독자는 기관의 행정가와 같은 직책에서 행하는 역할이라고 할 수 있다. 그리고 자원봉사조정자는 시설과 지역사회 사이에 위치하여 자원봉사자 등 지역사회자원을 효과적으로 동원함으로써 시설 등이 목적으로 하는 사업을 효과적으로 수행하게 하는 한편, 자원봉사활동에 대한 욕구를 가진 지역사회의 가정이나 사람을 지원하도록 하는 전문가를 의미한다. 이러한 자원봉사조정자는 크게 시설에서 활동하는 조정자와 자원봉사센터에서 활동하는 조정자로 나눌 수 있는데, 소속기관에 관계없이 자원봉사활동에 관련된 계획을 수립하고 그에 따른 직무를 설계하여 위임, 조정하며 그 직무에 적합한 인력을 모집, 교육, 배치하여 지도감독하고, 평가하는 기능을 담당한다(Wilson, 1976 : 25-39).

그리고 자원봉사 준전문가는 자원봉사자 관리를 부차적인 업무로 행하는 사람들로 사회복지사, 목사, 교사 등이 여기에 속한다. 이들은 자원봉사자 관리가 1차적 목표가 아니며 자원봉사전문가에 비해 전문성이 낮을 뿐 아니라 자신들의 고유 업무를 담당하면서 자원봉사자 관리도 겸하고 있다. 또한 자원봉사 리더는 자원봉사자들 중에서 자원봉사자에 의해 선출되는 사람으로 여기에 속하는 대표적인 사람이 자원봉사조언자이다. 자원봉사조언자란 자원봉사자로서 활동에 참가하면서 리더 역할을 담당하고 활동의 의욕을 가진 사람들의 상담에 응하는 이를 말한다.

자원봉사조언자의 가장 특징적인 성격은 직장의 동료, 부모, 노인, 그리고 같은 활동을 하고 있는 동료 등 정보제공이나 상담을 필요로 하는 사람과 같은 동료라는 것이다. 이러한 자원봉사조언자는 생활체험, 활동을 공유하는 동료로서의 공감, 과정에 의해 그 사람의 자기 결정을 충족시키는 측면에서부터 지원한다. 그리고 자원봉사활동을 하고 싶은 사람이나 이미 활동을 하고 있는 사람에 대해 일상적 상담·조언을 주로 행한다. 활동을 하고 싶은 사람에 대해서는 그 사람의 활동욕구나 동기를 파악하고, 그 사람이 실제 활동에 들어갈 때 어떻게 하면 좋을까 등의 상담을 행하고 정보 제공이나 조언을 한다. 또한 실제로 활동에 임하도록 자신의 네트워크를 활용해 자원봉사조정자나 다른 집단 리더, 자원봉사조언자 등에게 소개하며 경우에 따라서는 활동으로 유도, 동기를 조성하고, 활동의 지원을 행한다. 자원봉사조정자와 자원봉사조언자의 기본적 차이는, 자원봉사조언자가 어디까지나 시민이며 자원봉사자이기 때문에 같은 동료라고 할 수 있는 데 반해 자원봉사조정자는 자원봉사센터 시설, 기업(기업의 경우에는 사회공헌 활동의 담당자 등) 등의 조직·기관에 있어 직원으로서의 입장에 있는 것이다.

이와 같이 자원봉사관리자의 개념 정의는 맡은 기능 및 역할에 따라 다르고 또한 그 명칭도 달라질 수 있다. 그러므로 현재 우리나라에서는 각 기관에 따라 자원봉사 관리를 담당하는 사람에 대해 관리자, 조정자, 관리조정자, 지도 감독자(슈퍼바이저), 감독자 등 다양한 명칭을 부여하고 있다. 그러나 자원봉사관리자는 그들이 맡고 있는 기능 및 역할의 범위가 각 기관에 따라 다를 수 있겠지만 그들이 맡아야 하는 고유 업무는 동일한 것으로서 각 기관에서 세분화된 자원봉사전문가들을 두지 않는 이상 명칭이 상이하더라도 그 기능 및 역할은 유사하다고 할 수 있다. 따라서 광의의 자원봉사관리자는 '조직의 목표를 달성하기 위해 자원봉사자들과 함께, 그리고 그들을 통해서 일하는 사람'이라고 정의할 수 있으며 다른 말로 '훌륭한 관리자는 인적자원의 조력자(an enabler of human resources)'인 것이다(Wilson, 1976 : 25).

이러한 관리자는 포용력과 리더십, 인간에 대한 이해와 지식, 행복에 대한 직관력, 사업추진력, 통찰력 등과 같은 성숙한 인간성과 함께 고도의 교육과 훈련을 거쳐 전문인으로서의 기술을 갖추어야 한다(이성록, 2005 : 137-139).

엘리스(Ellis, 2006 : 60-62)는 자원봉사감독자(director of volunteer)가 갖추어야 할 특성을 다음과 같이 제시하고 있다.

① 자원봉사자에 대한 긍정적인 관점, 즉 자원봉사자가 왜 중요한가, 그들의 잠재력이 그 세팅에서 어떻게 발휘될 것인가 등을 명확하게 하는 능력
② 자원봉사자가 무엇을 성취할 수 있는가와 기관이 미래에 어디로 갈 것인가의 모두에 대한 비전
③ 지난 10년간 생겨난 지역사회서비스를 위한 수많은 유형의 지역사회 자원들을 포함하여 자원봉사영역의 확대된 범위에 관한 이해
④ 뛰어난 관리 기술
⑤ 뛰어난 상호관계 기술, 따뜻함(warmth)과 어느 정도의 카리스마
⑥ 열정과 에너지, 자원봉사 프로그램을 위한 활기찬 분위기 창조
⑦ 편안한 프레젠테이션 스타일과 대중 연설 능력

⑧ 지역사회 자원들에 대한 정통
⑨ 업무가 일정한 때 얼마의 시간을 투자하는 자원봉사자들에게 부과할 수 있도록 다루기 쉬운 부분들로 나누기 위한 과업분석 기술
⑩ 세부사항들(details), 특히 일정편성(scheduling)과 과업위임의 요구들을 다루고, 조작하는 능력
⑪ 기관의 특별한 욕구(needs)를 위해 다른 세팅으로부터 좋은 아이디어들을 기꺼이 차용하는 능력

자원봉사감독자는 필수적으로 훌륭한 관리자(administrator)여야 하는 것과 같이 리더로서 필요한 개성을 갖추는 것도 필수적이다. 자원봉사자들은 임금에 의해 보상을 받지 않기 때문에 자원봉사감독자는 자원봉사자들이 동기를 가지게 하고 자원봉사자들과 유급직원들이 높은 사기를 유지하도록 하는 능력을 가져야만 한다.

2) 자원봉사관리자의 역할

일반적으로 자원봉사관리자에 관해 알아야 할 가장 중요한 것 중의 하나는, 관리자의 역할은 단일한 것이 아니라 많은 상이한 역할들의 복합체라는 점이다. 그러므로 관리자의 효과성은 다양한 상황과 사람들에게 적절하게 반응하는 융통성에 달려 있다고 할 수 있다(Wilson, 1976 : 27). 이러한 관리자의 훌륭한 자원봉사 관리실천은 다음과 같은 특징들을 포함하고 있다(Schindler－Rainman & Lippitt, 1975 : 105－106).

① 명확하고 공표된, 지속적으로 평가되는 목표를 가지고 있다.
② 계획, 문제해결 및 의사결정에 있어서 '영향을 받는(vertical slice)' 사람들을 참여시킨다.

③ 현재 진행 중인 토대 위에서 자원봉사자와 유급직원을 함께 참여시킴으로써 이득을 얻을 수 있도록 실제적인 프로그램 관리가 이루어진다.
④ 정기적인 피드백과 유급직원과 자원봉사자 간의 정기적인 미팅이 이루어진다.
⑤ 자원봉사자들을 위한 단기 및 장기적인 공간과 장소는 현대 자원봉사 프로그램에 반드시 포함된다.
⑥ 오리엔테이션, 훈련, 그리고 능력향상 및 성장의 기회는 자원봉사자와 유급직원 모두에게 필수적인 것이다.
⑦ 융통성 있는 기본 규칙들이 필요하다.
⑧ 실천방안들을 교환할 수 있도록 유사한 프로그램 간에 상호 연계한다.
⑨ 지역사회에 있는 다른 기관, 조직, 그리고 운동단체들과의 제휴는 건전한 프로그램을 위해 필수적인 것이다.
⑩ 다양한 시간에 실행되는 프로그램에 대한 모든 기여자들의 중요성에 대한 인정(recognition)은 프로그램을 보다 인간미 있게 만든다.

그러나 이러한 자원봉사관리자들의 역할에 관한 견해는 학자들에 따라 다소 차이가 있다. 맥그리거는 그의 저서 『기업의 인간적 측면(The Human Side of Enterprise)』에서 "관리자는 경우에 따라 부하집단의 리더 혹은 동료집단의 구성원 혹은 교사(teacher), 의사결정자, 훈육자(disciplinarian), 원조자(helper), 컨설턴트 혹은 단순한 관찰자가 되는 것이 적절하다는 것을 발견하게 된다"고 지적하였다(McGregor, 1982).

피셔(Fisher)와 콜(Cole)은 "기존의 연구문헌과 자원봉사분야에서 실제로 활동하고 있는 전문직업인에 의해서 거론되고 있는 자원봉사관리자들의 업무 역할은 다음과 같이 몇 가지로 설명되고 있다"고 주장하고 "자원봉사관리자들의 직무지침서에는 다음의 다섯 가지를 전부 또는 일부 포함하지만, 지도자(leader)와 관리자(manager)로서의 역할이 가장 중요하다"고 지적하고 있다(유성호 역, 1997 : 13).

① 자원봉사자들의 지도와 봉사활동 지침의 결정자
② 자원봉사 프로그램의 관리자와 인사관리자
③ 조직에서 활동하는 자원봉사자들의 옹호자
④ 조직과 조직에서 활동하는 자원봉사자들 사이에서의 주요 의사전달자
⑤ 자원봉사 프로그램 원조를 위한 기금 조성자

그리고 일슬리와 니에미(Ilsley & Niemi, 1981 : 20)는 원활한 자원봉사 관리를 위해서 자원봉사조정자가 활동과 과업에 따라 다양한 역할을 해야 한다고 주장한다. 즉, "자원봉사조정자의 역할과 책임은 행정(administration), 훈련 · 교육(training · education), 상담(counseling), 그리고 조사연구 · 평가(research · evaluation)에서 나타나고, 그들은 프로그램 계획가, 재무관리자(fiscal agent), 공공관계관리자(public relations agent), 연락원(liaison), 모집자, 관리자(manager), 학습자(learner), 커리큘럼 촉진자(curriculum facilitator), 교육자(instructor), 미디어 전문가(media specialist), 진단가(diagnostician), 카운슬러(counselor), 배치 후원자(placement sponsor), 관찰자(observer), 기록유지자(record keeper), 그리고 평가자(evaluator) 등과 같은 역할의 광범위함과 다양성을 입증한다"고 주장한다.

그리고 볼런티어21(2004)에서는 보다 구체적으로 활동업무와 관련하여 관리자의 역할을 자세하게 제시하고 있다.

① 자원봉사센터, 사회복지기관 · 시설, 기타 지역사회의 다양한 기관과 단체들의 자원봉사활동에 대한 관심을 유발시키고 자원봉사자들에게 친절하며 협조하는 분위기를 조성하는 역할

② 자원봉사자와 대상자의 연결・조정자(coordinator)의 역할
③ 직무활동을 지휘・통제하는 감독자(director)의 역할
④ 과업수행을 지도・평가하고 조언하는 지도감독자(supervisor)의 역할
⑤ 자원봉사자 또는 소그룹 리더의 교육 및 훈련을 담당하는 훈련자의 역할
⑥ 자원봉사자의 자유로운 활동을 촉진하는 리더의 역할
⑦ 공공관계와 지역사회관계를 도모하는 조직 내외의 컨설턴트의 역할
⑧ 자원봉사활동 프로그램의 연구개발자 및 평가지도자의 역할
⑨ 자원봉사자의 변화욕구와 개인의 특성을 파악하고 그들의 능력을 발휘할 수 있는 기회를 제공하고 지원하는 역할
⑩ 자원봉사자들의 불안을 완화시키고 자원봉사활동의 적응을 돕는 역할
⑪ 자원봉사자들의 고민과 어려움에 대한 카운슬러의 역할
⑫ 동료이자 친구의 역할 등

3. 자원봉사 공공 추진체계

1) 법적 체계 : 자원봉사활동 기본법

자원봉사활동의 활성화와 자원봉사문화 안착을 위해 정부에서는 2005년 8월 「자원봉사활동 기본법」을 제정하여 자원봉사전달체계 단일화와 책임감 있는 자원봉사활동 지원을 표방하였다. 이 법은 자원봉사활동의 개념, 기본방향, 범위, 그리고 자원봉사센터 설치 및 운영 등 자원봉사활동과 관련된 기본사항을 적시하고 있다. 본 절에서는 자원봉사활동 기본법에 명시된 자원봉사활동의 공공 추진체계, 즉 법적 체계를 살펴본다.

(1) 목적 및 기본 방향

제1조(목적) 이 법은 자원봉사활동에 관한 기본적인 사항을 규정함으로써 자원봉사활동을 진흥하고 행복한 공동체 건설에 이바지함을 목적으로 한다.

제2조(기본방향) 자원봉사활동의 진흥을 위한 정책은 다음 각 호의 사항을 기본 방향으로 하여야 한다.

1. 자원봉사활동은 국민의 협동적인 참여 능력을 높일 수 있는 방향으로 추진하여야 한다.
2. 자원봉사활동은 무보수성, 자발성, 공익성, 비영리성, 비정파성(非政派性), 비종파성(非宗派性)의 원칙 아래 수행될 수 있도록 하여야 한다.
3. 모든 국민은 나이, 성별, 장애, 지역, 학력 등 사회적 배경에 관계없이 누구든지 자원봉사활동에 참여할 수 있도록 하여야 한다.
4. 자원봉사활동의 진흥을 위한 정책은 민·관 협력의 기본 정신을 바탕으로 하여 추진하여야 한다.

(2) 활동의 범위

제7조(자원봉사활동의 범위) 이 법의 적용을 받는 자원봉사활동의 범위는 다음 각 호와 같다.

1. 사회복지 및 보건 증진에 관한 활동
2. 지역사회 개발·발전에 관한 활동
3. 환경보전 및 자연보호에 관한 활동
4. 사회적 취약계층의 권익 증진 및 청소년의 육성·보호에 관한 활동
5. 교육 및 상담에 관한 활동
6. 인권 옹호 및 평화 구현에 관한 활동

7. 범죄 예방 및 선도에 관한 활동
8. 교통질서 및 기초질서 계도에 관한 활동
9. 재난 관리 및 재해 구호에 관한 활동
10. 문화·관광·예술 및 체육 진흥에 관한 활동
11. 부패 방지 및 소비자 보호에 관한 활동
12. 공명선거에 관한 활동
13. 국제협력 및 국외봉사활동
14. 공공행정 분야의 사무 지원에 관한 활동
15. 그 밖에 공익사업의 수행 또는 주민복리의 증진에 필요한 활동

(3) 자원봉사진흥위원회 조직 및 운영

제8조(자원봉사진흥위원회) ① 자원봉사활동에 관한 주요 정책을 심의하기 위하여 행정안전부장관 소속으로 관계 공무원 및 민간 전문가로 구성된 자원봉사진흥위원회를 둔다.

② 자원봉사진흥위원회는 다음 각 호의 사항을 심의한다.

1. 자원봉사활동의 진흥을 위한 정책 방향의 설정 및 협력·조정
2. 자원봉사활동의 진흥을 위한 국가기본계획과 연도별 시행계획에 관한 사항
3. 자원봉사활동의 진흥을 위한 제도 개선에 관한 사항
4. 그 밖에 자원봉사활동의 진흥에 필요한 사항

③ 제2항에 따른 심의 사항을 미리 검토하고 관계 기관 간의 협의 사항을 정리하기 위하여 자원봉사진흥위원회에 실무위원회를 둘 수 있다.

④ 자원봉사진흥위원회 및 실무위원회의 구성·조직 및 운영에 필요한 사항은 대통령령으로 정한다.

(4) 자원봉사활동의 진흥에 관한 국가기본계획 수립

제9조(자원봉사활동의 진흥에 관한 국가기본계획의 수립) ① 행정안전부장관은 관계 중앙행정기관의 장과 협의하여 자원봉사활동의 진흥을 위한 국가기본계획(이하 "기본계획"이라 한다)을 5년마다 수립하여야 한다.

② 기본계획에는 다음 각 호의 사항이 포함되어야 한다.

1. 자원봉사활동의 진흥에 관한 기본 방향
2. 자원봉사활동의 진흥에 관한 추진 일정
3. 관계 중앙행정기관의 자원봉사활동에 관한 추진 시책
4. 자원봉사활동의 진흥을 위하여 필요한 재원(財源)의 조달방법
5. 그 밖에 자원봉사활동의 진흥을 위하여 특히 필요하다고 인정되는 사항

(5) 장려 및 활성화 정책

제11조(학교·직장 등의 자원봉사활동 장려) ① 학교는 학생의 자원봉사활동을 권장하고 지도·관리하기 위하여 노력한다.

② 직장은 직장인의 자원봉사활동을 촉진하기 위하여 노력한다.

③ 학교·직장 등의 장은 학생 및 직장인 등의 자원봉사활동에 대하여 그 공헌을 인정하여 줄 수 있다.

제12조(포상) 국가와 지방자치단체는 국가와 사회에 현저한 공로가 있는 자원봉사활동을 한 자원봉사자, 자원봉사단체, 자원봉사센터 등에 대하여 대통령령으로 정하는 바에 따라 포상할 수 있다.

제13조(자원봉사자의 날 및 자원봉사주간) ① 국가는 국민의 자원봉사활동에 대한 참여를 촉진하고 자원봉사자의 사기를 높이기 위하여 매년 12월 5일을 자원봉사자의 날로 하고 자원봉사자의 날부터 1주일간을 자원

봉사주간으로 설정한다.

② 자원봉사자의 날 및 자원봉사주간의 행사에 필요한 사항은 대통령령으로 정한다.

(6) 자원봉사센터 운영 정책

제19조(자원봉사센터의 설치 및 운영) ① 국가기관 및 지방자치단체는 자원봉사센터를 설치할 수 있다. 이 경우 자원봉사센터를 법인으로 하여 운영하거나 비영리 법인에 위탁하여 운영하여야 한다.

② 제1항 후단에도 불구하고 자원봉사활동을 효율적으로 추진하기 위하여 필요하다고 인정할 경우에는 국가기관 및 지방자치단체가 운영할 수 있다.

③ 국가는 자원봉사센터의 설치·운영이 활성화될 수 있도록 적극 노력하여야 하며, 지방자치단체는 자원봉사센터의 운영에 필요한 경비를 지원할 수 있다.

④ 자원봉사센터 장의 자격요건과 자원봉사센터의 조직 및 운영 등에 필요한 사항은 대통령령으로 정한다.

2) 운영체계 : 자원봉사센터

자원봉사활동 기본법 제3조에 의하면, "자원봉사센터"란 자원봉사활동의 개발·장려·연계·협력 등의 사업을 수행하기 위하여 법령과 조례 등에 따라 설치된 기관·법인·단체 등을 말하는데, 자원봉사문화 확산에 기여하는 데 목적을 둔다.

자원봉사센터는 행정구조상 행정안전부에 소속되어 있으며 지방자치단체가 직접 운영하는 형태의 직영운영, 사회복지법인 또는 비영리법인에게 위탁하여 운영하는 형태의 위탁운영, 지방자치단체에서 법인을 설립하여 운영하는 형태의 법인운영이 있다. 2024년 기준 전국 자원봉사센터는 한국중앙자원봉사센터를 포함하여 직영운영 122개소, 위탁운영 40개소, 법인운영 83개소가 있다.

자원봉사센터는 자원봉사활동이 원활히 이루어질 수 있도록 지원하기 위하여 자원봉사자의 수요와 공급을 조정하고, 자원봉사활동을 기록·등록하며, 자원봉사활동을 지원하고, 자원봉사자 양성 및 연수, 홍보·계발, 네트워킹, 조사·연구 등의 기능이 있으며, 그에 따른 역할과 업무를 수행한다(지은구 외, 2019). 자원봉사센터의 기능과 역할은 <표 3-1>과 같다.

<표 3-1> 자원봉사센터의 기능과 역할

기 능	역 할	업 무
수급 조정	수급	모집, 상담, 연결, 관리배치
	안내(상담)	자원봉사활동(프로그램)에 대한 상담
기록·등록	기록 및 등록	• 활동의 기록작성(활동카드, 상담카드 작성) • 등록카드 작성(등록카드, 욕구카드 작성)
자원봉사 활동 지원	기자재·장소 대여	• 회의장·기자재의 제공 • 자원봉사활동에 대한 각종 지원금 소개·절차 안내 • 자원봉사활동을 위한 기금조성
	인정 및 보상	• 자원봉사자 보험가입 • 자원봉사활동 인정서·수첩 발급, 자원봉사자 표창
	상담·조언	• 자원봉사활동에 관한 상담·정보제공 • 자원봉사활동에 관한 자료의 안내·제공·대출
	육성·조직	자원봉사자 소그룹 활동의 지원(전산프로그램 설치)
양성·연수	교육·훈련	• 자원봉사자 오리엔테이션 및 재교육 • 자원봉사자 스쿨, 워크숍
	연수	자원봉사담당자 교육 및 훈련
홍보·계발	홍보	홍보지·포스터 발행, 자원봉사신문 발행, 사례집 발간
	계발	자원봉사캠페인 실시, 자원봉사체험학교

네트워크화	연계망 구축	자원봉사단체 간의 협의체 구성
	교류	• 자원봉사자, 자원봉사활동그룹, 관계기관·단체, 담당자 간의 교류 • 지역연대사업(지역 내 공동의 자원봉사자대회 참가)
조사·연구	조사·연구	욕구, 지역 조사 등
	프로그램 개발	조사·연구를 통한 프로그램 개발

출처 : 박태영 외(2008), pp. 299−300.

CHAPTER

4 자원봉사 관련 이론

1. 교환이론

자원봉사활동과 같은 이타적 행동을 보상과 관련시켜 합리적 의사결정의 결과로 해석하는 가장 대표적인 견해로는 사회적 교환이론을 들 수 있다. 피터 블라우(Peter Blau)는 『사회생활에서의 교환과 권력』(1964)에서 사회적 교환이론을 제시하며 제3자를 통한 간접적인 사회적 교환을 강조했다. 블라우는 조직의 차원에 관심을 가지고 개인들 간의 교환관계가 확대됨으로써 조직의 형태가 된다고 하였다. 블라우는 동료에게 도움을 제공한 사람은 동료로 하여금 빚을 갚으라는 의무를 지우고, 타인에게 제공되는 혜택은 보상이 되어서 계속해서 혜택을 제공해야 할 유인으로 작용하며, 그 과정에서 통합적 유대가 형성되어 사회관계가 강화된다고 보았다(Blau, 1964)

호만스(Homans)의 교환이론은 사람들 사이에 상호작용이 일어날 때에 사회관계가 발생하며, 이러한 사회적 상호작용에 있어서 각 개인은 상대방에게 어떻게든 도움이 되는 행동을 할 수 있다는 것이다.

교환이론에서는 사회적 행동을 적어도 두 사람 간에 교환자원을 주고받는 반복적인 행위가 이루어지는 것으로 본다. 교환자원은 물질적인 것과 비물질적인 것이 포함된다. 교환관계에 있는 당사자의 자원은 비용이 되고 상대편으로부터 받는 교환자원은 보상이 된다. 교환관계에 있는 당사자는 가능하면 비용에 비하여 보상이 큰 쪽으로 행동하려고 하며, 권력적으로 대등한 입장에서 교환관계를 유지하려고 한다. 따라서 교환관계가 불균등하게 이루어지고 있는 경우는 균등한 관계가 되게 하려고 노력한다는 것이다(최일섭 외, 1995 : 67-68).

자원봉사활동은 이타주의 정신에 입각하여 자발적 의지를 가진 자원봉사의 철학과 원칙을 주장하지만, 교환이론에서 가정하는 것처럼 개인이 주어진 상황에서 원가나 투자액에 비하여 얼마만큼의 보람과 가치가 돌아온다고 느낄 때 의미를 갖게 된다는 것이다.

2. 성취동기이론

맥클레랜드는 사람들이 인생경험을 통하여 다양한 욕구들을 발전시킨다는 가정하에 개인의 욕구를 성취욕구, 친교욕구, 권력욕구로 분류하였다(McClelland, 1962; 1987).

첫째, 성취욕구란 어떤 일을 전보다는 좀 더 잘하겠다는 욕망으로, 성취욕구가 높은 사람들은 성공을 추구하기 때문에 저위험이나 고위험 상황 모두를 피하려는 경향이 있다. 왜냐하면 저위험 상황에서의 성공은 쉽게 이루어진 것이므로 순수한 의미의 개인적 성취가 아니라고 느끼기 때문이고, 또 너무 높은 고위험을 가진 프로젝트의 성과는 자신의 노력이라기보다는 우연이나 행운으로 보일 수 있기 때문이다. 따라서 높은 성취욕구를 가진 사람은 약 50%의 성공 확률을 가진 사람들과 함께 일하기를 선호한다. 이와 같은 자원봉사자들에게는 이들의 성취 진행에 정기적인 피드백이 매우 중요한 동기부여가 된다.

둘째, 친교욕구는 다른 사람과 친밀한 관계를 가지려는 욕구를 말한다. 친교욕구가 높은 사람들은 타인들과 조화로운 관계를 원하고, 또한 타인들로부터 수용을 받는다는 느낌을 가지려는 경향이 강하다. 그리고 소속된 집단의 규범에 순응하는 경향이 높다. 따라서 이와 같은 사람들에게는 의미 있는 개인적 상호작용을 제공하는 자원봉사활동이 더욱 적합하다. 예를 들면, 클라이언트를 직접 만나는 활동이 포함될 것이다.

셋째, 권력욕구는 타인에게 영향력과 통제력을 행사하려는 욕구를 말한다. 권력욕구가 높은 사람들은 대인적 권력이나 제도적 권력 중에서 하나를 추구할 가능성이 높다. 대인적 권력을 추구하는 사람들은 다른 사람들을 지도하기를 원하기 때문에 종종 바람직하지 않은 모습으로 비쳐질 수 있다. 그리고 제도적 권력을 추구하는 사람들은 조직의 목표들을 더욱 확장시키기 위하여 사람들의 노력을 조직화하는 것을 선호한다. 보통 제도적 권력을 추구하는 지도자가 대인적 권력을 지향하는 지도자보다 좀 더 효과적인 경향이 있다고 알려져 있다.

성취동기이론의 가장 핵심적인 사항은 욕구가 학습된다는 것으로, 이는 자원봉사 관리에 다음과 같은 의미를 제공한다. 첫째, 자원봉사자들의 동기수준은 교육훈련을 통하여 높일 수 있다. 둘째, 자원봉사자의 모집, 배치, 봉사활동 전환 등에 있어서 자원봉사자의 욕구를 고려하여 적재적소에 배치해야 한다. 셋째, 자원봉사활동의 내용과 목표를 보다 도전적으로 설계해야 한다. 마지막으로 자원봉사자의 관리에 있어서 자원봉사자의 지배적인 동기의 유형과 수준을 이해하는 것이 조직성과에 기여한다는 것이다.

3. 욕구이론

매슬로우에 따르면 인간 개개인은 피라미드 형태로 정돈된 다섯 가지의 욕구를 가지고 있으며, 이들 욕구의 충족이 동기를 유발한다고 보았다. 이들 욕구는 ① 신체생리적 욕구, ② 안전욕구, ③ 사회적 욕구, ④ 자존의 욕구, ⑤ 자아실현의 욕구로 계층화된다.

이들 욕구들의 작동원칙은 다음과 같다. 첫째, 개인마다 다섯 가지 욕구가 저차원에서 고차원으로 순서대로 나타나며 어느 한 순간 각 개인의 의식을 지배하는 욕구는 하나이다. 둘째, 욕구의 출현과 소멸은 결핍과 충족의 원리에 의해 이루어진다. 셋째, 결국 자아실현의 욕구를 제외하면 개인의 행동에 동기를 부여하는 것은 결핍이다. 넷째, 자아실현욕구는 다른 욕구와는 달리 충족되면 될수록 욕구의 크기가 더 커진다는 것이다(백기복, 1998). 매슬로우의 욕구이론은 자원봉사활동기관 또는 관리자가 자원봉사자에게 잠재되어 있거나 혹은 충족되지 않은 욕구에 부합할 수 있는 유형의 과업을 이해하게 하는 데 유용하다.

<표 4-1> 잠재/미충족된 욕구와 자원봉사자 활동과업

잠재적 자원봉사자	자원봉사자 배치유형	충족될 수 있는 욕구
활동하고 있지 못하는 능력 혹은 재능이 있음	능력을 발휘할 수 있는 기회	자기실현의 욕구
다른 영역에서 인정받지 못하고 가치절하되거나 드러나지 못하고 있다고 느낌	보상받고, 공개적으로 인정받으며, 주목을 끌 수 있는 기회	자존의 욕구
외로움을 느낌	타인과 만나고 사귈 수 있는 기회	사회적 욕구
실직에 대한 두려움을 가짐	새로운 직업기술, 새로운 경험을 할 기회	안전의 욕구

저소득임	무료의 음식을 제공받을 기회나 쾌적한 환경에서 일할 수 있는 기회	신체생리적 욕구

출처 : Meneghetti(1995), p. 21, 류기형(2018) 재인용.

매슬로우 욕구이론이 자원봉사 관리의 측면에서 주는 의미는 첫 번째로 자원봉사활동은 애정, 안전과 같은 기본적 요구보다는 자아실현의 욕구와 관련되어 있다고 볼 수 있다. 두 번째로 새로운 자원봉사자 모집의 활동의 경우 자원봉사자에게 자기성장을 증진시키는 기회를 주는 데 목표의 기준을 잡아야 할 것이다. 세 번째로 자원봉사활동의 현장에서 자원봉사자의 중단이나 이직이 일반적일 수도 있다. 그 이유는 자원봉사활동 경험을 통해 더욱 성장하게 되고, 이에 따라 더 높은 수준의 욕구인 자아실현의 욕구를 충족하기를 희망할 것이기 때문이다. 매슬로우의 이론은 사람들이 자원봉사활동에 관심을 가지는 이유에 대한 설명을 제시해 준다.

4. 기대이론

기대이론은 개인의 행동과 노력의 방향을 선택한다는 관점에서 동기부여를 보고 있다. 이러한 선택은 개인이 각 행동에 대하여 갖는 성취 기대감과 대안적 행위의 결과로 얻어지는 결과물의 주관적 가치에 의해서 결정된다는 것이다. 즉, 사람은 자신이 한 행동이 결과적으로 자신들에게 가치 있는 무언가를 가져올 수 있다는 신념하에서만 동기부여가 된다는 것이다(Meneghetti, 1995). 이 이론은 인간행동의 본능이론을 거부하고 개개인은 사고와 이성을 지닌 존재로서 현재와 미래의 행위에 대해 의식적인 선택을 한다고 가정하고 있다.

자원봉사자가 담당한 업무가 그의 기대에 상응하지 못할 경우에는 활동을 지속하려는 동기는 감소할 것이기 때문에 자원봉사자를 계속적으로 머물게 하려면 봉사업무의 수준과 성격이 그들의 기대에 적합하도록 유지하는 것이 매우 중요하다는 것이다.

이러한 기대이론의 핵심개념은 기대성, 선호성, 수단성이고, 이들이 체계적으로 통합되어 발휘하게 되는 동기를 브룸(Vroom, 1964)은 힘(force)이라고 명명하였다.

1) 기대성(Expectancy)

자신이 자원봉사활동을 가치롭고 중요하다고 여기고, 그 활동이 자신의 참여동기를 충족시킬 수 있다는 신념이 있다 하더라도 자원봉사활동을 잘 수행할 수 없다고 생각할 때는 자원봉사를 중단하게 될 것이다. 그러므로 자원봉사업무를 지속적으로 하기 위해서는 주어진 과업을 잘 수행할 수 있다는 신념이 있어야 한다.

여러 요인들이 개인의 기대신념의 정도에 영향을 미치는데, 이러한 요인들로는 과업을 성취하는 데 따르는 어려움을 극복하는 데 있어 타인으로부터 받는 인상, 자기기술능력에 대한 평가, 자신감의 정도 등이 있다. 기대이론의 관점에서 자원봉사업무에 대한 개인의 기대가 높을수록 지속적으로 수행하고자 하는 힘이 점점 커질 것이다.

인간은 활동의 수행이 성공할 것이라는 기대, 활동의 수행으로 인정받게 되고 이익을 얻을 것이라는 기대, 활동 결과 개인에게 긍정적인 가치를 부여할 것이라는 기대에서 특정한 활동에 참여하게 된다. 자원봉사관리자는 자원봉사자의 기대에 관한 정보를 수집함으로써 자원봉사자가 기대하고 있는 이익이 무엇인지를 파악하여 충족시켜 줄 수 있는 적재적소에 그들을 배치할 수 있다(최유미, 2018). 이는 자원봉사자들의 기대를 파악하여 바람직한 성과가 무엇인가를 명확히 하고, 그에 해당하는 활동이 보상받을 수 있도록 한다. 이때 자원봉사자가 기대할 수 있는 것과 없는 것에 대하여 명확하고 직접적으로 설명하는 것이 매우 중요하다.

2) 선호성(Valence)

자원봉사활동을 계속적으로 수행하기 위해서는 자신이 하고 있는 자원봉사업무에 흥미를 가져야 한다. 사람들은 자기가 하고 있는 일이 자신이 생각하기에 중요하고 가치가 있다고 생각할 때 만족하는 경향이 있다. 선호도는 흥미나 유인으로 대치할 수 있는데, 특정한 결과나 일에 대하여 개인이 부여한 가치의 정도라 할 수 있다.

같은 자원봉사업무를 하더라도 자원봉사자에 따라서 업무에 대해 긍정적인 태도를 갖거나 부정적인 반응을 보일 수 있다. 선호도에 따라 자원봉사자는 자신이 수행하고 있는 자원봉사업무에 대한 만족 또는 불만족감을 느껴 자원봉사활동의 지속 및 중단 결정에 영향을 받게 된다. 자원봉사자의 가치 또는 욕구체계를 파악하여 기관이 현재 제시하고 있는 인센티브의 유효성을 평가하고 무엇을 더 제공해야 하는가를 판단해야 한다.

3) 수단성(Instrumentality)

수단성은 개인의 마음에 있는 신념과 관련된 것으로 한 사건과 다른 사건 간의 상관관계에 대한 신념이라고 볼 수 있다. 자원봉사활동의 경우 자원봉사자의 참여동기 내지 욕구들의 충족과 자신이 하고 있는 자원봉사활동과의 관계에 관한 것이라고 볼 수 있다. 자원봉사자가 자원봉사활동을 지속하려면 자신이 현재 행하고 있는 활동이 자원봉사활동에의 참여동기 내지 욕구를 충족시킬 수 있다는 신념이 있어야 가능하다는 것이다. 자신이 가지고 있는 재능을 활용하고 발전시키고 싶어 자원봉사활동을 시작한 자원봉사자는 이것이 개인적으로 도움이 된다고 생각될 경우 자원봉사활동을 지속하고자 하는 동기를 부여받을 수 있다는 것이다. 이는 기관과 자원봉사자 간의 신뢰문제도 연결되어 있다. 예를 들어, 기관에서 자원봉사자에게 외적 보상을 약속하였다면 반드시 그 약속을 지키는 것이 동기를 높이는 방법이므로 자원봉사자의 성과를 정확하게 측정하는 것이 중요하다고 볼 수 있다.

<표 4-2> 기대이론의 주요 변수와 개념

변 수	개 념
기대성	자원봉사활동 수행능력에 대한 신념 : 어떤 행위 또는 노력은 성과물로 이어질 확률이 높다.
선호성	일에 대한 흥미 : 새롭게 만들어지는 2차적 성과물은 가치 있다.
수단성	욕구충족에 대한 신념 : 그 성과물은 또 다른 성과물을 산출한다.

출처 : Meneghetti(1995).

5. 기능주의적 동기 이론

자원봉사활동에 대한 기능주의 접근은 행동함으로써 자신에게 기능으로 작용할 수 있는 개인적 혜택을 추구한다는 것인데, 다른 이론들이 주로 외부적 요인을 다루는 것과 비교하여 개인의 태도변화 요소로서 내적인 심리적 변수들에 초점을 두고 있다. 그리고 개인의 태도변화를 형성하기 위해 연구자와 실천가들은 ① 개인의 태도를 관찰하기에 앞서 개인적 기능 측면을 확인하는 능력, ② 특정 목표가 충족할 수 있는 기능의 유형에 대해 이해하는 능력, ③ 개인의 기능적인 욕구와 목표의 호소에 부합할 수 있는 메시지의 유형을 이해하는 능력이 필요하다고 강조한다(Phillips, 2005). 기능주의적 동기 이론은 자원봉사 관리 측면에서 다양한 자원봉사자의 동기를 인정하여, 인간행동의 복잡성을 조직에서 관리할 수 있도록 하였다는 데 의미가 있다.

기능주의 접근에서는 네 가지 기능적 전제를 주장하고 있는데 ① 사람은 의도적이고 계획적이며, 목표 지향적인 특성을 가지고 있기 때문에 개인의 중요한 목적 충족을 위해 자원봉사를 한다는 것이다. ② 사람들은 상이한 동기를 가지고도 유사한 활동을 수행하기 때문에 같은 자원봉사를 하는 봉사자들이라도 각각의 동기가 서로 다를 수 있다는 것이다. ③ 어떤 특정한 활동을 수행할 때에도 다양한 욕구나 목적을 달성하려는 동기를 지니고 있기 때문에 봉사자는 한 가지 봉사활동에 두 가지 이상의 다양한 동기를 동시에 가질 수 있다. ④ 개인의 욕구와 목적이 충족되는 정도는 환경에 따라 다를 수 있다는 것이다(Clary, et al., 1998).

기능주의 관점에서는 자원봉사 동기유형의 기능을 여섯 가지로 범주화하여 제시하고 있다(Clary, et al., 1998).

<표 4-3> 자원봉사 기능 조사도구

기능유형	정 의
가치기능 (value)	타인을 위한 이타적이고 인도주의적인 가치를 표현하는 기회의 자원봉사활동으로, 가치동기가 강한 자원봉사자일수록 봉사기간을 완수하려는 경향이 강함
이해기능 (understanding)	새로운 학습경험을 허용하고 실천되지 않은 지식, 기술, 능력을 실천할 수 있는 기회의 자원봉사활동으로, 의료기관의 봉사자들이 자원봉사활동을 배움과 자기개발 경험으로 인식하는 것이 강함

강화기능 (enhancement)	자아 성장과 개발, 자아의 긍정적인 노력을 수반하는 기회의 자원봉사활동으로, 개인의 성장이나 자긍심, 자기확신 및 자기증진을 위해 자원봉사활동에 참여
보호기능 (protective)	다른 사람들보다 더 많은 행운을 가진 것과 관련된 죄의식 감소를 촉진하고 자신의 개인적인 문제에 파고들 수 있는 기회의 자원봉사활동으로, 개인들이 자신의 내적 불안이나 갈등, 타인보다 행운을 더 가진 스스로에 대한 죄책감 등 부정적인 감정으로부터 자신을 방어하기 위해 자원봉사활동에 참여함
경력기능 (career)	경력 관련 이익을 얻을 수 있는 기회의 자원봉사활동
사회기능 (social)	다른 사람들과의 관계에 관한 동기로서 친구들과 함께하거나 중요한 사람들에 의해 선호되는 활동에 참여하는 기회의 자원봉사활동으로, 자신이 속한 준거집단이 중요하게 여기는 활동인 자원봉사활동을 수행함으로써 이들과 유대감을 강화시킬 수 있음

출처 : Clary, et al.(1998); Houle, Brad, & Martin(2005); 류기형(2010).

기능주의 동기 이론의 함의는 첫째, 자원봉사자들이 만족할 수 있는 동기에 따라 자원봉사자의 과업을 유형화할 수 있다는 점이다. 둘째, 다양한 동기의 기능적 측면들을 고려하여 신규 자원봉사자의 모집 시에 활용할 수 있게 해준다. 셋째, 자원봉사활동 과업을 선택할 때 자원봉사자들에게 보다 많은 재량권을 줄 수 있다. 넷째, 심리적 기능에 초점을 두었기 때문에 개인의 특성에 따라 다르게 나타나는 동기의 변화에 민감하게 대응할 수 있다. 다섯째, 최근 미국을 비롯한 외국에서 기능주의적 동기 이론에 근거하여 자원봉사자들에 대한 조사들이 증가하는 추세를 볼 때, 국제 간 자원봉사자의 특성을 비교할 수 있게 해준다.

제 2 부

자원봉사 관리의 이해

CHAPTER 5

자원봉사 프로그램 개발과 업무설계

자원봉사 프로그램 개발은 자원봉사관리자로서 수행하게 되는 기본적이면서도 중요한 과업 중의 하나로서 관리단계의 시작이라고 할 수 있다. 최근 프로그램 개발의 경향을 살펴보면, 과거에 비해 대상별로 세분화되고 있다는 점이다. 이전에는 프로그램의 내용이 중심이었다면 최근에는 대상별 프로그램 혹은 맞춤형 프로그램 개발이 확대되고 있다.

자원봉사자 업무설계는 자원봉사자들이 본인의 역할을 분명하게 이해하고 실천할 수 있는 설명서와 같은 기능이라고 할 수 있지만 실제 자원봉사현장에서의 실질적인 활용은 다소 부족하다. 대개 자원봉사활동은 활동 직전에 비로소 현장에서 자원봉사관리자와 첫 대면을 하는 경우가 많아 시간이 부족하여 자원봉사 역할의 설명으로만 그치는 경우가 많은 것이 현실이다. 활동 전 오리엔테이션의 중요성을 인정한다면 제대로 된 업무설계도 중요하지만 이렇게 작성된 활동설명서를 효과적으로 전달하기 위한 방법적 과정도 자원봉사관리자에게 요구된다고 할 수 있다.

1. 프로그램 개발의 정의

프로그램이란 "의도된 계획에 따라 어떤 목적을 달성하기 위해 인적·물적 자원을 활용하는 일련의 집합적인 행동들"이라고 정의할 수 있다(박경일, 2000b : 147). 특히 사회복지 프로그램은 사람들이 원조를 받는 활동들로 구성된다. 사회복지 프로그램은 사회의 구성원들에 대한 원조를 제공함으로써 사회의 욕구를 충족시킴과 동시에 사회복지사들에게는 성취감과 만족감을 주는 수단이 되기도 한다(정무성, 1999 : 67).

일반적으로 사용하는 프로그램이라는 용어의 사전적 의미는 목록, 순서, 예정계획이라는 뜻으로, 프로그램은 의도된 계획에 따라 구체적인 목표를 달성함으로써 사람과 지역사회를 변화시키고자 하는 것이며, 자원봉사자의 참여를 통해 지역사회의 문제와 욕구를 해결하기 위한 활동들의 집합체라고 할 수 있다(볼런티어21, 2004b, 한국중앙자원봉사센터, 2011b 재구성, 박태영·채현탁·정진석·조미정, 2021 재인용).

이러한 맥락에서 자원봉사 프로그램이란 '자원봉사자들의 참여를 통해 지역사회의 문제와 욕구를 해결하기 위한 활동들의 집합체'라 할 수 있으며 이는 욕구조사 지역의 문제를 반영한 기획에 기초하여 자원봉사자 모집, 교육, 지도, 평가 등 일련의 조직적 과정을 포함한다(한국중앙자원봉사센터, 2011b). 즉, 자원봉사현장에서 가장 최우선의 과제라고 할 수 있지만 프로그램 개발은 단순한 과정이 아니며, 자원봉사관리자의 열정적이고 꾸준한 노력 없이는 성공할 수 없다는 점에서 함께 고민하고 개발하지 않으면 안 된다(대구광역시자원봉사센터, 2014, 박태영 외, 2021 재인용).

자원봉사 프로그램은 자원봉사 관련 기관의 장기 또는 연차별 자원봉사활동의 기획과정을 통해 진행된다. 자원봉사활동의 기획은 구체적인 자원봉사 프로그램을 개발하기에 앞서 어떤 목적하에 언제 어디서 어떠한 방법으로 어떻게 문제를 해결할 것인가에 대하여 장기 또는 연차별 활동을 개략적으로 수립하는 것을 의미한다.

이를 통해 볼 때, 자원봉사 프로그램 개발은 특정 기간에, 프로그램 담당자들이, 특정한 방법과 자원을 사용하여, 특정한 사람들을, 바람직한 상태로 이끌기 위해 사전에 마련한 장기 또는 연차별 자원봉사활동 계획을 보다 구체화, 실제화하려는 시도라고 할 수 있다.

다음은 한국중앙자원봉사센터(2011b)의 자원봉사센터 업무매뉴얼 프로그램을 통해서 자원봉사 프로그램의 특징을 살펴보겠다.

첫째, 자원봉사 프로그램은 자원봉사의 가치를 실현할 수 있어야 한다. 최근 체험 위주의 프로그램 등이 확산되면서 자원봉사활동으로 보기 어려운 내용이 자원봉사 프로그램이라는 이름으로 운영되는 경우를 발견할 수 있다. 자원봉사 프로그램은 기본적으로 자원봉사의 가치를 실현한다는 전제를 바탕으로 그 내용과 방법이 구성되어야 한다.

둘째, 자원봉사 프로그램은 자원봉사자의 참여로 이루어진다. 자원봉사 프로그램은 공모전이나 특정 형태를 제외하고는 자원봉사자의 직간접적인 참여를 통해 운영된다. 따라서 자원봉사자를 수행인력이나 활용자원으로 보는 일반적인 사회복지 프로그램과 달리 프로그램의 주요 참여대상으로 인식하고 목표나 대상자 선정 등 모든 프로그램 개발과정에서 이를 고려해야 한다.

셋째, 자원봉사 프로그램은 자원봉사자 서비스 대상자나 지역사회 프로그램을 운영하는 자원봉사기관에 대한 통합적인 고려가 이루어질 때 그 효과를 높일 수 있다. 프로그램은 자원봉사활동의 주체인 자원봉사자와 서비스 대상자의 욕구와 문제, 지역사회 등을 전체적으로 고려하여 내용과 방법이 적합하고 친밀감 있는 것으로 선정하되, 자원봉사센터의 사명에 부합할 수 있어야 사회적 동의를 확보하고 운영하는 데 도움이 된다.

넷째, 자원봉사 프로그램은 문제를 해결하거나 욕구에 부응하는 결과뿐 아니라 그 과정 자체가 큰 의미를 가진다. 청소년의 경우 봉사활동을 통해 학습을 경험하게 되고 자원봉사 프로그램의 과정 안에 지역자원의 네트워크와 유기적인 협력이 일어나게 된다. 따라서 함께할 자원의 조직화와 지역의 독특한 특성을 발굴해 내는 일 또한 중요한 과제가 된다.

2. 프로그램 개발의 전제조건

프로그램에 참여하는 모든 개인은 가치와 존엄성이 있으며, 다른 사람과의 관계 속에서 프로그램을 통해 학습되고 개발될 수 있는 능력이 있음을 기본 전제로 하여야 하기 때문에 프로그램관리자들은 이러한 가치를 프로그램의 운영에 반영하여야 한다. 이를 위해 우선 프로그램 참여자에 대한 자세한 정보를 알 필요가 있고 참여자의 욕구, 관심, 장점을 프로그램에 어떻게 연결시킬 것인가에 대한 구체적인 계획이 있어야 한다. 아울러 프로그램 참여자와 사회복지사와의 우애적 관계를 유지할 수 있는 방법을 모색해야 한다(정무성, 1999 : 68). 따라서 프로그램 개발 시 5P(Purpose, Person, Problem, Process, Place)를 전제로 프로그램을 설계하는 것이 바람직할 것이다(박경일 외, 2015 : 23-32).

첫째, 합목적성 및 목표의 일관성(Purpose)으로 프로그램 내용은 목적이 제시하는 바로 그 내용에 적합하여야 한다는 것이다. 참여자로 하여금 협동심을 고취시킨다는 목적이나 목표를 세워놓고 그 내용에는 경쟁상태의 활동내용만을 포함시켰다면 목적이나 목표에 일치시키지 못한 것이 된다. 따라서 프로그램 내용에 지나치게 치중하여 수단이 목적이나 목표에 전

도되는 '목표전치' 현상이 발생되지 않도록 유의하고 프로그램을 진행하는 중간중간에 목적과 목표를 점검해 보도록 한다.

둘째, 능력수준과 흥미에의 적합성(Person)으로 대상자에 대한 충분한 고려, 즉 자원봉사자의 능력수준이나 흥미에 적합한가에 대한 검증이 필요하다는 것이다. 만약 능력수준에 맞지 않는 프로그램이 제시된 경우 대부분의 경우 중도탈락, 프로그램의 효과성 저하 등의 문제가 발생하기도 한다.

셋째, 프로그램 통합성(Problem)으로 대상자의 문제해결이나 목표달성을 위하여 단편적인 자원봉사활동이 아니라 인간의 경제, 사회, 심리, 문화적 제반 문제들을 통합적으로 고려하는 프로그램을 제공하여야 한다는 것이다

넷째, 프로그램 지속성과 네트워크화(Process)로 프로그램들은 일시적이고 일회적인 접근으로 이루어져서는 안 되며, 장기적이고 체계화된 일정계획 아래 지속적으로 제도화된 프로그램이 되도록 한다. 아울러 프로그램의 내용을 구성할 때, 지식, 이해, 기능, 태도 등의 측면이 프로그램 장면에서 의미 있게 통합되어 보다 높은 공통목표를 성취하는 데 기여할 수 있도록 다양한 성격의 서비스기관들이 참여할 수 있도록 해야 한다.

다섯째, 자원봉사활동의 성패를 좌우하게 되는 가장 중요한 요건으로서 지역성(Place)은 지역의 특성이나 문화적 상황을 반영한 자원봉사활동이 개발되어야 한다는 것이다. 특히 그 지역의 문화적 특성이나 전통, 관습, 방언 등을 발굴하여 프로그램명이나 집단명으로서 활용할 때, 프로그램 참여자나 팀 구성원 및 지역사회 주민들이 프로그램에 보다 쉽게 접근할 수 있고 많은 호응을 불러일으킬 수 있는 이점이 있다.

3. 프로그램 개발단계

훌륭한 프로그램의 개발은 만족스러운 봉사활동을 전개해 나가는 데 있어서 필수적인 작업이다. 프로그램 개발은 문제발견과 정의로부터 시작하여 포괄적인 목적과 구체적인 목표를 조작·설정하고 이를 성취하기 위한 실행체계를 구성하는 과정을 의미한다. 그리고 이 과정에서 고려해야 할 중요한 개념은 실행 가능성과 실용성이다. 프로그램은 실행 가능하게 계획되어야 하고, 그 결과는 현실적으로 긍정적인 결과를 산출할 수 있어야 한다.

사회복지 프로그램을 개발을 위해서 최일섭 등(1993)은 사회문제의 확인에서 목표 설정, 프로그램 설계, 평가의 단계를 거쳐 문제를 인식하고 프로그램 국면으로 전환할 것을 제안하고 있다. 마찬가지로 자원봉사 프로그램에 기초하여 관련 내용을 개발하려는 노력이 요구된다.

<표 5-1> 자원봉사 프로그램 개발 시 고려사항

국면 단계	문제인식 국면	프로그램 국면
문제 확인	• 사회적 관심사의 광범위한 경계는 무엇인가? • 이러한 경계 내에서의 주요한 사회문제는 무엇인가?	• 그 문제가 대상 집단의 욕구로서 어느 정도나 존재하고 있는가? • 현존 서비스가 욕구를 어느 정도 충족할 수 있는가? • 가장 중요한 충족되지 않는 욕구는 무엇인가?
목표 설정	• 어떤 사회적 가치가 적절한가? • 파악된 문제영역에 대한 사회의 목표는 무엇인가?	• 그 프로그램의 목적과 목표는 무엇이어야 하는가?

프로그램 설계	• 합법적인 조치의 한계는 무엇인가? • 이 문제를 해결하기 위해 어떤 서비스가 계획되었는가? • 이들 서비스는 무엇을 성취하였는가?	• 프로그램 대안은 어떤 것들인가? • 최적의 프로그램 조합은 무엇인가?
평 가	• 확인된 문제에 대응하는 데 사회는 얼마나 효과적이었는가? • 서비스는 얼마나 효과적이었는가?	• 서비스는 어떻게 평가되어야 하는가?

출처 : 최일섭 외(1993); 정무성(2013), 박태영 · 채현탁 · 정진석 · 조미정(2021) 재인용.

새로운 프로그램을 개발할 경우 그 과정은 사회문제의 확인으로부터 시작하여 합법적이며 일반적인 목적을 설정하고, 구체적인 프로그램의 목표를 조작화하며 그 다음으로 프로그램의 목적과 목표를 성취하기 위해 서비스와 활동을 설정하는 것으로 이루어진다. 이때 프로그램은 실용성과 실행 가능성이 있어야 한다(볼런티어21, 2002 : 51).

자원봉사 프로그램은 문제 확인, 목적 및 목표 설정, 프로그램 설계, 평가 계획의 4단계로 구분할 수 있으며, 이러한 과정은 각각의 단계가 서로 밀접하게 연결되어 있는 유기적인 과정으로 볼 수 있다. 자원봉사관리자는 자원봉사 프로그램의 전체 과정과 세부 과정에 대한 균형 잡힌 인식을 바탕으로 지속적이고 안정된 프로그램을 구성하려는 노력이 필요하다(볼런티어21, 2004b, 한국중앙자원봉사센터, 2011b, 박태영 외, 2021 재인용).

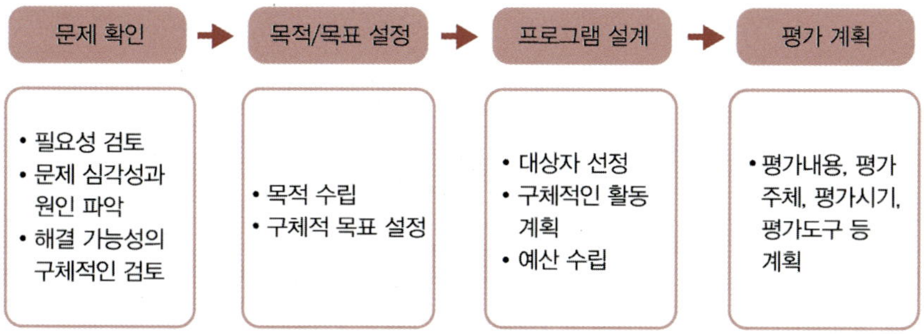

|그림 5-1| 프로그램의 개발단계

출처 : 대구광역시자원봉사센터(2001), 볼런티어21(2004b) 재구성, 박태영 외(2021) 재인용.

1) 문제 확인

자원봉사 프로그램 개발에 있어서 가장 선행되어야 하는 것은 문제를 발견하고 욕구분석을 통하여 원인을 규명하고 근본적인 문제를 진단하는 것이다. 이를 위해 먼저 사전에 모임을 갖고 무엇을 할 것인지를 논의해야 한다. 자원봉사 프로그램의 근본 목적은 사람과 사회를 변화시키는 궁극적인 문제 해결에 있기 때문에 진단된 문제는 프로그램이 궁극적으로 해결하고자 하는 목적을 제공함으로써 프로그램의 존재의의를 뒷받침하는 것이다.

문제 확인 단계는 구체적으로 프로그램을 개발하기 전에 자원봉사 프로그램이 왜 필요한가를 검토하는 작업이다. 그러나 지역사회에 욕구나 문제가 존재한다는 것만으로는 자원봉사 프로그램을 개발하고 수립하기 위한 충분한 전제조건이 될 수 없다. 구체적으로 문제의 심각성과 문제의 원인, 진행과정, 관련된 사람과 기관 등을 파악하고, 이에 대한 구체적인 통계 및 객관적 자료를 제시하고, 다양한 해결 가능성에 대한 구체적인 검토가 이루어져야 한다(한국중앙자원봉사센터, 2011b, 박태영 외, 2021 재인용).

이를 위해 지역사회가 안고 있는 여러 가지 문제들을 찾아내는 일은 그다지 어려운 작업은 아니다. 비록 지역적인 특수성에 의해 문제의 심각성의 정도는 차이가 있을 수 있지만, 우리 사회가 직면한 일반적인 사회문제들을 그 지역사회에 적용해 볼 수 있다. 일반적으로 사회에서 논의되고 있는 사회문제의 범주는 도시문제, 빈곤문제, 가족문제, 노인문제, 여성문제, 환경문제, 보건·의료문제, 부정부패문제, 청소년문제 등 다양하다. 그리고 이러한 사회문제의 하위영역에는 수없이 많은 세부적인 이슈들이 있다. 즉, 다양한 사회문제 중에서 자원봉사활동 프로그램과 관련이 될 수 있는 이슈들을 찾으려는 노력이 요구된다(볼런티어21, 2004b, 박태영 외, 2021 재인용).

발견된 문제는 무엇보다 문제가 얼마나 크고 심각한지 그리고 그 문제를 겪고 있는 사람과 조직은 누구이며, 왜 그리고 어떤 과정으로 문제가 진행되고 있는지를 파악한다. 이렇게 파악된 내용은 객관적으로 제시되는 것이 중요하다. 또한 발견된 문제가 자원봉사자가 해결하기에 적합한 것인지 검토하고, 문제해결에 관심을 가지고 참여할 수 있는 집단을 파악하는 것이 필요하다. 문제의 진단과정에서 많은 경우 본질적 문제 파악보다 나타난 현상에 급급하여 무엇을 할까 성급히 결정하는 경우가 있다. 문제진단이 바르게 이루어져야 프로그램이 달성하고자 하는 바람직한 목적과 목표를 설정할 수 있다(승금희, 2005 : 122－123, 최유미, 2018 : 119－120 재인용, 배기효 외, 2020 재인용).

2) 목적 및 목표 설정

목적, 목표, 하위목표가 문제와 연관되도록 하기 위해서 목적은 문제의 정의, 목표는 문제의 원인, 하위목표는 세분화된 원인과 연결되어야 한다.

자원봉사 프로그램의 근본 목적은 사람과 사회를 변화시키는 궁극적인 문제 해결에 있다. 따라서 프로그램의 목적은 문제의 진단에 따라 설정된다. 진단된 문제는 프로그램이 궁극적으로 해결하고자 하는 목적을 제공함으로써 프로그램의 존재의의를 뒷받침하는 것이다(승금희, 2005 : 123, 배기효 외, 2020 재인용).

목적 및 목표 설정 단계에서는 지역사회에서 확인된 문제를 해결하기 위한 목표를 설정하게 되는데, 특히 프로그램의 목적(purpose)을 달성하기 위하여 한 가지 이상의 일반적 목표(goal)가 설정된다. 구체적 목표설정은 반드시 목적으로부터의 논리적 추론, 즉 목적－일반적 목표－구체적 목표의 식으로 설정되는 것이 아니고, 경우에 따라서는 사회문제 또는 지역사회문제의 해결을 위하여 어떤 프로그램이 설정되고 이에 따라 구체적인 목표가 설정되는 경우도 있다(최성재 · 남기민, 2006, 박태영 외, 2021 재인용).

그리고 목적은 명백하게 문서화되어 있어야 하며, 그 프로그램의 추상적 가치를 포함한다. 실행목표는 간단명료하고, 실행 가능하며, 그 결과를 현실적으로 측정 가능해야 한다. 프로그램의 구체적 목표는 '주어진 기간 내에 계량화될 수 있는 의도된 결과'로서 ① 프로그램에 적합한 것이어야 하고, ② 바라는 결과가 명시되어야 하며, ③ 바라는 결과가 계량화될 수 있어야 하고, ④ 결과를 얻기까지의 시간이 명시되도록 서술되는 것이 바람직하다(Weiner, 1982, 최성재 · 남기민, 2006 재인용).

프로그램의 목표는 목표를 달성하기 위한 활동들로 구성되기 때문에 목표를 어떻게 설정하는가 하는 일은 프로그램의 방향을 결정하는 매우 중요한 과제이다. 목표는 프로그램이 변화시키려고 하는 상황이나 문제에 대한 기준을 설정하는 것이며, 또한 프로그램 활동의 결과로서 기대되는 변화의 정도를 포함한다. 목표에는 이 목표를 달성하기 위한 하위목표들이 존재하고, 또 하위목표를 달성하기 위한 수단이 존재한다(정진모, 2006, 배기효 외, 2020 재인용). 이러한 맥락에서 보면, 하위목표가 달성되면 목표가 달성되는 것이고, 궁극적으로 목적이 달성되는 것이다(정무성, 1999 : 7).

3) 프로그램 설계

목적과 목표가 설정되고 나면 구체적인 자원봉사 프로그램을 설계해야 한다. 이 단계의 시작은 목적과 목표를 달성하기 위한 자원봉사와 관련한 여러 가지 아이디어를 활용하고 각 아이디어에 대한 실천 가능성을 따져 보는 것으로부터 출발한다. 자원봉사관리자는 자원봉사자들과 함께 아이디어 회의를 통해 실제적인 활동을 계획할 수 있다(대구광역시자원봉사센터, 2001; 볼런티어21, 2004b, 박태영 외, 2021 재인용).

구체적인 활동 프로그램을 설계하고자 할 때 기관의 사명·목표에 적합한지, 자원봉사자의 욕구가 무엇인지, 대상자의 욕구가 무엇인지를 알아야 한다. 자원봉사자와 기관 및 도움을 필요로 하는 대상자 구성원이 원하는 공통점을 찾아서 업무를 기획한다면 그것은 가장 훌륭한 프로그램이 될 것이다.

이 단계에서는 이러한 아이디어 회의에 기초하여 적합한 대상자를 선정하고 이들을 위한 다양한 자원봉사활동을 구성해 나갈 수 있다. 자원봉사관리자는 프로그램 설계 과정을 활발하게 진행하는 것이 프로그램의 완성도를 높이는 동시에 자원봉사자의 활동 만족도를 향상시키는 중요한 요인이 될 수 있음을 인식하고 이 단계에 특별한 노력을 기울여야 한다.

또한 이 단계에서 프로그램 성과를 보다 세심하게 고려한 프로그램의 설계를 위하여 다음의 내용을 프로그램 전반에 포함하려는 노력도 필요하다. 이 밖에도 설계단계에서는 프로그램의 추진을 위해 반드시 필요한 예산 내역도 포함될 필요가 있다(박태영 외, 2021).

<표 5-2> 자원봉사 프로그램 계획 시 점검사항

단 계	내 용
기획 단계	• 프로그램은 기관의 사명 및 비전과 일치하는가? • 자원봉사 프로그램은 지역사회, 기관, 자원봉사자, 대상자의 욕구를 반영하고 있는가? • 프로그램에 동원될 수 있는 인적·물적 자원을 파악하고 있는가? • 기관은 자원봉사 프로그램이 달성하고자 하는 분명한 목적과 목표를 세워 놓았는가? • 자원봉사 프로그램 목표는 측정 가능하게 개발되었는가? • 지역사회 내 다른 기관 및 단체들의 프로그램과 상호협력 또는 중복은 파악되었는가?
실행 단계	• 프로그램 목표를 달성하기 위한 실행계획은 수립되었는가? • 업무분장은 적절하게 이루어졌는가? • 추진방법과 일정 그리고 지원체계는 구체적으로 명시되었는가? • 자원봉사자의 업무설명서는 작성되었는가? • 프로그램 실행과정에 관한 모니터링 계획은 있는가? • 프로그램 실행 시 적절한 지도감독 계획은 있는가?
평가 단계	• 자원봉사 프로그램의 평가기준 및 방법이 마련되어 있는가? • 자원봉사 프로그램의 효율성 및 효과성은 평가될 수 있는가? • 자원봉사 프로그램의 자원봉사자 성과는 평가될 수 있는가? • 자원봉사 평가결과는 향후 반영될 수 있는가?

출처 : 한국자원봉사관리협회(2008). 자원봉사활동관리 표준매뉴얼 개발 연구, p. 46, 배기효·남연희·박용오·박정임·박희숙·이미영·전영록·정일교(2020) 재인용.

4) 평가 계획

평가 계획 단계는 자원봉사 프로그램이 목적 및 목표에 부합하고 있는가를 평가하는 계획을 수립하는 과정이 중요하게 요청된다. 평가 계획 수립과 관련해서는 무엇을 평가할 것인지, 누가 평가에 참여할 것인지, 평가시기는 언제가 적절한지에 대한 사전 논의와 함께 적절한 평가지표와 타당성 있는 평가도구를 계획하는 활동이 요구된다. 또한 이 단계에는 필요에 따라 자원봉사자용 프로그램 평가설문지를 개발하려는 노력도 포함된다.

평가는 단순히 결과에 대한 평가만으로 그치는 것이 아니라 이후 프로그램을 계획하거나 보완할 때 중요한 자료로 활용할 수 있으며, 프로그램 이후 자원봉사자에 대한 후속 관리 및 프로그램 확산 등에 필요한 조치를 취하는 근거가 된다(볼런티어21, 2004b; 행정안전부, 2008b, 박태영 외, 2021 재인용).

평가란 프로그램을 계획하고 수행한 후에 마지막 단계에서 실시하지만, 프로그램 계획 작성의 전 과정과 관련된 개념으로 사용목적에 따라 총괄평가와 형성평가로 구분될 수 있다.

총괄평가는 프로그램 운영이 끝날 때 행해지는 평가로서 평가의 결과를 성질이 비슷한 다른 프로그램, 상황 또는 대상에 대해 일반화시키려는 것이라고 볼 수 있기 때문에 성질이 비슷한 새로운 프로그램을 다시 시작할 것인지 또는 종결할 것인지 등을 결정짓는 데 유용하다. 형성평가는 프로그램 운영 도중에 이루어지는 조사로서 계속되는 프로그램을 수정・보완하기 위해 이루어지는 조사이다(최성재 외, 1993 : 329).

평가 내용에 대한 기준을 정리해 보면 ① 노력, ② 효과성, ③ 예상치 못한 결과, ④ 효율성 네 가지로 요약할 수 있다(Tripodi, 1983 : 33).

노력은 계획된 목표의 달성을 위해 필요한 프로그램 활동의 양과 종류를 말하는데 투입시간, 금전적 및 물질적 자원의 배분 및 사용, 이용자의 참여, 프로그램 담당자의 제반 활동 등이 포함된다.

효과성은 프로그램의 목표가 실제로 달성된 정도를 말하는 것인데, 즉 프로그램을 시작하였을 때 기대되었던 것에 비해서 프로그램 실시 후 실제로 나타난 바가 어느 정도였는가를 판단하는 것이다.

예상치 못한 결과는 처음에는 예상하지 못했지만 실제 프로그램 활동의 결과로 나타난 긍정적 또는 부정적 변화를 의미한다.

효율성은 투입(노력)과 산출의 비율로서 투입을 프로그램의 비용으로 보고 산출을 효과로 보면 효율성=산출/투입=효과/비용이 된다. 이러한 의미에서 효율성은 비용효과성이라고 할 수 있고 경제학적인 비용-편익분석 또는 비용효과 분석방법으로 측정된다(최성재 외, 1993 : 330).

4. 프로그램 개발의 유형

프로그램 개발의 일반적인 유형은 대민분야 유형, 사회분야 유형, 온라인분야 유형으로 나누어질 수 있으며, 이에 대한 구체적인 내용은 다음과 같다.

<표 5-3> 프로그램 개발의 일반적인 유형

분 류	유 형	내 용
대민분야 유형		
생활편의 지원	활동보조	장애인, 노인 등 이동이 힘든 분들의 외출, 나들이 활동, 심부름을 보조
	이동지원	장애인, 노인, 재가 환자 등의 이동을 위한 차량봉사
	청결지원	청소, 빨래, 목욕, 이미용 활동 등의 자원봉사
	급식지원	급식소 지원을 위한 조리, 배식, 설거지 등의 봉사활동 등
	식사・반찬지원	도시락, 밑반찬, 음식 등의 조리 및 배송

주거환경	주거개선	취약계층 대상 집짓기, 집수리 자원봉사 활동(전기, 보일러, 도배, 도색 등)
	마을공동체활동	소규모 마을 공동체 중심의 주거환경 개선활동(꽃길 가꾸기, 마을 시설물 보수활동, 아파트 공동체 실천활동 등)
교 육	방과후 교육	학교수업 종료 후 특기, 예체능 교육 지도(보조) 활동
	학습지도	저소득층, 소년소녀가장 등 학습여건이 열악한 청소년 대상 학습지도 활동
	특수교육	장애인 등 특수교육 관련 지도활동
	평생교육	평생교육 관련 지도활동
	전문교육	안전운전, 재해 및 안전 관련 교육 등 전문영역 관련 지도활동
	진로체험지도	현장견학, 체험 등 학생 진로체험 교육, 지도 등의 지원 활동
상 담	말벗·상담	장애인, 노인 대상 여가지원 말벗, 상담 봉사활동
	전문상담	법률, 세무, 가족문제, 성폭력 등 특수·전문 분야 면접, 전화, 인터넷 상담 활동
	멘토링	멘토링 사업 참가자 활동
보건의료	간호·간병	의료수발, 식사보조 및 호스피스 활동 등
	의료지원	의료봉사(양/한방), 물리치료 및 민간치료 활동 지원
	헌혈	헌혈 활동
농어촌봉사	일손지원	농어촌 방문 봉사활동, 일손지원
사회분야 유형		
문화행사	행사보조	문화, 예술, 체육행사 및 지역 행사 지원 활동
	공연활동	문화, 예술 등의 공연 봉사활동
	캠페인	시민 의식개선, 계몽, 소비자 보호, 환경 등 사회분야 캠페인 활동
	관광안내	문화/관광 가이드 및 해설 활동, 문화예술 시설 안내 등
환경보호	환경정화	불법 홍보물 제거 등 환경정화 활동
	환경감시	수변, 산림 등 자연환경 위해 감시

행정보조	사무지원	행정, 전산, 조사/연구 등 행정사무 지원 활동
	업무보조	작업보조, 정리 및 민원 안내 지원 등
안전·방범	지역방범	야간방범, 유해환경 추방 등 범죄 예방 활동
	교통안전	교통정리, 주정차 안내 등 교통안전 활동
	어린이 안전	아동 안전지킴이 활동, 등하교 안전 지도 등
	청소년 안전	청소년 유해업소 감시 및 정화활동 등
	취약계층 안전	독거노인, 소년소녀가장 등 안전생활 모니터링
인권·공익	인권개선	북한이탈주민, 외국인 노동자, 아동, 여성 등의 인권 개선·평등을 위한 지원 활동
	공익보호	소비자 보호, 부패방지 모니터링 활동 등
재해·재난·응급	피해복구	재난·재해 지역 피해복구 지원 및 구호 활동
	응급구조	위급 상황 응급 구조 활동
국제협력·해외봉사	해외봉사	국외에서의 자원봉사활동
	국제행사·단체 지원	국제기구·단체, 국제 행사 지원
	통·번역	국제행사 및 행사 개최를 위한 통·번역 활동
온라인분야 유형		
온라인 자원봉사	번역 및 통역	국제행사 및 사회적 약자(청각장애인 등)를 위한 온라인 통·번역 활동
	상담 및 자문	마케팅, 법률 등의 온라인 상담 및 전문 자문 제공
	모니터링 활동	환경, 안전 등 공익적 모니터링 활동
	인식개선 및 홍보	사회문제 해결을 위한 다양한 온라인 활동
	기타 전문기술 제공	콘텐츠 제작 등 다양한 분야의 기술 제공

※ 자원봉사활동 분류는 대민분야/사회분야에 따라 일부 중복 분류될 수 있음

출처 : 행정안전부(2020c)), 박태영 외(2021) 재인용.

5. 프로그램 개발의 최근 경향

효과적인 자원봉사 프로그램 개발을 위해서는 최근의 자원봉사 경향을 고려해야 하는데 한국중앙자원봉사센터(2011b 재구성)는 서비스 대상자와의 관계, 프로그램 영역 및 형태, 네트워크, 자원봉사자의 욕구, 프로그램 내용 등과 같은 자원봉사 프로그램 개발의 최근 경향을 몇 가지로 제시하고 있다(박태영 외, 2021).

1) 서비스 대상자와 자원봉사자의 통합적 참여

최근 자원봉사 프로그램은 기존에 도움을 주거나 받는 일방적인 관계가 아니라 소통하고 함께 만들어 가는 참여의 장으로서 이해되고 있다. 그동안 서비스 대상자로만 인식되었던 경제적으로 어려운 노인, 장애인, 어린이, 결혼이민자 여성 등도 함께 자원봉사자로 참여하여 사회에 기여할 수 있는 기회를 마련하는 차원에서 이러한 프로그램의 가치는 더 높이 평가될 수 있다.

2) 프로그램 영역과 형태의 통합

자원봉사 프로그램이 그동안 환경, 일손 돕기 지도활동 등 단편적인 분야와 영역에서 진행되어 왔다면, 최근에는 새롭게 대두되는 사회문제나 제도적 변화에 따라 프로그램의 영역이 통합·복합되어 가는 추세를 보이고 있다. 여러 재능을 가진 자원봉사자가 서비스 대상자에게 필요한 총체적인 활동을 연합하여 지원하거나, 청소년의 동아리, 진로, 봉사활동을 결합한 형태의 프로그램, 체험과 여가활동과의 결합 등 다양한 형태가 나타나 주목받고 있다.

3) 다양한 기관 및 자원의 네트워크

자원봉사 프로그램은 자원봉사센터나 특정 단체 및 기관에서 독자적으로 운영할 수도 있으나, 자원봉사활동 참여기회의 확대와 프로그램의 효과성을 높이고 홍보하는 차원에서 다양한 기관 및 자원과 연계하여 진행하는 형태가 확산되고 있다. 이러한 네트워크의 대상은 주민자치센터, 학교, 평생학습센터 등 공공기관뿐 아니라 다양한 기업, 언론 등으로 확대되고 있다. 네트워크의 형태 또한 구두로 결정하여 진행되는 상황부터 시범사업 지정이나 MOU를 체결하는 공식적인 형태까지 다양해지고 있다

4) 자원봉사자의 주도적 참여

자원봉사 프로그램과 활동처의 부족은 자원봉사센터와 같은 전문기관이 가진 해결되지 않은 고민 중 하나이다. 자원봉사자 역시 자신이 원하는 맞춤형 봉사활동에 대한 욕구가 나날이 증가하고 있으며, 프로그램의 기획과정부터 주도적으로 참여하여 스스로 만들어 가는 프로그램에 대한 선호 경향이 커지고 있다.

5) 쉽고 재미있게 참여할 수 있는 프로그램

마음은 있지만 일상생활이 바쁘거나 부담스러워서 쉽게 참여하지 못하는 잠재된 자원봉사자들을 유인하고 장기적으로 자원봉사의 붐을 일으킬 수 있는 이벤트 형태의 단기 프로그램 역시 증가추세이다. 이러한 프로그램의 경우는 단시간의 활동으로 명확하게 눈에 보이는 활동의 결과물을 만들어 내어 자원봉사자의 성취감을 높이는 특성이 있다.

6. 자원봉사자 업무설계

1) 업무설계

(1) 업무설계의 정의

업무설계(job design)는 직무설계, 업무기획 또는 업무디자인이라고도 하며, 자원봉사자에게 의미와 만족을 부여하고 클라이언트에게 질 높은 서비스를 제공하는 것을 목적으로 자원봉사자가 하게 될 업무를 세부적으로 계획하고 설명하는 과정이다. 또한 업무의 구조적·사회적 측면과 그 업무가 구성원에게 미치는 영향을 모두 포함하는 의도적이고 신중한 계획을 의미한다(볼런티어21, 2004b, 박태영 외, 2011 재구성).

업무설계는 자원봉사자에게 가치와 만족을 부여하고 클라이언트에게 질 높은 서비스를 제공하는 것을 목적으로 자원봉사자가 맡게 될 업무를 세부적으로 계획하고 해석하는 과정이다. 자원봉사자 모집에 대한 업무설계에 어떤 목적과 목표하에서 모집 대상은 누구이며 어떠한 방법으로 누구에 의해 행해지는가를 명확히 제시해야 한다.

업무설계는 자원봉사 프로그램 개발 이후 업무설계와 자원봉사 모집과 면접·배치로 이어지는 연속적 과정이다. 업무설계는 자원봉사기관에게는 자원봉사자의 업무가 조직 및 기관이라는 직무의 일부분으로 구성되어 조직의 사명과 목적을 달성하도록 해야 하며, 자원봉사자 개인에게는 이타주의적 욕구와 다양한 이기주의적 욕구충족을 위한 기회를 제공하도록 이루어져야 한다(조휘일, 1998, 김범수, 2006 : 97 재인용).

(2) 업무설계 전제조건

자원봉사자 업무설계의 과정은 자원봉사자가 적절히 수행할 수 있는 일에 대한 아이디어를 개발하는 데 자원봉사 수요처 직원을 참여시키는 데서 시작된다. 이 과정은 자원봉사자 조정에서 가장 중요한 기능들 중 하나이다. '좋은' 업무 개발 없이 기관은 자원봉사자들에게 가치를 제공할 수 없으므로 다음과 같은 전제조건이 필요하다(대구광역시자원봉사센터, 2001 재구성, 박태영 외, 2021 재인용).

첫째, 자원봉사 수요처 직원과 상의하기 : 직원과 '상의하기'는 좋은 업무를 개발하는 가장 효과적인 방법이다. 이 과정에서 자원봉사관리자는 자원봉사자를 가장 잘 활용하는 방법을 결정하기 위해 직원과 인터뷰를 하는데, 이 인터뷰는 단지 그들이 자원봉사자에게 줄 수 있는 업무가 무엇인지를 묻는 것이 아니다. 대신 다음의 질문들을 통해 직원들에게 효과적으로 접근할 수 있을 것이다(Ivan Scheter 개발). ① 당신의 업무 중 정말 좋아하는 부분은 무엇입니까?, ② 당신의 업무 중 정말 싫어하는 부분은 무엇입니까?, ③ 언제나 하기를 원하지만 시간이 없어서 도저히 할 수 없었던 활동이나 프로젝트는 무엇입니까?, ④ 수행되기를 원하지만 당신에게는 그것을 할 기술이 없는 일들은 무엇입니까?(혹은 수행하는 데 예산을 지출할 수 없는 일들) 등 이러한 질문들에 대한 대답들을 모아 직원과 자원봉사자 모두에게 생산적인 업무에 대한 아이디어를 수집할 수 있으며, 이는 통합적인 자원봉사 직무들을 개발하는 기초자료가 된다.

둘째, 자원봉사 수요처 직원 인터뷰하기 : 이미 자원봉사자들이 기관에서 수행하고 있는 직무나 기능의 리스트, 다른 기관이나 유사한 프로그램에서 수행되고 있고, 자원봉사자들이 수행할 수 있다고 판단되는 직무나 기능의 리스트, 기존의 자원봉사자들이 가지고 있는 기술과 재능에 대한 리스트 등은 기관 내에서 자원봉사자의 활용 가치에 대한 인식이 부족한 직원에게 잠재적 직무 개발을 위한 아이디어를 제공한다. 이러한 리스트들은 재미있고 도전적인 자원봉사 직무를 개발하는 데 직원의 창의성을 향상시키고 자원봉사자 활용 전망을 넓히도록 돕는 데 유용하다.

셋째, 자원봉사 수요처 직원의 지속적인 참여를 유도하기 : 직원 참여의 과정은 지속적이어야 한다. 자원봉사조정자는 간헐적인 피드백 인터뷰나 서면 의사소통 등을 통해 직원과 지속적인 의사소통을 해야 한다. 그렇게 함으로써 지속적으로 새로운 업무를 개발할 수 있다. 그 한 가지 방법으로는 기관의 소식지나 게시판에 공고란을 만드는 것이다. 여기에는 새로운 기술을 가진 참신한 자원봉사자들이 소개되기도 하고, 직원이 찾는 자원봉사자의 유형(특별한 기술, 태도, 시간투자 등)이 소개될 수도 있다.

(3) 업무설계의 중요 요소

어떤 자원봉사 업무는 자원봉사자를 지루하게 하거나 불만족스럽고 소진을 이끌어서 중도탈락하게 할 수 있는 반면, 어떤 업무는 흥미롭고 도전적이며 만족을 주고 높은 열의와 좋은 성과들을 끌어낼 수도 있다. 그 둘 사이의 차이점은 서로 다른 사람들이 서로 다른 동기적 욕구를 가지고 있어서 흥미를 느끼거나 지루하게 여기는 업무가 서로 다르다는 것이다.

자원봉사 프로그램은 자원봉사자들이 원하고 만족하는 업무를 수행하고 있을 때 성공할 가능성이 높다. 만약 자원봉사자에게 그런 업무를 제공하지 못한다면 우리는 자원봉사자의 중도탈락과 불신, 낮은 의욕에 시달리게 될 것이다. 자원봉사 업무를 설계할 때는 사람들이 게임을 즐기듯이 스스로 원해서 시간과 재능, 물질을 사용하도록 동기화시켜 줄 필요가 있는데, 이를 위해서는 다음의 네 가지 중요한 요소를 포함하도록 노력해야 한다(대구광역시자원봉사센터, 2001, 볼런티어21, 2004b 재구성, 박태영 외, 2021 재인용).

첫째, 주인의식(ownership)으로, 이를 심어주는 한 가지 방법은 자원봉사자들에게 담당할 어떤 것을 주고 그것을 통해 자부심을 느끼도록 하는 것이다. 수행해야 할 과업을 완수해야 한다는 주인의식은 자원봉사자에게 자신의 직무에 관한 권한을 높여주고, 그 업무에 대한 자부심을 느끼게 함으로써 강화될 수 있다. 자원봉사자는 전반적인 통제권을 행사할 수 있는 자신의 과업을 가짐으로써 주인의식을 가질 수 있다. 반면 자신이 극히 파편적인 단순 업무를 반복하고 있다고 느끼면 업무에 대한 주인의식이 약화된다.

둘째, 생각할 권한(the authority to think)으로, 주인의식이 부족한 독립된 개인들의 집합과 달리 팀은 자신들의 일을 계획하고 평가하는, 그리고 실행할 일에 대해 동의하는 권한을 가진다. 이 권한은 단지 일을 하는 것이 아니라 하기로 결정하는 데 참여하는 것을 말한다. 자원봉사자들은 '단순히 일만 하고 있다'는 생각 대신 '일의 방법을 결정하고 자신의 역할을 한다'는 의식을 갖게 되면 자신의 직무에 대해 보다 높은 동기를 가지게 된다. 업무에 대해 생각하는 것은 물론 그 업무를 수행하는 데 있어서 기회와 권한을 가지고 있다는 사실을 확인시키는 일이다. 여기서 말하는 생각이란 계획, 조직, 결정과 평가를 말한다. 업무설계의 질을 높이기 위한 방법으로 윌슨(Willson, 1976)은 다양한 업무의 수를 늘리는 직무확장(job enlargement)과 자원봉사자가 과업을 직접 계획하고 평가하도록 하여 책임감을 증대시키는 직무향상(job enrichment), 그리고 사소한 과업들을 합치는 직무의 단순화(work simplication)를 제시하고 있다. 활동의 계획과 그 실행에 자원봉사자를 직접 참여시키는 일은 자원봉사자에게 주인의식을 고취시키고 만족감을 높이게 된다. 활동 대상자에게 위험이 발생할 수 있는 상황이 아니라면 자원봉사자가 과업을 완수하기 위해서 '어떻게' 활동할지 스스로 모색하고 결정할 수 있도록 설계한다면 동기부여를 높일 수 있다.

셋째, 결과에 대한 책임의식(responsibility for result)으로, 업무설계는 업무설명서의 내용을 단순히 실행하는 것이 아니라 자원봉사자에게도 기관의 사명과 목표달성 결과에 대한 직접적인 책임이 있음을 확인시켜 주는 일이다. 여기서 결과에 대한 책임이란 자원봉사활동 그 자체보다는 자원봉사활동 결과에 주목하여 자원봉사자로 하여금 목적을 달성하도록 그들을 격려하는 일이다. 자원봉사자들이 단지 의무적인 일련의 행위나 활동을 반복하다기보다는 활동의 목적달성 그리고 자원봉사활동으로 나타나는 결과에 대해 책임을 지고 있다는 것을 분명히 하는 것이다. 결과 또는 성과에 대하여 책임의식을 가진다면, 자신들이 한 일에 대한 성과에 관심을 집중하게 되고 이를 추구하는 과정에서 보다 큰 창의성과 동기부여, 그리고 만족을 얻을 수 있다는 것이다.

넷째, 평가성과 측정(keeping score)으로, 자원봉사자의 업적과 활동결과를 측정하는 일이다. 자원봉사자의 참여와 노력의 성과를 어떻게 측정하는가를 분명히 밝힘으로써 자원봉사자 자신이 기여한 가치를 평가할 수 있도록 해야 한다.

자원봉사자에게 만족스러운 업무, 동기를 높여주는 업무설계의 능력은 자원봉사관리자에게는 중요한 기술 중의 하나이다. 사람들이 하고 싶은 업무를 하는 것은 성공적인 자원봉사 프로그램의 밑바탕이 된다.

맥컬리와 린치(McCurley & Lynch)는 업무설계 시 다음과 같은 특성이 가미된 동기유발을 해야 한다고 주장하고 있다. 첫째, 소유권으로서 자원봉사자가 무엇인가에 대한 책임감을 갖는 것을 의미한다. 비영리기관에서의 프로젝트는 자원봉사대상자에게 책임감을 제공한다. 둘째, 의사결정에의 참여권으로서는 업무를 기획하고 결정하는 과정에 자원봉사자들을 참여시키는 것이다. 셋째, 결과에 대한 책임으로서 자원봉사자에게 업무결과에 대한 책임을 부여하는 것이다. 마지막으로 중요한 요소는 성취된 결과를 평가하는 것이다(김범수, 2006 : 98).

2) 업무설명서

(1) 업무설명서의 정의

업무설명서(job description)는 '업무설계의 내용을 보다 구체화하고 명확하게 하여 각자의 기능과 역할분담을 정하는 것'을 의미하며, 자원봉사자가 수행할 업무의 책임, 업무를 수행할 자원봉사자의 자격요건, 감독과 책임의 체계, 그리고 업무의 업적을 평가하는 방법에 대하여 기술한다. 즉, 업무설명서는 봉사활동에 대한 구체적인 설명서이면서 자원봉사자와 기관 간의 계약서와 같은 역할을 대신할 수 있으며(대구광역시자원봉사센터, 2011 : 46, 박태영 외, 2021 재인용), 자원봉사관리자와 자원봉사자의 역할을 명확히 함으로써 서로의 역할 이해를 돕고, 자원봉사자들로 하여금 자신이 맡게 될 업무의 중요성을 인식하게 하며, 기관이 그 업무를 중요하게 여기고 있다는 것을 알게 한다(박태영 외, 2011). 자원봉사자의 역할을 정확하게 규정하는 것은 성공적으로 자원봉사자를 모집하는 것뿐만 아니라 추후에 그들의 일을 평가하는 데 필수적인 수단이 된다. 명확한 업무설명서는 업무책임을 분명히 하고, 자원봉사자 모집배치를 용이하게 하며, 효과적인 업무실행에 필요한 훈련 영역을 제시하고, 자원봉사자 업무실행에 대한 감독과 평가를 위한 토대를 마련하며, 업무에 참여하는 사람들

간의 역할을 이해하게 한다(Ilsley & Niemi, 1981 : 52).

최선의 업무설명서는 정교하거나 복잡하기보다는 명확하고 정확해야 한다. 자원봉사자는 각자의 업무분장을 가지고 있어야 하며 업무분장은 자원봉사자의 지도와 평가에 이용되는 도구의 기능을 가진다(조휘일, 1998 : 366－367).

(2) 업무설명서의 필요성

업무설명서는 자원봉사자를 모집하기 전에 작성해야 하지만 그것이 불변하는 '완결된' 문서가 되어서는 안 된다. 업무설명서는 지속적으로 거듭된 수정과 변화를 거쳐야 한다. 그것은 잠재적인 자원봉사자의 관심과 욕구와 직무를 연결시키는 과정인 면접과 배치기간을 거치면서 변화해야 한다. 또한 업무설명서는 자원봉사자가 선발되고, 직무를 시작한 후에도 수정되어야 한다. 그것은 자원봉사자가 실제로 수행하면서 더욱 구체적이고 명확하게 파악될 수 있기 때문이다. 따라서 업무설명서는 자원봉사자와 기관이 함께 성취하고자 시도하고 있는 일들을 나타내는 융통성 있는 문서여야 한다.

이와 같이 자원봉사자와 자원봉사관리자 모두에게 중요한 업무설명서는 다음과 같은 필요성을 가지고 있다(대구광역시자원봉사센터, 2001, 볼런티어21, 2004b 재구성, 박태영 외, 2021 재인용)

첫째, 자원봉사자의 역할을 명확히 한다. 자원봉사자와 자원봉사관리자의 직무가 분명하면 그들 사이의 관계와 역할도 명확히 할 수 있다. 왜냐하면 자원봉사자가 자신의 역할한계 때문에 혼란스러워하거나 반대로 자신의 영역을 침범하는 자원봉사자로 인해 곤란해하는 자원봉사관리자가 있기 때문이다. 그들이 서로의 책임과 권한의 한계를 추측하도록 방치하게 되면 자원봉사관리자가 원했던 활동 결과를 얻지 못할 수도 있다. 따라서 성문화된 업무설명서는 자원봉사관리자와 자원봉사자의 역할을 명확히 함으로써 서로의 역할 이해를 돕는다.

둘째, 모집과 배치에 있어 중요한 도구가 된다. 명확하게 작성된 업무설명서에는 자원봉사자가 하게 될 업무의 내용뿐만 아니라 필요한 기술과 자격, 책임, 활동시간 등이 명시된다. 이런 내용들은 자원봉사자를 모집하고 인터뷰를 통해 배치하는 과정에서 그 직무에 자원봉사 지원자가 적합한지를 판단할 수 있는 사람과 함께 그 업무설명서를 검토하는 인터뷰를 함으로써 배치의 적절성을 검증해 볼 수 있다.

셋째, 모집에 있어 마케팅적 접근을 용이하게 한다. 자원봉사관리자는 개인의 자원봉사 동기를 확인하고, 자원봉사자의 참여동기를 만족시키는 동시에 기관의 목적도 달성시켜야 한다. 자원봉사자 참여동기를 만족시키는 요소들과 기관의 목적달성에 필요한 자원봉사자의 시간과 재능을 상호 연결하고 적절히 교환하도록 하는 것이 바로 명확히 작정된 업무설명서를 통한 모집과 배치이다. 그리고 그 과정에서 자원봉사자가 기대 이상의 만족을 얻는다면 보다 질 높은 활동에 대한 동기부여도 기대할 수 있다.

넷째, 적절한 자원봉사자 훈련 설계에 도움이 된다. 면밀히 작성된 업무설명서는 그 직무가 어떤 자원봉사자를 필요로 하며, 무슨 기술과 자격을 갖추어야 하는지를 알려준다. 이것은 설계된 직무를 수행하기 위해 모집된 자원봉사자에게 이미 있는 자원들과 아직 갖추어지지 않은 부분을 파악하게 하고, 그 결과 부족한 부분을 발견하게 한다. 바로 그 부족한 부분을 채우는 것이 자원봉사자 훈련의 목표로 결정되는 것이다.

다섯째, 자원봉사자 지도·감독 활동의 기초가 된다. 명확한 업무설명서가 있으면 누가, 무엇을, 누구에게, 언제까지, 얼마 동안 해야 하는지를 알기 쉽다. 또한 이 업무설명서에 동의하고 배치된 자원봉사자에 대해서는 그 성과를 측정하고 평가하기도 용이하다. 따라서 자원봉사관리자는 업무가 자원봉사자와 적합한지, 자원봉사자에게 어떤 지도와 지원, 추가적인 훈련이 필요한지를 판단할 수 있다.

(3) 업무설명서의 구성요소

업무설명서는 자원봉사활동을 통해 성취하기를 원하는 결과들에 좀 더 초점을 맞추어 작성하는 것이 좋다. 이렇게 작성된 업무설명서는 지도·감독에 사용될 도구와 자원봉사자 평가와 같이 업무요약과 자원봉사자와 역할에 의해 수행되는 활동들 모두를 포함한다(대구광역시자원봉사센터, 2001, 볼런티어21, 2004b 재구성, 박태영 외, 2021 재인용).

또한 업무설명서는 자원봉사자를 모집하기 전에 준비되어야 하며 필요에 따라 수정되어야 한다(유성호, 1997). 이는 자원봉사자와 조직의 욕구를 충족시켜 주기 위함이다. 자원봉사조정자가 업무와 자원봉사자를 연결할 때 자원봉사자는 일을 시작한 후 더 나은 업무수행을 위해 수정을 원할 수도 있다(박태영 외, 2011). 이와 같이 업무설명서에는 직무명칭, 목적과 목표, 책임, 자격, 활동시간 및 장소, 지도감독자, 혜택, 훈련과 감독, 평가, 준수사항, 해고조건 등의 항목들이 기본적으로 포함되어야 한다(대구광역시자원봉사센터, 2001, 박태영 외, 2011 재구성).

<표 5-4> 업무설명서 구성 및 작성 방법

구분	작성 방법
직책명	업무의 특징을 살려 쉬운 표현으로 직무와 직위를 나타낸다.
목 적	이 활동을 통해 무엇을 성취하고자 하는가? 무엇이 변화될 수 있는가? 등으로 참여를 동기부여할 수 있는 부분이다.
활동내용	언제, 어디에서, 누구와 함께, 얼마 동안, 어떤 기술을 가지고 활동하는지에 대하여 구체적으로 서술한다.
자 격	자원봉사자가 성공적으로 활동하기 위해 필요한 지식, 태도 및 특별히 요구되는 기술이나 자격 증명 등을 명시한다.
관리체계	자원봉사활동과 자원봉사자를 조정하는 사람은 누구이며, 문제가 발생하거나 변동이 생겼을 때 문의하고 의논해야 할 사람은 누구인가를 적는다.
교육훈련 제공	자원봉사활동을 효과적으로 수행하기 위해 자원봉사기관에서 제공하는 교육 및 훈련의 내용을 적는다. 봉사자들에게 교육내용을 사전에 알려 준비할 수 있도록 한다.
혜 택	자원봉사자가 이 업무의 과정 중이나 완수 후에 받게 되는 공식·비공식적 보상, 유·무형적 혜택에 대해 창의적인 아이디어를 적는다.
소요시간	봉사활동을 수행하는 시간으로서 주 몇 회, 회당 소요시간, 활동시간대를 구체적으로 명시하고, 조정 가능성을 밝힌다.
활동기간	자원봉사활동이 최소한 이루어져야 하는 기간으로, 너무 길지 않게 잡도록 하며, 자원봉사조정자와의 면담이나 평가를 통해 재조정할 수 있는 여지를 둔다. 종결 시 봉사자가 부담스럽지 않도록 한다.
활동종료 조건	해고조건, 자원봉사자가 반드시 지켜야 할 기관의 정책이나 규정을 명시한다.
평 가	봉사활동의 결과들을 관리하고 표시할 방법과 업무 수행의 성공기준을 적는다. 평가의 목적과 방법에 대해 구체적으로 설명한다.
담당자 연락처	수요처 담당자/자원봉사조정자/자원봉사팀 리더의 이름, 전화번호, 이메일 등 봉사활동 중 문제상황에 따라 누구와 논의해야 할지 알린다.

출처 : 대구광역시자원봉사센터(2011). 박태영 외(2021) 재인용.

CHAPTER 6

자원봉사자 모집과 선발, 면접

1. 자원봉사자 모집

1) 모집의 정의

자원봉사 프로그램이 개발되고 자원봉사자를 위한 업무설명서가 완성되면 자원봉사자를 모집해야 한다. 자원봉사자 모집이란 '지역사회의 문제를 효과적으로 해결하기 위하여 잠재되어 있는 유용한 인적자원을 끌어내는 활동으로서, 지역사회에 참여·기여하고자 하는 자원봉사자와 도움을 필요로 하는 수요처(수요자)가 만나는 과정'이다(한국중앙자원봉사센터, 2012, 박태영 외, 2021 재인용).

자원봉사자 모집은 무엇인가를 돕고자 하는 자원봉사자와 업무에 도움을 필요로 하는 기관 혹은 수혜자의 욕구가 만나는 과정이며, 자원봉사를 하고자 하는 사람들에게 동기를 부여하고 기관이나 시설에서 제공하는 활동거리와 만나도록 주선하는 것이라고 할 수 있다. 또한 자원봉사자 모집자의 역할은 많은 자원봉사 신청자들의 문의를 업무적으로 처리하는 일이 아니라 적격의 후보자를 찾아 지역사회의 요구에 적절하게 대응하는 일이라고 할 수 있다(대구광역시자원봉사센터, 2001; 박태영 외, 2011).

자원봉사자 모집기술은 누구를 자원봉사자로 모집하기 전에 자원봉사 활동 분야 및 활동처에 대한 정보, 관련한 표적집단을 구체적으로 정한 후 활동처와 활동자 양자 간의 정보를 고려하여 모집하는 것이 중요하다. 가장 효과적인 모집은 적합한 자원봉사자를 충분하게 모집하고, 자원봉사인력을 확보하는 것이다.

2) 모집의 필요성

많은 경우 기관에서 자원봉사자를 모집하고자 하는 중요한 이유가 기관의 사업이나 프로그램을 진행할 때 재정이 부족하기 때문이라고 생각한다. 이로 인해 자원봉사자를 직원의 업무를 보완하기 위한 대안 정도로 생각하는 경우가 있다. 이 같은 생각은 충분한 재정이 있을 경우에는 자원봉사자를 필요로 하지 않는다는 결론에 이르게 한다.

이는 자원봉사자에게 자신의 고유영역이 주어지고 인정받는다는 느낌보다는 어떤 일에 누군가를 대체한다는 느낌을 주기 때문에 자원봉사에 대한 동기부여가 어렵다.

자원봉사자가 참여함으로써 기관의 재정으로 할 수 있는 활동영역을 확장하는 데 의의를 두어야 한다. 따라서 기관은 재정 및 훈련된 직원, 그리고 자원봉사자가 팀을 이루어 지역사회서비스에 효과적이라는 판단이 설 때 비로소 자원봉사자 모집을 기획해야 한다(대구광역시자원봉사센터, 2001, 박태영 외, 2021 재인용).

3) 모집유형

자원봉사자 모집은 자원봉사자 개인이나 집단이 가지고 있는 욕구와 활동기관, 조직이 원하는 욕구를 확인하여 연계하기 전 과정이다. 자원봉사자나 자원봉사를 하고자 하는 사람들은 자원봉사를 할 만한 곳이 마땅하지 않다고 하지만 자원봉사활동처에서는 늘 자원봉사자가 부족하다고 한다.

어떤 자원봉사자를 모집할 것인가에 대해 자원봉사활동처와 관련한 표적집단을 구체적으로 설정하고 자원봉사활동 내용과 자원봉사자 자질 간의 적합성을 고려하여 모집하는 것이 중요하다.

자원봉사자와 자원봉사활동처 간의 만족스럽고 효과적인 모집방법으로 일반적으로 네 가지 유형을 제시할 수 있다(최경덕 외, 2008 재인용).

<표 6-1> 자원봉사의 효과적인 모집방법

모집유형	내 용	모집방법
다수모집	단기간 동안 단순한 일에 많은 자원봉사자를 찾고자 할 때 특히 효과적	• 홍보물 : 모집 포스터, 리플릿, 기념품, 현수막 등 • 대중매체 : 케이블 텔레비전, 언론 홍보 등 • 인터넷 : 팝업, 배너 등 • 지역단체와의 직접 접촉
표적모집	표적집단은 특별한 기술을 가진 자원봉사자를 모집할 때 효과적이며, 어떤 심리적인 특징을 가진 자원봉사자를 모집할 때도 용이	• 대중매체 : 케이블 텔레비전, 언론 홍보 등 • 관련단체와의 직접 접촉
동심원 모집	어떤 기관과 관련을 맺고 있는 사람들을 시작으로 밖으로 확산해 나가 자원봉사자를 모집해 나가는 방법	• 자원봉사자나 지역사회 관련 지도자를 통한 회원 독려, 참여
연계성 모집	특정 성향의 그룹으로 이루어진 체계에 대한 모집방법	• 특정 단체와 직접 접촉

출처 : 이병순 · 김효정 · 오효근 · 박미혜 · 민승화 · 김화진 · 강정희(2019).

4) 모집과정

모집과정은 1단계 모집계획 수립, 2단계 모집대상 설정, 3단계 홍보수단 설정, 4단계 홍보자료 제작, 5단계 모집활동 수행, 6단계 평가 및 조정의 과정으로 이루어지게 되는데, 세부적인 내용은 다음과 같다(박태영 외, 2021).

<표 6-2> 자원봉사자 모집과정

단 계	내 용
1단계 : 모집계획 수립	모집 전 점검사항에 비추어 부족한 부분을 조정해 놓고 모집계획을 수립하자. ⇒ 어떤 분야에서 활동할 어떤 자원봉사자를 언제까지 몇 명을 모집할 것인가?
2단계 : 모집대상 설정	누가 활동을 하기를 원할 것인가? 표적집단을 떠올려 보고 우선순위별로 분류하자. 모집하고자 하는 표적집단과 관련이 있는 여러 조직도 활용하자. ⇒ 어디에서 그들을 찾을 수 있으며, 만날 수 있는가?
3단계 : 홍보수단 설정	어떻게 그들과 연락할 수 있을까? 그들에게 정보를 전달하는 방식이 무엇이 되어야 할지 각 집단별로 홍보매체, 홍보방법을 정해보자. ⇒ 선택한 모집방법이 우리가 모집하고자 하는 대상층에게 설득력이 있겠는가?
4단계 : 홍보자료 제작	참가하는 사람들의 동기는 무엇인가? 표적집단별 동기를 파악해 보자. ⇒ 그들에게 무엇을 말해야 하나? 지역사회의 요구, 활동내용, 혜택 중 어떤 부분을 어떻게 강조하고 대상층별로 어떤 동기에 맞게 메시지를 조정할 것인가?
5단계 : 모집활동 수행	어디서, 어떻게, 몇 번의 홍보활동을 할 것인가? 누가 모집을 해야 하나? 각각의 모집과정에서 누가 어떤 역할을 담당할 것인가? 모집활동에 참가할 모든 사람들이 자신들의 역할을 이해하는가?
6단계 : 평가 및 조정	모집 중간결과, 최종결과, 자원봉사 조정 등 모집 전반에 대한 점검을 통해 모집계획을 조정한다.

출처 : 대구광역시자원봉사센터(2008), 박태영 외(2021) 재인용.

(1) 모집계획 수립

어떤 업무를 수행하기 위해 어떤 자격을 갖춘 사람을 모집할 것인지, 몇 명을 언제까지 어떤 방법으로 신청받을 것인지를 정한다. 모집목표를 정하기 위해서는 구체적인 업무계획이 필요하며, 이러한 업무설명서를 바탕으로 계획을 점검할 수 있다. 업무설명서 작성 시 추가적인 고려가 필요한 항목으로는 자원봉사자들이 지지할 수 있는 기관의 철학이나 가치를 포함하는 경우도 있고 활동장소가 배치되는 기관의 주사무소가 아닐 경우에는 직접 활동이 진행될 장소를 명시할 수도 있다. 이 내용이 전달되는 형태는 중요하지 않으며, 중요한 것은 이 모든 요소들이 정확히 규정되고 자원봉사자들을 위해 사려 깊게 작성되며, 분명하게 전달하는 것이다(박태영 외 2021).

(2) 모집대상 설정

모집대상자를 결정하는 것은 매우 중요하다. 효과적인 활동을 위한 적절한 인원, 자원봉사 프로그램을 효과적으로 수행하기 위해 필요한 기술, 자원봉사자에게 충분한 정보 제공 등을 고려해야 한다. 업무에 적합한 사람에게 정보가 전달된다면 모집은 훨씬 쉬워질 수 있다. 그러나 모집이 되었다 하더라도 적절하지 않은 대상이 모집된다면 이후 관리에 어려움이 생길 수도 있다. 특히 모집대상을 정하기 위해서는 모집대상층을 구체화하고, 대상에 따른 접근방법을 모색하는 것도 중요하다(박태영 외, 2021).

첫째, 모집대상의 구체화를 위해서는 업무에 적합한 자원봉사자는 어떤 유형의 사람인지를 생각해 보는 것이 필요하다. 어떤 연령, 성별, 종교, 기술, 직업을 가진 사람을 원하는가와 같은 질문을 통해 대상을 구체화하면 그 대상에 따라 비슷하지만 조금 다른 메시지로 특화해서 전달할 수 있다.

둘째, 모집대상에 따른 접근방안 모색이 필요한데 모집하고자 하는 자원봉사자의 유형을 결정하면 어디서 어떤 방법을 통해 찾을 것인지 계획하게 된다. 예상되는 대상층이 자주 모이는 장소, 여가시간을 보내는 곳, 관심 있어 할 주제 등을 생각하여 모집을 계획하도록 한다. 보다 구체적인 모집대상층과 접근방법을 정하기 위해서는 자원봉사관리자, 자원봉사자들이 함께 모여 참가 가능성이 높은 대상과 접근방법에 대한 아이디어를 제한 없이 모아보는 것도 좋은 방법이다.

(3) 홍보수단 설정

모집대상층에 따라 홍보방법을 다르게 선택해야 하며 홍보매체를 효과적으로 활용하기 위해서 각 매체의 특성을 잘 파악하는 것이 중요하다.

현실적으로 고려할 부분은 시간과 비용이다. 실제 모집인원과 역할에 비해 적절한 투여수준은 어떤 것인지, 그리고 투여대비 효과는 어떠할지를 고려하여 계획하는 것이 중요하다.

(4) 홍보자료 제작

홍보자료 제작을 위해서는 먼저 홍보메시지가 결정되어야 하는데 홍보메시지는 무엇을 홍보할 것인가, 즉 무엇을 알릴 것인가에 해당한다. 모집캠페인의 슬로건이 될 수도 있으며, 홍보문의 헤드라인이 여기에 포함된다. 잠재적 자원봉사자의 참여를 끌어낼 수 있는 강하고 설득력 있는 메시지를 대표 메시지로 뽑아야 한다. 홍보물이 전달하는 메시지는 모집대상에 대한 분석을 바탕으로 업무설명서의 내용을 바탕으로 만들 수 있으며, 메시지는 글이 될 수도 있고 사진이 될 수도 있다. 이러한 모집메시지에는 지역사회의 요구와 자원봉사 업무 그리고 자원봉사활동으로 받게 될 혜택 등이 포함되어야 한다(볼런티어21, 2004a, 박태영 외, 2021 재인용).

(5) 모집활동 수행

모집활동 진행에 대한 계획으로 어디서, 어떻게, 누가 할 것인지를 정하고 실행한다. 누가 홍보활동을 할 것인지는 조직 내외의 충분한 자원을 활용할 필요가 있다. 홍보계획 단계에서부터 이해관계자 등이 함께 아이디어를 공유하고, 실제로 실행단계에서의 역할을 분담할 수 있다.

최근에는 자원봉사자 모집활동 과정에서 개인정보의 보호와 관련한 다양한 문제가 제기되고 있으므로 이와 관련한 특별한 노력도 요구된다.

(6) 평가 및 조정

평가단계에서는 자원봉사 모집과 홍보활동에 대해 모집 대상은 적합했는지, 모집장소가 적합했는지, 자원봉사자에게 동기부여와 인정의 분위기를 만들어 주었는지 등 전반적인 평가가 필요하다. 평가는 프로그램에서 바람직한 것을 찾아내 유지 보존하고 개선하는 과정이면서 자원봉사활동 운영의 평가로 수요자와 지역사회의 변화를 측정해 보는 과정을 포함한다.

모집홍보의 결과를 측정하고 평가하는 것은 쉽지 않다. 실제 자원봉사관리자들의 노력에도 불구하고, 실제 모집되는 자원봉사자의 수는 목표에 비해 터무니없이 모자라는 경우가 많다. 하지만 모집과 홍보의 중요성에 대한 기관 차원의 동의와 실무자의 노력이 뒷받침된다면 적어도 자원봉사에 처음 참여하는 자원봉사자들의 수는 점차 늘어나게 될 것이다. 지난 3개월간의 자원봉사 모집 홍보활동에 대해 모집대상 및 모집장소는 적합했는지, 자원봉사자에게 동기부여와 인정의 분위기를 만들어 주었는지 등의 전반적인 평가가 필요하다(볼런티어21, 2004a, 박태영 외, 2021 재인용).

이러한 점검은 자원봉사자 모집에 훌륭한 시사점을 제공한다. 모집 시에는 자연탈락률을 고려하여 정원의 120% 정도 모집하는 것도 고려할 수 있다. 이 비율은 모집·활동의 과정을 반복적으로 경험하면서 조정하도록 한다. 활동 전에 생기는 신청자 개인의 변동으로 인해 실제 활동인원에 영향을 줄 수 있으므로 청소년, 가족, 일반 성인 등 그 대상의 특성에 따라 경험적인 모집비율을 정하는 것이 필요하다. 또한 마감된 경우 대기신청자 리스트를 가지고 있다가 활동 1일 전 최종명단을 재확인한 후 참가 여부를 다시 확정하는 것도 계획된 인원이 활동할 수 있도록 하는 방법이다. 이는 자원봉사자 모집과정, 활동내용, 운영방식 등에 따라 차이가 있을 수 있으므로 실제 현장의 경험을 잘 기록관리·분석하여 적용할 필요가 있다(한국중앙자원봉사센터, 2012, 박태영 외, 2021 재인용).

5) 모집방법

자원봉사자 모집은 활동처에 따라, 모집대상자에 따라 그 특성을 이해하고 다양한 방법 가운데 효과적인 방법을 선택하는 것이 중요하다. 다양한 매체 가운데 주요 사용자가 어느 대상인지 파악하고 자원봉사자의 사용빈도가 높은 매체를 활용하여 자원봉사자를 모집한다면 효과적이고 효율적인 접근이 가능하다.

<표 6-3> 자원봉사자 모집방법

모집방법	매 체	내 용
대중매체	인터넷, 텔레비전, 라디오, 신문 등	• 영향력이 크기 때문에 많은 자원봉사자 모집에 용이 • 개별 특성 파악이 어렵기 때문에 부적합한 자원봉사자들이 모집될 수 있음
정기간행물	소식지, 저널, 내부신문 등	• 내부 정해진 독자층에게 전달되는 편이어서 적합한 모집자를 모집하는 데 용이
우 편	우편발송	• 설정된 집단이나 무작위 집단을 임의 결정하기 용이하며, 결정에 따라 우편물로 전달
모집 캠페인	이벤트 행사, 모집홍보	• 이벤트나 지역사회 행사와 함께 캠페인을 진행
지도자와의 접촉	개별 방문 접촉	• 지역사회 지도자 개별 접촉을 통한 지도자 회원들의 참여 독려 가능
일대일 모집	개별 접촉	• 현재 자원봉사자와 관련 있는 잠재적 자원봉사자와의 개별 접촉

출처 : 이병순 · 김효정 · 오효근 · 박미혜 · 민승화 · 김화진 · 강정희(2019).

또한 자원봉사활동자의 활동 주기나 패턴을 이해하여 모집방법을 활용하면 더욱 효과적이다. 학령기 청소년, 대학생의 경우 학년 말보다는 학기 초의 홍보가 효과적일 수 있고, 방학 직전에 홍보하면 일정 기간, 하루 종일 상주가 가능한 자원봉사자를 확보할 때 유리하다. 주부 자원봉사자의 경우는 국경일, 명절 등 가족과 함께 보내야 하는 기간을 피해서 모집해야 하며, 가족봉사단의 경우는 주말과 같이 온 가족이 시간을 맞출 수 있는 날로 계획하는 것이 좋다.

2. 자원봉사자 면접

1) 면접의 정의와 의미

면접은 자원봉사자와 기관이 서로의 기대와 욕구가 일치하는지를 구체적으로 확인하는 과정이다. 즉, 자원봉사자와 기관은 면접을 통해 서로에 대해 생각하고 기대했던 바가 서로 잘 맞고 일치하는지를 확인함으로써 최종적으로 선발이 이루어진다.

면접은 자원봉사자와 자원봉사관리자의 첫 대면 접촉으로서 자원봉사관리자 입장에서는 자원봉사자와의 첫 대면이고, 자원봉사자의 입장에서는 자원봉사관리자, 즉 기관과의 첫 대면이다(대구광역시자원봉사센터, 2011, 박태영 외, 2021 재인용). 자원봉사자를 만나 그들이 어떤 활동을 원하며 어떤 능력과 자질을 갖추고 있는지 자원봉사에 대한 서로의 욕구를 파악하는 과정으로서, 자원봉사자는 이 과정을 통해 비로소 자신이 가진 욕구와 직접 만나게 된다. 또한 자원봉사활동에 대한 자세한 설명과 활동에 필요한 정보를 제공해 주기도 한다(행정안전부, 2008b, 박태영 외, 2021 재인용).

자원봉사활동 지원자와 관리자 사이의 상호작용에 의해 이루어지는 면접은 다음과 같은 의의가 있다.

첫째, 면접은 실제로 자원봉사활동을 하게 될 자원봉사자와 관리자의 첫 만남이 이루어지는 지점이다. 첫 만남의 인상은 이후의 활동에도 장기간 영향을 미치게 된다. 따라서 면접에서 자원봉사활동 신청자들에게 기관에 대한 좋은 인상을 심어주는 것은 중요하다. 또한 면접의 과정을 통해 자원봉사활동을 거절당한 신청자들도 면접 시에 가진 느낌이 좋고 자원봉사에 대한 이해의 정도가 깊다면 이후에 자신에게 적절한 자원봉사활동을 찾으려 할 것이다.

둘째, 면접은 자원봉사활동 지원자 개인의 목표와 자원봉사자를 육성하고 지원하는 관리자의 조직목표를 일치시키는 과정이다. 즉, 면접을 통해 양자의 목표가 일치하는 합일점을 성공적으로 찾아내지 못한다면 자원봉사활동은 시작되지 못할 것이며, 무리하게 시작되더라도 곧 중단될 가능성이 매우 높다(이성록, 1995).

2) 면접 목적

면접의 목적은 잠정적 자원봉사자에 대해 이들의 의욕, 기술 그리고 능력이 기관 및 클라이언트의 욕구와 관련될 수 있는지를 결정하는 것으로서, 이러한 목적을 달성하기 위한 지침은 다음과 같다.

① 자원봉사자는 개별적으로 면접되고 최소한의 기간 내에 배치되어야 한다.

② 자원봉사자에 의해 완성될 수 있는 적절한 면접양식이 준비되어야 한다.

③ 자원봉사자에게는 가용한 활동업무, 책임, 자원봉사자가 되기 위한 의무사항에 관한 정보가 주어져야 한다.

④ 자원봉사자에게는 기관 또는 프로그램 배치에 대한 자신들의 선호도에 대해 토의할 수 있는 기회가 제공되어야 한다.

⑤ 면접은 자원봉사자의 창의적 능력, 사회적 태도, 전문적 기술 그리고 지도력을 결정하는 계기가 되어야 한다.

⑥ 정보는 장기적 책임을 담당하기 전에 훈련을 위한 배치가 가능하다는 것을 전달해야 한다.

⑦ 면접은 자원봉사자의 시간, 기술, 재능 그리고 흥미에 관한 충분한 정보를 얻을 수 있는 방법으로서 대면면접, 전화면접, 그리고 다른

모든 방법을 동원해서 이루어져야 한다.

⑧ 자원봉사자의 시간, 기술, 재능 그리고 흥미에 적합한 임무가 가용하지 않을 때에는 최소한의 기간 내에 이러한 사실이 포함되어야 한다 (A. Jacobson, 1978, 박태영 외, 2011 재인용).

3) 면접과정의 기술과 내용

면접은 사회복지실천 전반에서 가장 많이 사용되고 있는 방법이다. 자원봉사관리에서 자원봉사자 선발을 위한 면접은 클라이언트와 접촉하는 면접이 아니라는 점에서 일반 사회복지실천에서의 면접과는 큰 차이가 있다. 그러나 비록 클라이언트와의 치료 지향적 혹은 변화 지향적 면접은 아니라고 해도 면접과 면접관계 속에서 통용되는 원칙과 기술은 기본적으로 동일한 것으로 볼 수 있다.

따라서 개별화, 의도적 감정표현, 통제된 정서적 관여, 수용, 비심판적 태도, 자기결정, 비밀보장이라는 일반 면접관계에서의 기본 원리는 자원봉사자 면접에서도 역시 중요성을 가진다. 또한 언어적·비언어적 의사소통을 통해 면접을 원활히 하는 일반 사회복지실천에서의 기본 기술도 유사하게 적용된다.

면접은 자원봉사활동을 하려는 지원자와 자원봉사관리자가 처음으로 대면하는 계기가 되곤 한다. 따라서 무엇보다도 면접자와 피면접자 사이에는 공동의 목표를 가진 인격적 만남으로서 라포가 형성되어야 한다. 라포가 형성되지 않을 경우 면접자와 피면접자의 관계는 단순한 정보를 주고받는 관계에 지나지 않지만, 라포가 형성되었을 경우에는 인격적인 만남으로서 피면접자의 정서나 성격 등에 대해서도 충분히 파악할 수 있게 된다.

물론 행정적 측면에서 지원자와 충분한 개별면접을 실행할 수 있는 시간적 여유가 없을 수도 있다. 그러나 이는 자원봉사 프로그램 기획에서 선발과 면접을 위한 충분한 여유를 확보함으로써 해결해야 할 문제이고 면접을 소홀히 혹은 사무적으로 진행하고 면접시간을 절약하는 방식으로 해결을 도모해서는 곤란하다.

자원봉사자 관리에서의 면접기술에 있어서 가장 중요한 요소로는 적절하게 질문하는 질문기술과 정확하게 들을 수 있는 경청기술을 꼽을 수 있다.

4) 면접 유형

자원봉사자의 면접 유형은 전화면접(상담), 서류심사, 대면면접으로 구분할 수 있는데, 이를 구체적으로 살펴보면 다음과 같다.

<표 6-4> 면접 유형

구 분	전화면접(상담)	서류심사	대면면접
개 념	• 프로그램 참여 여부를 신청자와 자원봉사관리자가 전화상담을 통하여 결정	• 프로그램 참여 신청서를 작성하여 제출하고 자원봉사관리자가 신청서를 토대로 프로그램 참여를 결정	• 프로그램 참여 여부를 신청자와 자원봉사관리자가 대면하여 상호 정보교환 후 참여 여부를 결정
장 점	• 시간의 효율적 활용 • 업무효율성 • 경제적	• 시간의 효율적 활용 • 신청자 정보수집 용이 및 책임성 강화 • 기록관리 용이	• 상호 신뢰
단 점	• 신청자의 음성에만 의존 • 신청자 책임성 악화(참여율 저조) • 기록관리 어려움	• 신청서에만 의존	• 시간적 부담 • 경제적 부담
적용 사례	• 행사지원, 사무보조 • 일손돕기 등	• 대규모 행사지원 활동 등	• 상담 · 교육 활동 • 전문분야 활동 등

출처 : 대구광역시자원봉사센터(2010), 박태영 외(2021) 재인용.

5) 면접 단계

면접은 자원봉사자와 기관이 서로 간의 기대와 욕구가 맞는지를 구체적으로 확인하는 과정이다. 즉, 자원봉사자와 기관은 면접을 통해 서로에 대해 생각하고 기대했던 바가 서로 잘 맞고 일치되는지를 확인하며 최종적으로 선발하게 된다. 일반적으로 자원봉사자 면접과정은 다음의 사전점검 및 준비 단계, 면접 단계, 종결 단계로 진행된다(대구광역시자원봉사센터, 2011, 박태영 외, 2021 재인용).

(1) 면접 사전점검 및 준비 단계

사전점검 및 준비 단계는 면접 이전에 면접에 필요한 것들을 미리 마련해 두어 효율적인 면접이 진행될 수 있도록 돕는 과정이다. 먼저 방해받지 않을 만한 면접공간을 갖추어 두고, 직원들 간에 그 공간이 자원봉사자 면접공간임을 공유하고 있는 것이 좋다. 면접공간은 편안하고 온화한 분위기가 느껴질 수 있도록 배려가 필요하다. 기관에 공간이 부족하다는 이유로 면접공간에 서류나 물품을 쌓아놓는 경우를 볼 수 있는데, 자원봉사자의 입장에서 어느 정도 이해는 할 수 있지만 좋은 인상을 남기기는 어렵다. 면접에 필요한 필기도구는 세트로 구비해 두어 편의성을 제공하고, 기관을 소개하는 책자 또는 자원봉사 관련 정보지 등을 비치하여 자원봉사관리자의 부재로 잠시 동안 기다리게 될 경우를 대비한다(A. Jacobson, 1978, 박태영 외, 2011 재구성).

자원봉사관리자는 1회 15~30분 정도의 적절한 면접시간을 계획하여 면접에 임하고, 주도적으로 면접을 이끌어 면접 진행 중에 대화가 핵심에서 벗어나 시간을 낭비하는 경우를 줄여야 한다. 또한 자원봉사 신청과 관련하여 필요한 질문들, 참여동기나 이전 활동경력, 개인의 재능이나 기술 등에 관하여 자연스럽게 질문이 유도될 수 있도록 예상 질문지를 Q&A 형식으로 만들어 익혀둔다면 도움이 될 것이다.

이 외에도 내방자가 궁금해할 만한 사항들에 대하여 미리 서면으로 준비해 두는 것이 좋다. 자원봉사관리자의 명함, 봉사활동 신청서 또는 자원봉사자 등록 신청서, 기관이 어떤 곳인지를 알릴 수 있는 리플릿이나 소식지, 자원봉사자를 필요로 하는 목록표와 봉사활동을 구체적으로 설명하는 업무설명서, 교육일정 안내 및 자원봉사자 상해보험에 관한 자료, 기관에서 제공하는 인정보상에 대한 자료 등이 이에 해당된다.

이러한 자료들을 미리 일목요연하게 준비하여 기관 봉투에 넣어두었다가 면접에 활용하면 자원봉사자는 기관으로부터 배려받고 있다는 인상을 받아 기관 이미지 제고에도 도움을 주며, 면접에 임하기 전 기관에 대한 신뢰감을 줄 수 있으므로 원활한 면접진행이 이루어질 수 있다.

(2) 면접 단계

면접 단계는 면접 시작과 면접 진행으로 나누어 볼 수 있다. 면접의 시작은 다음과 같은 사항들에 초점을 맞추어야 한다(McCurley & Lynch, 1996 : 56).

- 지원자가 환영을 느끼도록 하기 : 그들이 당신을 만나기 위해 온 것에 대한 감사를 표현하라.
- 라포 형성하기 : 당신이 성취하고자 하는 것과 어떻게 그들이 그 과정에 조화하는가를 설명하라. 당신과 함께 하는 자원봉사활동이 적절한지 여부에 관한 그들의 결정이 토론의 의도라는 것을 그들이 알게 하라.
- 책임감을 느끼도록 하기
- 기관과 일에 대한 배경정보를 제공하기
- 그들이 기관과 그 목적과 프로그램 등에 관한 질문들을 하게 하기

- 당신 자신에게 집중하기 전에 그들의 관심과 이슈들에 집중하기

면접을 진행하는 동안 탐구하고 토론해야 할 내용들은 대체로 다음과 같다(McCurley & Lynch, 1996 : 56).

- 지원자의 관심, 능력 그리고 개인적인 상황에 관한 탐구
- 다양한 직무 가능성들에 대한 토론
- 시간약속, 훈련 요구조건, 문서작성, 그리고 비밀보장 규정과 같은 요구조건에 관한 토론
- 사람이 행복할 수 있는 상황과 사람을 연결시키는 데 도움을 줄 수 있는 개성지표들을 찾아보는 것
- 자원봉사자들의 기대하지 않은 재능을 발견하고, 가능한 자원봉사자 역할을 구성하는 것

면접 진행 시 자원봉사자의 다양한 질문에도 성실하게 응답하여야 하며, 이 과정에서 자원봉사자는 어떤 기관에서 어떤 자원봉사활동을 하고 싶은지를 결정하게 되고, 자원봉사관리자는 자원봉사자로서 활동이 가능한지를 점검한 후 수락 또는 거절하게 된다. 동일한 업무에 몇몇의 자원봉사자가 있을 경우 적절한 배치를 위해 핵심적인 질문을 통해 기관의 욕구와 자원봉사자의 욕구가 일치하는 사람을 선정하도록 한다(박태영 외, 2021).

(3) 면접 종결 단계

자원봉사 면접은 다음에 의해 종결되어야 한다(McCurley & Lynch, 1996 : 56).

- 자원봉사자에게 가능한 직위를 제의하거나 혹은 이 시간에 그들을 위한 어떤 적절한 자리도 가지고 있지 않음을 공손하게 설명하기

- 다음에 행해지는 일에 대해 설명하기 : 배경 또는 참고자료 점검, 직원과 두 번째 면접 주선, 훈련일정 정하기 혹은 오리엔테이션 세션을 위한 계약, 과정과 기간, 그리고 각 단계에서 자원봉사자에 대해 기대되는 것을 설명하기
- 어떤 참고자료 또는 배경 점검을 행하기 위한 자원봉사자의 승인 얻기
- 자원봉사자가 가지고 있는 질문 또는 관심에 응답하기

면접 종결 단계에서는 면접한 내용들을 재검토하고 요약한다. 상호 파악한 정보에 대하여 재확인하면서 명확히 해야 한다. 자원봉사자의 활동이 배치되는 경우 구체적인 자원봉사 업무에 대한 결정과 언제 어디서 시작할 것인가에 대해 자원봉사자가 확실히 알 수 있도록 설명한다(박태영 외, 2021).

배치가 이루어지지 못하였을 경우 자원봉사자를 거부하는 것은 어려운 일이다. 자원봉사자가 자격조건에 부적합할 경우 다른 기관으로 의뢰하여 자원봉사활동에 참여할 기회를 가질 수 있도록 하며, 면접시간을 길게 끌지 않도록 유의한다. 자원봉사자가 적합하지 않은 자원봉사활동을 고집할 경우 의논을 통해 자원봉사자가 그 업무에 부적합함을 인식시켜 오해가 없도록 하고, 대기명단에 올려놓겠다거나 불확실한 미래를 언급하거나 실망, 분노 등을 표출하는 것 등은 주의해야 한다(박태영 외, 2021).

3. 자원봉사자 선발

1) 선 발

(1) 선발의 정의

선발은 '자원봉사 지원자 중에서 현재의 환경적인 상황들을 고려하여 선발기준에 부합되는 사람을 선택하는 과정'이다. 프로그램에 적합한 자원봉사자를 선발하기 위해서는 효과적인 업무성과를 얻기 위해서 요구되는 자원봉사자의 특성에 관한 내용이 업무분장에 잘 기술되어 있어야 한다. 또한 선발 시에는 자원봉사자의 현재 또는 과거의 직업과 적성, 연령, 성별, 종교, 학력수준 등의 요소가 충분히 고려되어야 한다(신승연, 2004; 김범수 외, 2014, 박태영 외, 2021 재인용).

(2) 선발 후 등록

자원봉사자 선발 이후에는 공식적인 자원봉사시스템에 회원으로 가입하고 등록하는 절차를 거치게 된다. 우리나라의 경우 1365자원봉사포털을 통해 가입하고 상담, 기본교육을 거쳐 자원봉사자로 승인되고 자원봉사등록증을 발급받게 된다. 구체적인 세부내용은 다음과 같다.

업무단계	세부내용
1365 자원봉사포털 가입	1365 자원봉사포털 회원 가입
상 담	개인 자원봉사 희망분야 및 자원봉사 활동과 관련한 상담 실시 * 서식 : 자원봉사자 상담보고서(시스템 입력)
기본교육(사전교육)	자원봉사자의 태도, 자원봉사분야 등 교육
승인/등록	상담 및 기본교육 이수자에 대해 자원봉사자 승인 및 자원봉사 등록증 발급

출처 : 행정안전부(2020c), 박태영 외(2021) 재인용.

한편 자원봉사단체와 수요처 등록도 1365 자원봉사포털을 통해 등록 접수와 서류심사를 거쳐 승인되고 등록증을 발급받는 절차를 거친다. 이 일은 자원봉사자 등록을 위한 사전 업무활동이기 때문에 중요하다. 이와 관련된 자원봉사관리자의 업무단계와 세부내용은 다음과 같다.

① 자원봉사단체 등록 절차

업무단계	세부내용
등록접수	서식에 맞게 작성된 신청서를 접수 * 서식 : 자원봉사단체 등록 신청서
서류심사	신청서(첨부서류 포함)에 대한 검토 및 내용 검증
승인/등록	심사 결과 이상이 없는 단체에 대해 자원봉사단체등록증 발급

출처 : 행정안전부(2020c), 박태영 외(2021) 재인용.

② 수요처 등록

업무단계	세부내용
접 수	서식에 맞게 작성된 신청서 접수 * 서식 : 자원봉사 수요처 등록 신청서
서류심사	신청서(첨부서류 포함) 사항에 대한 검토 및 내용 검증
현장확인	서류심사 결과를 바탕으로 수요처에 대해 현장 실사 확인 * 서식 : 신규수요처 현장 점검 보고서
승인/등록	서류심사 및 현장실시 결과에 따라 수요처 등록 및 등록증 발급 * 서식 : 수요처 등록증

출처 : 행정안전부(2020c), 박태영 외(2021) 재인용.

이때 수요처 등록을 위해서 다음과 같이 등록 시점에서의 확인, 자원봉사자를 통한 확인, 사후 확인을 통해 적합성을 평가하게 된다.

절 차	확인사항
등록 시 확인사항	• 수요처의 운영형태 점검(영리/비영리) • 자원봉사활동에 대한 적합성 평가 • 자원봉사 활동시설 확인 • 자원봉사 담당 인력 확보 현황 → 수요처 등록 시 자원봉사조정자가 방문하여 확인
자원봉사자를 통한 확인	• 자원봉사활동의 적합성 • 영리 목적의 활동인지의 여부 • 수요처의 자원봉사활동 지원 적극성 → 자원봉사활동에 참여한 봉사자들 의견 수렴
사후 확인	• 수요처 및 자원봉사활동의 적합성 평가 → 정기적 방문 확인

출처 : 행정안전부(2020c), 박태영 외(2021) 재인용.

2) 비선발

현장에서 선발이 항상 진행되는 것은 아니다. 기관 내에 그 지원자에게 적합한 업무가 없는 경우, 지원자가 기관의 충족시켜 줄 수 없는 기대를 가지고 있는 경우, 기관과 지원자의 철학이 다른 경우, 지원자가 기관의 요구사항(신분점검, 근무시간, 훈련이수 등)에 동의하지 않은 경우 등은 자원봉사자를 모집한 이후에라도 선발하지 않을 수 있다(McCurley & Lynch, 1996; 신승연, 2004, 박태영 외, 2021 재인용).

이 같은 경우 자원봉사자의 선발 거절은 자동적인 것이며, 관련자에게 말하기 어려울지라도 기관과 지원자 모두에게 최선의 방법이라고 할 수 있다. 자원봉사 지원자는 그들이 선발되거나 되지 않은 이유에 대해 정확히 알아야 할 권리가 있으므로 그것에 대한 설명이 필요하며, 해당 지원자에게 적합한 다른 기관이 있다면 추천하는 것도 필요하다(김범수 외, 2014 : 1194, 박태영 외, 2021 재인용).

CHAPTER 7

자원봉사자 교육 · 훈련과 배치

1. 교 육

1) 교육의 정의

자원봉사자는 배정받은 일정한 업무를 수행하기 위해 지속적으로 교육을 받아야 한다. 교육이란 '어떤 직무 혹은 가치에 대한 개념과 태도 및 소양을 형성하도록 하거나, 나아가 그것을 수행할 지식과 기술능력을 함양하도록 하여 목적하는 바에 따라 교육대상자의 개발을 돕는 것'을 말한다(K. B. Fletcher, 1987, 박태영 외, 2011 재구성).

자원봉사자를 교육하려고 할 때 자원봉사자들의 학력이나 연령, 배경 등이 거의 다르므로 교육계획을 세우는 데는 여러 가지 어려운 점이 있게 마련이다. 그들을 교육시키는 데 있어서 유의해야 할 사항은 일부 자원봉사자들은 그들의 시간을 교육에 투자하는 것을 싫어한다는 점이다. 그러나 한 가지 중요한 점은 미국 『사회복지백과사전』에도 명시되어 있듯이 자원봉사자도 소정의 교육과정을 이수해야 자원봉사자가 될 수 있다. 즉, 교육을 받지 않은 자들은 자원봉사활동 신청자일 뿐이지 자원봉사자는 아니라는 점이다(김영호, 2006, 박태영 외, 2011 재인용).

자원봉사활동에 참여할 수 있는 기회는 모두에게 주어지지만 모두 자원봉사활동에 투입되는 것은 결코 아니다. 자원봉사활동에 필요한 준비가 된 사람만이 참여가 가능하다. 자원봉사활동에 있어 서비스 수혜자에게 어떻게 접근해야 하고, 자원봉사자의 역할이나 자세는 어떠해야 하며, 직원이나 동료 간의 관계 형성, 자원봉사활동에서 지켜야 하는 규칙이나 직무에 필요한 기술 등에 대한 교육이 필요하다.

이러한 자원봉사교육을 실시할 때는 자원봉사자의 학습능력이나 특성을 고려하는 것이 좋다. 이론적 교육에 치중하기보다는 토론, 다양한 교육매체, 체험학습과 같은 다양한 교육방법을 선택하는 것이 바람직하다.

2) 교육의 내용

자원봉사자 교육의 내용은 크게 자원봉사의 본질, 자원봉사기관에 대한 이해, 자원봉사 환경인 지역사회에 대한 이해 등을 포함하고 있다. 이에 대한 세부내용을 구체적으로 살펴보면 다음과 같다(한국중앙자원봉사센터, 2011a 재구성, 박태영 외, 2021 재인용).

<표 7-1> 자원봉사자 교육의 주요 요소별 교육내용

주요 요소	목 적	교육내용
자원봉사자	• 자원봉사의 올바른 이행	자원봉사의 본질 • 가치·연대권·인권보호 • 자원봉사 원칙 : 자발성, 무보수성, 공익성, 지속성 • 사회적 자본 : 정의 및 개념 • 재능나눔·노블레스 오블리주 • 볼런테인먼트·볼런투어 • 핸즈온 네트워크·볼런티어리즘 • CSR : 의의 및 필요성

자원 봉사 기관	• 기관의 파트너가 될 수 있게 함 • 관리체계의 이해로 만족도 증가 • 자원봉사자로서의 소속감	기관이해 • 비전, 설립목적 • 역할, 사업내용 • 기관 내 자원봉사활동 • 자원봉사관리체계 • 자원봉사관리자 및 연락망 • 기관 내 자원봉사자 현황 및 소속 자원봉사단
환경 지역 사회	• 지역사회에 대한 이해를 통해 자원봉사활동 개발을 위한 사회문제 의식을 높임과 동시에, 자원봉사활동의 의미를 인식할 수 있음	• 클라이언트에 대한 이해 • 행정전달체계 • 기관별 서비스 역할에 대한 이해 • 자원봉사 관련 기관
자원 봉사 활동	• 자원봉사의 실천기술 증가로 클라이언트에게 좋은 서비스가 되도록 함 • 자원봉사자의 활동만족도를 높여 지속성을 가져옴	자원봉사활동 • 분야, 내용 • 자세, 규칙(대상자와의 관계, 기관과의 관계 등) • 자원봉사 마음가짐 • 자원봉사 유의사항 자원봉사자의 역할 자원봉사자의 성장 : 기술교육
환경 변화의 이해	• 새로운 자원봉사 개발, 자원봉사자로서의 소속감	지역사회 변화 이해 • 사회문제 이해 • 자원봉사의 시대 환경과 자원봉사, 다문화와 자원봉사 등 • 자원봉사현황

출처 : 한국중앙자원봉사센터(2011a), 박태영 외(2021) 재인용.

3) 자원봉사자 교육훈련의 유형과 방법

자원봉사자 교육의 성공적 요인은 교육 프로그램이다. 욕구조사에 기반하여 어떤 내용을 전달할지를 결정하는 것은 참가자의 높은 만족도, 내용의 높은 전달력 등에 중요하다. 자원봉사자 육성·발굴을 위한 교육은 오리엔테이션, 기본 교육, 전문교육, 보수교육, 지도자 교육으로 구분할 수 있다(행정안전부, 2008b, 2014a; 한국중앙자원봉사센터, 2011a, 박태영 외, 2021 재인용).

<표 7-2> 자원봉사자 교육의 유형별 주요 내용

과정명	주요 내용	
오리엔테이션	교육대상	자원봉사에 관심 있는 일반인, 자원봉사 경험은 있지만 기본 교육을 이수하지 않은 자원봉사자 등
	교육내용	기관의 사업소개, 활동지침, 자원봉사자 혜택, 교육일정 등
	교육방식	프레젠테이션, 영상자료 등 활용
	교육시기	자원봉사단 구성 초기, 자원봉사자 면접 시 동시 진행 등
기본교육	교육대상	신규 자원봉사자를 대상으로 실시(가급적 연령별 구분)
	교육내용	자원봉사의 이해, 자원봉사자 기본 태도 및 소양, 봉사활동 진행 절차 및 주요 내용, 자원봉사활동 프로그램, 유의사항 등
	교육방식	집체교육, 현장방문교육(수요처, 단체)
	교육시기	월 1회 이상, 자원봉사자 배치 전 필요시 수시 진행
전문교육	교육대상	전문 자원봉사활동에 관심 있는 자원봉사자
	교육내용	전문 자원봉사자 육성을 위한 봉사자 역량 강화, 전문 분야 발굴, 자원봉사 리더(지도자) 양성 등
	교육방식	집체교육(외부 전문강사 활용 가능), 위탁교육
	교육시기	연간 최소 4회 이상
보수교육	교육대상	연간 자원봉사 실적 30시간 이상 자원봉사자, 자원봉사단체
	교육내용	1365 자원봉사포털 시스템, 개인정보보호, 신규 자원봉사활동 영역 및 수요처 발굴, 자원봉사 우수사례 확산, 위험사례 공유, 우수 자원봉사지역 견학 및 네트워크 형성 등
	교육방식	집체교육, 방문교육(외부 전문강사 활용 가능)
	교육시기	연간 최소 2회 이상
지도자 교육	교육대상	활동 중인 자원봉사팀(단체)의 지도자(임원진)
	교육내용	자원봉사 리더십, 자원봉사 팀(단체)의 조직관리, 의사소통 및 갈등관리 등
	교육방식	강의, 사례발표, 집단활동 등
	교육시기	연간 최소 1회 이상

출처 : 행정안전부(2008b; 2020c), 한국중앙자원봉사센터(2011a) 재구성, 박태영 외(2021) 재인용.

특히 최근에는 인터넷망을 활용한 사이버 영상교육이 활성화되고 있어 이를 보다 활성화시켜 가려는 노력도 요구된다.

(1) 자원봉사자 오리엔테이션

페이더(Fader, 2010 : 122－123)는 오리엔테이션을 새로운 일을 시작하는 사람들에게 입문을 위한 정보나 훈련이 제공되는 미팅이나 일련의 행사라고 정의했다. 오리엔테이션을 통해 조직의 문화와 운영 실제에 관한 상세한 설명을 공유하는 동안 자원봉사자는 조직에서 환영받고 있다는 것을 느끼게 된다. 매컬리와 린치(McCurley & Lynch, 2011 : 120)는 '오리엔테이션'은 세상에서 방향과 태도를 배우는 과정이고, 단순하게 말하면 오리엔테이션이 없으면 사람은 '길을 잃게' 된다고 하면서, 오리엔테이션의 중요성을 이해하도록 하는 가장 좋은 방법은 이러한 기본적인 정의를 단순히 인식하도록 하는 것이라고 주장하였다(류기형 외, 2020).

오리엔테이션은 자원봉사자들이 조직의 일을 이해하게 하고 그것을 편안하게 느끼도록 하는 과정이다. 이는 자원봉사자들에게 조직에 대한 기초 지식과 실용적인 지식을 제공하고 그 조직의 목적에 어떻게 기여할 수 있는지 이해하도록 한다. 자원봉사자들이 오리엔테이션을 통해 조직의 체계, 운영, 절차를 이해하게 되면, 더 생산적으로 기여할 수 있게 될 것이다(류기형 외, 2020).

① 오리엔테이션의 유형

맥컬리와 린치(McCurley & Lynch, 1996 : 63－64; 2011 : 117－119)는 오리엔테이션 과정 중에 다루어야 할 주제로 대의, 자원봉사자 관리체계, 그리고 자원봉사자들을 위한 사회적 환경 등의 세 가지를 제시하고 있다. 이를 구체적으로 살펴보면 다음과 같다(류기형 외, 2020).

가. 대의 오리엔테이션(cause orientation)

여기에서는 조직의 목적을 자원봉사자들에게 소개하는 것을 포함하며 다음과 같은 내용을 다룬다.

- 문제나 대의 설명
- 클라이언트 그룹 설명
- 조직의 사명과 가치 설명
- 조직의 역사 설명
- 조직의 서비스와 프로그램 설명
- 같은 분야에서 활동하는 다른 그룹들과 이 조직을 구분 짓는 독특한 특성 설명
- 조직의 앞으로의 계획 설명

나. 시스템 오리엔테이션(system orientation)

여기에서는 자원봉사자들에게 자원봉사자 관리체계를 소개하며, 다음에 대한 소개와 토론을 포함한다.

- 조직의 구조와 프로그램, 그리고 자원봉사자들이 이들 프로그램에 기여할 수 있는 점에 대한 예시
- 조직 내에서의 자원봉사자들의 참여체계 : 정책과 절차
- 시설과 장비 소개
- 자원봉사자 규정과 혜택 설명
- 경력기록 규정 소개
- 조직의 활동과 주요 행사일정 설명

다. 사회적 오리엔테이션(social orientation)

오리엔테이션 중 이 부분에서는 자원봉사자들에게 그들이 합류하기를 원하는 사회 공동체를 소개하고, 자원봉사자의 참여가 지속될 수 있도록 개인적인 유대를 형성하게 한다. 여기에는 다음의 사항들이 포함된다.

- 조직의 리더십에 대한 소개(이들은 조직의 사명에 관한 토론 중 일부를 주도하거나 소개하는 것으로 오리엔테이션에 참여할 수 있다)
- 직원들과 현재의 자원봉사자들에 의한 '환영'(주제분야를 소개하는 데에 참여함으로써 혹은 순전히 사회적인 이유로)
- 조직의 문화와 에티켓 설명(복장, 관습 등과 같은 문제들)

오리엔테이션에서 다루어질 내용은 <표 7-3>과 같다(Ilsley & Niemi, 1981).

<표 7-3> 오리엔테이션에서 다루어야 할 내용

구 분	내 용
기관의 기능	• 서비스 대상 • 프로그램 유형 • 활동장소 • 자원과 이용시설
기관의 역사	• 기관의 설립배경 및 추진과정 • 이사회 • 확장률 • 자금제공 과정 • 제공된 수혜자의 수
법규와 규칙	• 조직의 정관이나 운영지침 • 직원, 자원봉사자의 행동강령 • 건강과 안전에 관련된 필요조건 • 보고서 양식

조직구도	• 조직계층 • 자원봉사활동 프로그램의 성격 • 의사소통 채널 • 자원봉사활동 프로그램의 상태
이득과 인센티브	• 자원봉사자에게 주는 특권 • 사회와 승인기능 • 보상에 관한 정책(운임수당, 탁아비, 수업) • 훈련 프로그램
자원봉사자의 반응	• 자원봉사자의 관심과 불안 • 자원봉사자에 의해 제기되는 부가적인 점 • 유급직원과의 일반적인 토론

출처 : 류기형 · 남미애 · 박경일 · 홍봉선 · 강대선 · 배의식(2021).

4) 훈 련

자원봉사의 훈련은 사전훈련, 초기훈련, 현직훈련, 정기적인 점검과 피드백 그리고 기능전환훈련으로 구성된다(현외성, 2004 : 106-110).

(1) 사전훈련

오리엔테이션 후 자원봉사자들이 활동을 행하기 전에 활동에 필요한 지식, 기술을 습득하고 자원봉사활동 과정에서의 의사소통 방법을 알려주며 자원봉사활동 참여를 격려할 목적으로 실시하는 연수훈련이다. 훈련내용은 자원봉사자의 욕구 및 특성, 기관에서 필요한 업무, 자원봉사자 경험 정도에 따라 다양하게 구성된다.

(2) 초기훈련

이는 자원봉사자가 활동에 앞서 훈련을 받았다고 하더라도 직접 활동을 시작할 때에는 아직 미숙한 점이 많다. 그러므로 많은 지원이 필요한데 이에 대한 교육 단계이다.

(3) 현직훈련

현직훈련은 현재 활동 중인 자원봉사자들의 정보교류, 자원봉사의 전문성 제고, 자원봉사자 간의 상호 유대관계 강화, 자원봉사활동의 애로와 문제점 해결과 지지, 소속감 강화에 목적을 두고 실시되는데, 자원봉사자의 활동이 진행되는 중에 지식, 기술, 태도를 강화하고 새로운 기술, 지식, 태도를 소개함으로써 자원봉사자의 기술을 향상시키고, 매너리즘에 빠지지 않도록 하여 자원봉사자가 활동의 계속성과 서비스의 질의 고양에 이바지하는 훈련으로 일정한 주기의 정기적 교육이 바람직하다.

(4) 정기적인 점검과 피드백

자원봉사활동의 전 과정을 정기적으로 점검하고 이에 대한 피드백을 자원봉사활동에 반영하는 것 또한 중요하다. 정기적인 점검은 자원봉사자에게 가장 필요한 훈련의 종류를 결정하는 데 도움을 줄 수 있다. 또한 이러한 점검을 통해 나타난 새로운 제안과 피드백을 실천에 옮기는 것이 무엇보다도 중요하다. 환류는 사전훈련에서부터 기능전환훈련에 이르는 전 훈련과정에서 모두 적용된다.

(5) 기능전환훈련

자원봉사자가 현재 하고 있는 봉사를 계속하거나 새로운 일을 맡게 될 때 유의해야 할 점은 보다 중요한 책임을 지는 수준으로 전환되어야 한다는 것이다.

자원봉사자가 새로운 직무로 옮겨가는 경우 새로운 지식과 기술을 습득할 요인이 발생한다. 그러므로 새로운 과업을 추진할 수 있도록 준비시켜야 한다. 교육과 훈련 방법으로는 강의식 교육, 워크숍, 가상 연습 및 역할극 등으로 새로운 과제를 잘 수행할 수 있도록 지원해야 한다.

자원봉사자 교육 및 훈련을 할 때 특히 강조해야 할 점은, 자원봉사자는 자원봉사활동을 하는 동안 동기유발과 자기계발을 위해 계속적으로 교육과 훈련을 받아야 한다는 사실을 인식하는 것이다.

5) 교육과정

자원봉사자 교육의 과정은 교육계획 수립, 사전준비, 교육 실행, 교육 평가의 단계를 거친다. 이를 구체적으로 살펴보면 다음과 같다(박태영 외, 2021).

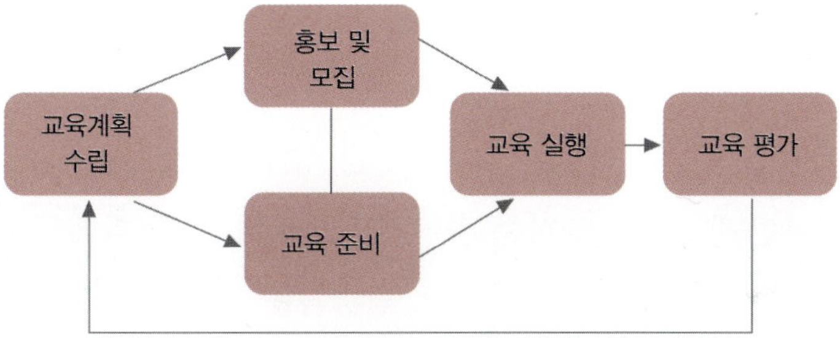

[그림 7-1] 자원봉사자 교육과정

출처 : 행정안전부(2008b), 박태영 외(2021) 재인용.

(1) 교육계획 수립

교육계획 수립은 왜, 누구를 위해, 무엇을, 어떻게 전달할 것인가를 결정하는 과정이다. 교육계획에 실제로 교육이 진행되는 과정에서 발생하는 예측 불가능하고 상호작용적인 모든 요소들을 다 포함하기는 어렵지만 목표를 달성하기 위해서 어떠한 내용을 어떻게 조직하는가를 결정하는 것이다(볼런티어21, 2004b, 박태영 외, 2021 재인용).

(2) 사전준비

① 홍보 및 모집

교육은 목표로 한 참가대상자들에게 관련 내용을 효과적으로 전달할 수 있는 수단을 선택하는 것이 필수적이다. 예를 들어, 교육대상이 지역사회 기관 및 단체의 직원들이라면 우편발송이나 팩스, 이메일 등을 이용하여 교육훈련이 실시된다는 것과 장소, 내용, 필요성 등을 전달하는 것이 좋다. 이와 달리 지역주민 혹은 자원봉사자들을 대상으로 한 교육이라면 지역신문이나 라디오, TV, 포스터 등의 홍보매체를 선택하는 것이 좋고 보다 적극적으로 자원봉사자들의 모임, 반상회와 같은 주민모임에 직접 참여하여 홍보하는 것이 효과적이다(볼런티어21, 2004 재구성, 박태영 외, 2021 재인용).

단, 참가자를 모집할 때에는 교육내용과 형태, 교육효과 등을 고려하여 적정한 참가인원을 미리 정하는 것이 바람직하며, 모든 형태의 모집 안내문에는 반드시 신청기간과 신청방법, 담당자를 눈에 띄게 명시해야 한다(박태영 외, 2011).

② 교육준비

다양한 사항들 중 장소 섭외는 교육인원을 수용할 수 있고 접근성이 높으며 진행형태에 맞는 장소로서 예산을 고려하여 선정해야 하며, 교육교재를 제작하고 교육에 사용할 기자재 등도 미리 대여해 두거나 확보해 두어야 한다. 그리고 참가신청자들과 강사들에게 교육이 시작된다는 사실을 상기시켜 주기 위해 교육이 실시되기 2~3주 전에 안내문을 보내는 것이 좋으며 교육이 시작되는 2~3일 전, 혹은 당일 참가 여부에 변동이 없는지도 점검해야 한다(박태영 외, 2021).

강사를 섭외할 경우 강의내용을 충분히 파악하고 교육목표를 전달하며 참가자들의 눈높이에 맞게 전달할 수 있는 적합한 강사를 섭외하는 것이 중요하다. 그리고 첫 번째로 섭외를 요청한 강사가 거절할 경우를 대비해 예비강사 리스트를 만들어 두는 것도 필요하다. 명확한 강의의뢰서를 보내고 또한 강사가 사용하고자 하는 교육기자재도 미리 확인해 두어야 한다(볼런티어21, 2004b, 박태영 외, 2011 재구성).

외부강사를 섭외할 경우는 공문이나 강의 의뢰를 통해 공식적으로 수락 요청을 부탁하는 것이 좋다. 공식적인 섭외과정을 통하며 강의 준비의 책임감을 더해주게 되며, 강의에 필요한 내용을 구두로 전할 경우에는 전달의 비정확성으로 교육준비가 효과적이지 않을 수 있다. 이때 강의의뢰서를 통해 강사에게 공지할 내용을 명확히 해야 하며, 그 외에 강사가 질문할 수 있도록 채널을 제공해야 한다. 또한 참가자가 확정된 후에는 강의에 필요한 참가자의 현황에 대해 조사하여 강사에게 전달하는 것이 좋다. 대상자에 대해 자세히 알수록 강사의 전달내용의 구체성이 높아지기 때문이다(대구광역시자원봉사센터, 2012, 박태영 외, 2021 재인용).

특히 자원봉사 교육강사는 단순히 지식이나 정보의 전달자가 아니라 자원봉사교육을 통해 달성하고자 하는 목표에 따라 다양한 기술이나 방법을 활용하여 교육을 수행함으로써 당초 계획한 목표를 달성하는 역할을 수행한다. 따라서 자원봉사 교육강사의 역량에 따라 교육의 성과는 달라질 수 있으므로 교육강사는 충분한 노력과 훈련이 필요하다는 점을 명심해야 한다(대구광역시자원봉사센터, 2013, 박태영 외, 2021 재인용).

<표 7-4> 자원봉사 강사 유형 및 특성

강사 유형		특 성
내부 강사	교육기관 기관장	• 센터 소속감 증진, 동기부여, 인정보상에 효과적임 • 직접 교육이 아니더라도, 교육 시 인사말로 대체하기도 함
	교육기관 자원봉사관리자	• 신규 자원봉사자의 경우 자원봉사기관에 대한 이해가 필수적임 • 경력 있는 자원봉사자의 경우 갈등상담, 태도개선 등에 대해 자원봉사관리자가 상황을 잘 이해하는 장점이 있으나 자체 해결이 어려운 경우는 외부강사가 유리할 수 있음
외부 강사	관련 학과 교수	• 전문지식의 전달에 효과적임
	수요처 관계자	• 활동배치 전, 한 분야에서 활동하는 자원봉사자로 구성되어 클라이언트에 대한 구체적 이해를 돕는 데 효과적임
	행정기관 관계자	• 자원봉사지원 관련정책 소개 등으로 신규 자원봉사자, 기존 자원봉사자에 상관없이 정보 제공의 공식성이 높음
	경험 있는 자원봉사 리더	• 자원봉사리더의 활동경험 등을 통해서 자원봉사자들이 쉽게 이해하고, 유사한 경험을 통해 집단 동질성이 높아짐 • 현장중심적인 기술전달에 효과적일 수 있음
	특별강사	• 전문기술 교육에는 그 분야의 전문가로 구성하되, 자원봉사의 개념에 대한 이해는 내부강사와 접목하면 효과가 높아질 수 있음

출처 : 한국중앙자원봉사센터(2011a) 재구성, 박태영 외(2021) 재인용.

(3) 교육 실행

① 교육장소 및 준비물 점검

교육장은 반드시 답사하여 조명상태와 책상 및 의자 수, 전기코드의 위치 등을 점검하고 자리배열은 참가자 서로가 쉽게 의사소통을 할 수 있도록 하며, 시청각 자료를 보기 쉽게 배치한다. 화이트보드와 마커 펜, 차트 등의 준비상황을 다시 점검하고 교육주최기관의 팸플릿, 소식지 등의 홍보물을 눈에 띄게 정리 배열한다. 또한 유인물과 이름표 등을 나누어 줄 수 있는 접수대를 마련하고 간단한 다과를 놓을 테이블도 준비한다. 그리고 강사의 위치 및 음향시설을 점검해 보고 강사가 사용할 기자재를 설치하여 시험 작동해 보는 것도 잊지 말아야 할 사항이다(박태영 외, 2011; 볼런티어21, 2004b).

② 접수 및 교육 진행

교육을 시작할 때는 환영하는 인사말을 나누어 참가자들이 편안하게 느끼도록 하고 교육교재와 이름표, 기타 유인물을 교부한다. 이와 함께 교육장 내의 화장실, 다과, 주차장 사용 등에 대한 정보를 사전에 확인하여 이에 대한 정보를 제공하며 좌석을 안내하는 등 세심한 배려를 한다(박태영 외, 2011; 볼런티어21, 2004b).

교육진행의 경우 자원봉사조정자가 가장 놓치기 쉬운 부분 중의 하나인데, 전체 교육을 기획하고 준비해 온 담당자로서 교육진행에서의 역할은 그 어느 때보다 크다고 할 수 있다. 교육에 앞서 참가자들의 분위기를 환기하고 강의를 시작할 수 있는 분위기를 잘 만들어 강사를 소개하며, 교육생의 반응을 적절히 강사에게 피드백하는 등 교육에 계속 참여하여 적극적인 역할을 수행해야 한다. 때로는 강의시간을 조정하고 강조해야 할 부분을 강사에게 제안할 필요도 있으며 워크숍을 진행할 때에는 보조강사로서의 역할도 필요하다. 이처럼 교육진행자의 역할에 충실했을 때 교육은 그 목표에 더욱 근접하게 진행될 수 있으며, 이후 평가과정에서도 객관적이고 질적인 평가를 가능하게 한다(볼런티어21, 2004b, 박태영 외, 2021 재인용).

(4) 교육 평가

계획된 교육과정을 모두 마치면 교육 평가가 필요한데, 평가의 목적은 교육의 목표가 얼마나 달성되었는가를 점검하고, 이를 토대로 향후 이루어질 교육훈련의 질적 향상을 도모하는 데 있다(볼런티어21, 2004, 박태영 외,

2021 재인용).

평가방법으로는 교육과정 평가서와 자유토론 등으로 참가자들의 반응과 의견을 수립할 수 있으며, 평가내용으로는 교육목표 달성도, 교육내용에 대한 참가자들의 이해 정도, 교육방법 및 진행, 교육환경, 참가자 자기평가, 향후 교육의견 등이 포함된다. 그리고 평가시기는 교육에 따라 강의별 또는 전체 과정 종료 후 실시할 수 있다(행정안전부, 2008b 재구성, 박태영 외, 2021 재인용). 이렇게 평가된 내용은 향후 교육계획에 반영하도록 노력한다.

2. 자원봉사자의 활동 배치

자원봉사자를 모집, 교육, 훈련한 다음에는 자원봉사자들의 기대, 능력, 기관의 욕구를 고려하여 적절한 업무에 배정하는 것이 필요하다. 배치가 중요한 이유는, 자원봉사자는 기관으로부터 보호받아야 할 뿐 아니라, 기관과 자원봉사자의 욕구가 적절히 고려될 때 최상의 서비스가 행해질 수 있기 때문이다(Wilson, 1976 : 122).

1) 배치의 정의

자원봉사자 배치는 '면접을 통해 파악한 정보를 근거로 수요처나 자원봉사센터의 구체적인 자원봉사활동 분야와 조화롭게 연결하는 과정'으로서, 자원봉사자의 의사, 적성, 자격, 능력 등 개인적인 특성과 욕구에 따라 가장 적합한 자원봉사활동을 찾아 적재적소에 배치함으로써 완성도 높은 자원봉사활동이 가능하게 된다(행정안전부, 2008b, 박태영 외, 2021 재인용).

특히 신규 자원봉사자를 배치할 때는 가능하면 기존에 활동하고 있는 자원봉사자와 함께하는 자리를 만들어 공감대를 형성할 수 있는 기회를 만들고, 활동에 대한 다양한 정보를 얻을 수 있도록 한다. 그렇지만 배치가 잘못되면 기관으로부터 보호를 받아야 할 자원봉사자가 심적 고통을 받을 뿐 아니라 자원봉사조정자나 자원봉사자의 사기가 저하되어 바람직한 서비스 제공이 어렵게 되고 자원봉사자들에 의한 기관의 평판도 나빠지게 되므로 지역사회에서의 입지도 낮아진다(박태영 외, 2011).

2) 배치 고려사항

자원봉사자 배치 시 고려사항으로는 다음의 몇 가지를 살펴볼 수 있다(박태영 외, 2011).

첫째, 자원봉사 수요기관의 조건으로서 자원봉사자를 필요로 하는 기관에서 요구하는 업무내용과 조건, 기관에 대한 기본적인 이해, 이전 또는 기존의 자원봉사자 활동현황들을 고려해야 한다.

둘째, 자원봉사활동 집단 또는 조직에 대한 조건으로서 자원봉사자들이 개별로 활동하는 것이 아니라 팀으로 활동할 경우 활동을 함께 할 집단이나 조직에 대한 충분한 정보를 제공하여야 한다. 따라서 집단이나 조직의 주요 활동, 구성원의 속성, 정기모임, 가입방법 등에 대한 정보를 알아야 한다.

셋째, 자원봉사자의 조건으로서 자원봉사자가 희망하는 활동내용은 물론 희망시간대, 자원봉사자의 속성 · 의식 등을 고려해야 한다. 또한 배치에 있어서는 무엇보다도 먼저 고용조건에 대한 합의와 함께 업무내용을 명확히 제시한 직무지침에 대한 설명을 해야 한다. 직무지침은 자원봉사자가 수행할 업무의 책임, 업무를 수행할 자원봉사자의 자격조건, 감독과 책임의 체계, 그리고 업무의 업적을 평가하는 방법, 활동 기간과 시간에 대한 설명이 포함되어 있어야 한다. 좋은 지침은 자원봉사자의 각 업무에 있어서 자원봉사자와 유급직원과의 최선의 관계를 유지하는 방법과 어떻게 서로의 기대감에 의해 발생되는 혼란을 피하고 조직의 목표 달성에 기여할 수 있는가를 분명하게 밝힌다(유성호 역, 1998 : 48-49).

선발 및 배치기준을 확정하기 위한 행동지침을 열거하면 다음과 같다(조휘일, 1998 : 371-372).

- 자원봉사자는 유급직원을 대치하는 역할을 담당해서는 안 된다.
- 자원봉사자들은 그들이 가진 기술, 능력 및 욕구를 적절히 반영할 수 있는 역할에 배정되어야 하며 차별대우가 없어야 한다.
- 자원봉사자들은 그들의 능력과 그들에게 요청되는 일을 수행하겠다는 의욕에 따라서 업무가 배정되어야 한다.
- 자원봉사자들은 기관에 대해서 동정심과 헌신적인 마음을 줄 수 있을 정도로 충분히 도전적이고 자원봉사자에게 성장의 계기를 마련할 수 있는 업무들이 제공되어야 한다.
- 자원봉사자의 선발에 있어서 클라이언트는 물론 기관에 대해서도 책임성을 강조해야 한다.
- 자원봉사자의 업무 배정은 초기 접촉 후에 최소한 시간 내에서 이루어져야 한다.
- 자원봉사자가 특정 업무에 배정되기를 원한다 할지라도 그 업무의 수행에 적합하지 않은 자원봉사자일 경우에는 수용되지 않아야 하며, 이때 자원봉사관리자는 다른 기회를 찾아보도록 권유해야 한다.
- 잠정적인 자원봉사자들은 장기간의 봉사를 약속받기 전에 견습을 위한 대리의 기회를 가져야 한다.

- 상호 협정에 의해 체결된 계약은 자원봉사자의 욕구보다 능력에 맞게 조정되어야 한다.
- 자원봉사자의 특수하고 독특한 기술, 경험, 그리고 재능을 충족시키기 위해서 필요하다면 이들의 업무가 새로이 창조되어야 한다.
- 자원봉사자들이 자원봉사자 교육 및 훈련기관에 의해 의뢰된 경우에는 의뢰받은 기관들 또는 부서는 최소한 다음의 요구사항들을 준비하고 자원봉사자들을 수용해야 한다.
  - 의뢰된 자원봉사자를 수용하는 기관 및 부서는 자원봉사자 서비스를 최대한 잘 활용할 것에 동의한다.
  - 서면으로 작성된 업무분장을 준비해야 한다.
  - 자원봉사자들을 지도감독할 직원을 배정한다.
  - 자원봉사자들에 대한 오리엔테이션과 훈련을 제공해야 한다.
- 자원봉사자들은 반드시 기관에 배속되어야 하며 개인에게 의뢰해서는 안 된다.

3) 배치과정

배치과정은 자원봉사자가 처음 활동을 시작하기 전에 한 번만 실시되는 것이 아니라 활동을 하면서 자원봉사자와 활동기관의 욕구에 따라 활동분야가 조정될 수 있는데, 이러한 재배치과정은 활동의 지속성과 만족도를 높이기 위해서 필요하다(대구광역시자원봉사센터, 2011). 배치과정을 배치상황 발생, 배치하기, 후속관리의 단계로 살펴보면 다음과 같다(행정안전부, 2008b, 박태영 외, 2021 재인용).

(1) 배치상황 발생

배치상황이 발생하여 자원봉사자의 욕구와 기관의 욕구가 맞을 경우에는 자원봉사활동 개시일자 및 활동수칙, 유의사항 등에 대한 안내를 하고, 자원봉사자의 욕구와 기관의 욕구가 맞지 않을 경우에는 정중하게 적절한 활동이 없음에 대해 양해를 구하거나 다른 활동을 제안한다.

자원봉사자로 등록하였지만 적절한 봉사활동처를 찾지 못하거나 결정하지 못할 경우, 활동대기 봉사자로 분류하여 희망활동 분야, 활동 가능 일시 등의 기초정보를 상시 열람할 수 있도록 목록화하고 활동처에서 봉사자 요청이 있을 경우 쉽게 정보를 찾을 수 있게 한다. 또한 그 자원봉사자에게 맞는 적당한 활동이 있을 때 자원봉사관리자가 연락한다(대구광역시자원봉사센터, 2011).

(2) 배치하기

배치하기 단계에서는 자원봉사활동 자료(홍보물, 자원봉사수첩 등)를 제공하고, 해당 자원봉사 활동처(또는 해당 자원봉사 프로그램 담당자)에 결과를 통보한다. 배치 이후에는 자원봉사자 명단을 등록·갱신하고 필요할 경우 2차 면접 또는 오리엔테이션 일정을 약속한다.

실제 자원봉사자 배치는 면접을 통해 이루어지며, 가능한 한 자원봉사관리자와 해당 부서 담당자와의 1:1 면접을 통해 충분히 의견을 교환한 다음 이루어지는 것을 원칙으로 한다. 자원봉사관리자는 자원봉사자의 자원봉사활동에 대한 기대와 목표, 참여동기에 따라 가능한 한 가장 적합한 자원봉사활동처 및 업무를 소개하도록 노력해야 한다. 기술과 재능, 잠재력을 소유한 자원봉사자가 자신이 희망하는 업무를 찾을 수 없을 때 자원봉사관리자는 무리하게 배치하려고 하기보다는 오히려 다른 기관이나 단체에 의뢰하는 것이 바람직하다(박태영 외, 2021).

배치 시 1명보다는 2명 이상 짝을 지어 배치하는 것이 참여자들의 연대감을 높일 수 있으며, 이를 통해 보다 오랜 기간 동안 활동을 지속시킬 수 있다. 이미 배치되어 활동 중인 자원봉사자를 소개하여 활동에 필요한 기술을 익힐 수 있는 장을 만들고, 공감대가 형성되도록 지원하는 것도 도움이 된다. 물론 혼자서 하는 업무를 원하는 지원자의 경우에는 그 욕구를 최대한 존중한다(박태영 외, 2021).

신규 자원봉사자를 배치할 때는 가능하면 기존에 배치되어 활동하고 있는 자원봉사자와 함께하는 자리를 만들어 활동에 대한 다양한 정보를 얻을 수 있도록 한다. 이것은 또한 기존 자원봉사자들과의 공감대를 형성할 수 있는 기회가 되기도 한다(한국중앙자원봉사센터, 2012, 박태영 외, 2021 재인용).

(3) 후속관리

후속관리 단계에서는 면접과정에서 안내된 대로 활동이 진행되고 있는지 활동 여부를 점검해야 한다. 그리고 재배치도 필요한데 재배치를 하게 될 경우는 배치된 자원봉사자가 활동을 시작하지 않는 경우나 활동 중인 자원봉사자가 활동처(또는 자원봉사 프로그램)를 바꾸고 싶어 할 경우, 자원봉사자가 활동을 종료하는 경우 등이다(박태영 외, 2021).

재배치의 방법으로는 현재 배치되어 있는 직무를 검토하여 문제의 초점을 명백히 하기 위한 방법으로 재교육 훈련이 있다.

환경을 개선하여 활동기관과의 갈등, 동료 자원봉사자와 갈등의 근본적인 원인을 찾기 위한 방법도 있을 수 있다.

배치전환도 하나의 방법으로 업무의 내용이나 활동기관을 변경하는 방법이다. 이때 직무의 내용, 직무 간의 공통성과 연관성을 고려하여 자원봉사자가 납득할 수 있도록 해야 한다. 아울러 배치전환으로 다른 사람에게 미치게 될 영향도 충분히 고려하여 실시하는 것이 중요하다(박태영 외, 2021).

마지막으로 활동의 중단은 자원봉사활동 전에 업무설명서나 자원봉사활동 규칙 등에서 자원봉사자와 공유된 활동 중단 사유에 해당될 때 이루어지게 된다(대구광역시자원봉사센터, 2011).

CHAPTER 8

자원봉사자 지도감독과 활동관리

1. 자원봉사자에 대한 지도감독

1) 자원봉사자 지도감독의 개념

지도감독(supervision)은 사회복지영역에서 대부분 의미 그대로 슈퍼비전이라는 용어로 사용되고 있다. 지도감독이라고 표현했을 경우 그 용어가 주는 부담감과 경직성이 그만큼 크기 때문이다. 따라서 본 서에서는 자원봉사자 지도감독이라는 표현을 슈퍼비전이라는 용어와 병행해서 사용하고자 한다.

일반적으로 지도감독의 개념은 관리자 또는 상급자가 가지고 있는 경험과 지식을 신규, 하급 직원에게 업무의 향상을 위해 실행하는 다양한 관리활동이라 말할 수 있다. 지도감독은 사회복지실천 분야에서 가장 많이 활용되는 행정적, 교육적, 지지적 측면의 목적과 효과를 가진다. 이는 자원봉사자에 대한 지도감독의 경우에도 마찬가지이다(남기철, 2022).

자원봉사자에 대한 슈퍼비전은 단순히 지시를 내리고 감시하는 일이 아니라 자원봉사자가 그 기관에서 담당한 역할을 잘 수행할 수 있도록 돕는다는 의미에서 매우 중요하다. 또 자원봉사자에 대한 적절한 지도감독은 자원봉사활동의 정보와 피드백(feedback) 및 필요한 도움을 제공하고 효과적인 활동 관리체계를 수립하여 활동관리의 효율성을 높이는 일이기도 하다. 이를 위해서는 자원봉사자에게 지속적인 슈퍼비전을 제공할 수 있는 체계를 갖추는 것이 바람직하다(김범수 · 이기백, 2021).

2) 자원봉사자 지도감독의 필요성 및 방법

자원봉사자에 대한 지속적이고 체계적인 슈퍼비전을 위해서는 다음과 같은 요소들이 필요하다(김범수 외, 2021). 첫째, 자원봉사자는 자원봉사관리자를 규칙적으로 만나 보고하고 이야기할 수 있어야 한다는 것이다. 이는 자원봉사자들로 하여금 자신의 업무가 자원봉사관리자가 시간을 내어 주의를 기울일 정도로 중요하다는 것을 느낄 수 있게 하며, 어려운 일에 처했을 때 자원봉사관리자를 찾아오게 한다.

둘째, 자원봉사자가 기관의 일을 하면서 동등한 위치를 갖고 있다고 느끼게 하는 것이다. 이는 의사결정 및 조직의 일상적인 활동에의 참여를 허락하고, 직원이 누리는 혜택을 동등하게 갖게 하며, 개방되고, 자유로운 대화를 보장하는 것이다.

셋째, 자원봉사활동의 진행 과정을 점검하는 것이다. 이는 자원봉사자가 목표를 향해서 전진하고 있다는 것을 확실히 할 수 있다는 점에서 중요하다. 정기적인 진행보고서는 결과에 대해 기관이 진지하다는 것을 자원봉사자에게 보여줄 수 있고, 허드렛일 등의 업무를 등한시하거나 업무를 미루는 것을 피할 수 있게 해준다. 더 나아가 관리자로 하여금 아직 잘못을 바로잡을 수 있는 기회가 있을 때 문제를 발견하게 해준다.

넷째, 자원봉사자가 업무를 하고 싶어 하도록 업무에 대해 통제감을 느낄 수 있게끔 그들의 역량을 강화하는 기술이 필요하다. 자원봉사자의 역량을 강화한다는 것은 자원봉사 업무수행 시 제한된 범위 내에서 결정할 수 있는 권한을 그들에게 줌으로써 더 자발적이고 독립적인 행동을 할 수 있도록 하는 것을 말한다.

지도감독을 수행하는 슈퍼바이저(supervisor)의 역할은 자원봉사관리자에 의해 이루어지는 경우가 많다. 하지만 이 외에도 자원봉사관리자의 상급자인 직원(경영자), 수요처의 실무담당 직원, 경험이 많은 동료 자원봉사자 등에 의해서 이루어질 수 있다. 중요한 것은 실질적으로 이루어지는 자원봉사활동에 대한 지도감독의 책임이 누구인지를 명확하게 하는 것이다.

앞에서 언급한 것처럼 자원봉사자가 다른 자원봉사자에게 슈퍼비전을 제공하는 사례도 있다. 즉, 최소한 3년 이상 자원봉사 경험이 있는 선배 자원봉사자가 후배 자원봉사자를 위해 슈퍼비전을 제공하는 것이다. 이러한 리더십 역할을 새롭게 만들어 냄으로써 자원봉사 경험이 믿을 만하고 가치 있는 일이라는 것을 보여줄 수 있다. 이러한 역할을 만들기 전에 동료 자원봉사자 슈퍼비전에 대한 기대와 그 절차를 구체적으로 정리한 직무설계서와 지침서가 만들어져야 할 것이다.

한편 자원봉사자를 지도감독하는 직원은 자원봉사자에게 특수한 상황이 발생하는 일에 대해 유연하게 대처해야 한다. 즉, 자원봉사를 신청하고 다른 일정으로 부득이하게 참여하지 못하거나 약속한 시간을 끝까지 지키지 못하는 경우를 말한다. 직원에게는 자신의 업무가 우선이지만 자원봉사자에게는 자원봉사 역할이 그들의 다양한 생활 중의 일부이므로 우선순위에서 밀릴 수 있기 때문이다.

리와 카타그누스(Lee & Catagnus, 1999)는 자원봉사 슈퍼비전의 원칙을 다음과 같이 다섯 가지로 제시하고 있다(류기형 외, 2018 재인용).

① 자원봉사자는 실질적인 스태프이다.

② 자원봉사자는 공짜(free)가 아니다.
③ 슈퍼비전은 관계를 형성하고 유지하는 것에 관한 것이다.
④ 슈퍼바이저의 기능은 공유될 수 있다.
⑤ 슈퍼비전은 자원봉사 프로그램 관리의 다른 측면들과 분리될 수 없다.

또 코너스(Connors, 1995)는 자원봉사자 슈퍼비전을 위해 다음과 같은 열 가지 지침을 제안하였다(류기형 외, 2018 재인용).

① 과업과 역할이 무엇을 수반하는지 그리고 왜 그것이 중요한지에 관해 자원봉사자가 확실히 이해하도록 하라.
② 긍정적이고 정확한 피드백을 제공하라.
③ 직접적으로 과업과 관련하여 계획과 의사결정에 자원봉사자를 참여시켜라.
④ 직원, 자원봉사자, 클라이언트와 파트너십적인 환경을 만들어라.
⑤ 자원봉사자가 권위를 갖도록 하고, 궁극적으로 책임을 지도록 해서는 안 된다.
⑥ 자원봉사자의 투입에 가치를 두고 귀 기울여라.
⑦ 주저하거나 이중적이지 않게 접근하라
⑧ 해결을 위한 문제와 계획을 기대하라.
⑨ 성취한 것을 인정하고 감사하라.
⑩ 자원봉사자의 시간을 결코 낭비하지 마라.

2. 자원봉사 중도탈락과 대응

1) 자원봉사자 슈퍼비전에서의 주의사항

(1) 자원봉사자는 중요한 직원과 같다는 것을 인식하여야 한다

자원봉사자는 무급으로 활동하고 있지만 대부분 사회복지 조직이나 단체에서 중요한 인력이다. 자원봉사자도 유급 직원과 마찬가지로 생산적으로 일을 훌륭히 해내며 일을 통해 성장하는 계기가 주어져야 한다.

(2) 자원봉사자는 무상으로 주어지는 것이 아니다

자원봉사자에게 보수를 지급하지는 않지만 기관이나 조직에서는 자원봉사자가 생산적이고 효과적으로 일할 수 있도록 지원을 해야 한다. 자원봉사자 모집, 면접과 배치, 교육과 훈련, 그리고 인정에는 실제로 비용이 들어간다. 또한 직원이 자원봉사자에게 시간을 많이 할애하여야 한다는 것을 기관 차원에서 이해하고 이를 위해 미리 계획해 두어야 한다.

(3) 슈퍼비전은 관계를 맺고 유지하는 일이다

지도감독자는 자신이 지도감독하는 모든 자원봉사자들과 관계를 잘 맺고 유지해야 하는 책임이 있다. 훈련, 코칭 또는 피드백을 주면서 관계를 맺게 되지만 관계의 본질은 두 사람 간의 일대일 관계이다. 같이 일하는 상황에서의 좋은 관계란 상호 신뢰, 존중, 그리고 각자의 능력과 전문성에 대한 상호 인정을 말한다.

(4) 슈퍼비전은 자원봉사 프로그램 운영과 깊은 관련성이 있다

슈퍼비전은 직무설계, 면접, 훈련과 배치, 평가 그리고 인정과 구별되면서도 아주 밀접하게 연결되어 있다. 자원봉사 영역에서의 슈퍼비전이란 자원봉사자가 봉사활동에 참여하면서 다양하게 직면하는 문제들을 대화나 조언을 통해서 풀어주는 과정을 말한다. 따라서 자원봉사자가 다양한 프로그램에 참여할 수 있는 기회를 제공한다는 의미에서 매우 중요하다(김범수 외, 2021).

2) 자원봉사 중도탈락에 대한 대응

자원봉사활동을 중단하도록 통보하는 해고는 자원봉사자에게 가장 극단적인 방법이다. 따라서 해고 이전에 다음과 같은 교정의 대안을 모색해 보아야 한다(Jackson, Locke, Hogg & Lynch, 2019).

① **자원봉사자에 대한 지도감독의 재강화**(resupervise) : 자원봉사자의 잘못된 실천이 작은 규정이나 절차의 위반 등일 경우 이를 준수하도록 다시 한번 강조하는 것이 필요할 수 있다. 특히 청소년 자원봉사자의 경우 절차나 규정 위반이 자주 발생하는 문제이다.

② **자원봉사자에 대한 역할 재할당**(reassign) : 특정 활동 대상자와 자원봉사자가 잘 맞지 않거나 업무에 잘 적응하지 못하는 경우 활동 대상자를 바꾸어 할당하거나 직무배치를 새로 할 수 있다.

③ **자원봉사자에 대한 재교육**(retrain) : 무지나 정보 부족으로 인해 부적절한 실천이 나타났을 경우 다시 한번 교육과 훈련을 실행할 필요가 있다.

④ **자원봉사자에 대한 재동기화**(revitalize) : 의욕의 상실이나 반복 활동에서의 지루함 등으로 소진(burnout)이 나타나고 활동에 지장을 가져오는 경우 휴식기간을 설정하거나 여타의 방법으로 동기화를 다시 이루어야 한다.

⑤ **자원봉사자를 다른 기관으로 의뢰**(refer) : 이 기관에서의 활동이 적절치 않다고 판단될 경우 해당 자원봉사자의 능력과 욕구가 더 잘 반영될 수 있는 다른 기관으로 의뢰를 고려한다.

⑥ **자원봉사자를 명예로운 방식으로 은퇴시킴**(retire) : 다른 대안을 도저히 실행할 수 없는 상황이라면 가급적 자원봉사자를 죄의식 없이 명예롭고 공식적인 방법으로 은퇴시킬 수 있도록 한다.

자원봉사자의 활동을 중단 또는 종결시키는 일은 즐거운 일은 아니지만 문제행동을 하는 자원봉사자는 문제행동을 하는 직원과 마찬가지로 생산적으로 일하려는 다른 자원봉사자의 노력에 찬물을 끼얹는 결과를 초래할 수 있으므로 문제되는 자원봉사자에게는 반드시 조치를 취해야 한다(볼런티어21, 2004).

3. 갈등관리 및 위험관리

1) 갈등관리의 개념

(1) 갈등의 정의 및 관점

갈등(conflict)은 두 사람 이상의 사이에서 목적과 방법, 가치와 욕구가 서로 대립된 혹은 반대인 것처럼 보이는 상황으로서 경쟁과 권위에 따른 다양성과 민감성, 그리고 아이디어, 욕망, 필요사항 등의 불일치에서 비롯된 상호작용 과정이라고 정의할 수 있다(이성록, 2003).

조직관리 측면에서 스투너(Stooner, 1978)는 갈등을 최소자원이나 작업활동을 배분하게 될 때나 목표, 가치, 인지 등의 차이가 존재할 때, 둘 이상의 개인 간이나 집단 내에서 일어나는 대립적 작용으로 정의하고 있다(신복기 외, 2019 재인용).

따라서 갈등관리(conflict management)란 단순히 갈등을 해소시킨다는 것만을 의미하는 것은 아니며, 조직에 부정적 영향을 미치는 지나친 갈등을 해소 또는 완화시키는 것뿐만 아니라 조직에 유익한 적정 수준의 갈등은 용인하고 유지해 나가는 조치를 취하는 것, 그리고 조직에 유익하다고 판단되는 갈등을 조장하는 것까지를 포함한다고 할 수 있다. 즉, 적정 수준을 중심으로 갈등을 감소시키거나 자극하여 그 수준을 조정하여야 한다는 것이다(이성록, 2003).

<표 8-1> 갈등에 대한 관점

관 점	가 정	접근법
전통적 관점	갈등은 나쁜 것	갈등제거
행동주의적 관점	갈등은 자연적인 것이며 불가피한 것	갈등수용
상호작용적 관점	갈등은 긍정적인 것이며 필요한 것	갈등조장

출처 : 이성록(2003). 자원봉사 매니지먼트.

자원봉사자와 직원 간에 발생할 수 있는 갈등문제를 생산적으로 해결할 수 있는 과정을 배우는 것은 매우 중요하다. 그러나 많은 경우 관리자와 슈퍼바이저가 직원과 자원봉사자 간의 갈등을 해소해야 할 때 갈등관리의 원칙을 적용하기 힘들어하고 있다(볼런티어21, 2004).

(2) 자원봉사 조직 내의 갈등

자원봉사 조직 내의 갈등은 크게 외부와의 갈등과 내부 갈등으로 나누어 볼 수 있다(최은숙, 2016).

① 외부와의 갈등

- 조직 내의 가치나 목적이 서로 달라 충돌하는 갈등
- 정부기관과 비정부기관(NGO) 간의 재정, 책임성, 통제와 관련된 갈등
- 자원봉사활동을 펼쳐 나가는 과정에서 기능이나 역할 문제로 야기되는 갈등

② 내부 갈등

- 자원이 너무 부족해서 일어나는 갈등
- 프로그램 수행에 따른 의견 차이에 의한 갈등
- 과도한 업무에 의한 갈등
- 직위에 대한 기대와 개인의 적성·능력이 맞지 않을 경우 생기는 일과 개인 사이의 갈등

2) 자원봉사현장에서 겪게 되는 갈등 대상

(1) 자원봉사자 스스로가 느끼는 내적 갈등

- 자원봉사 동기가 충족되지 않는 경우의 갈등
- 봉사업무에 대한 만족도가 낮거나 적성·능력에 맞지 않는 경우의 갈등
- 인정·보상에 대한 암묵적 기대가 충족되지 않는 경우의 갈등
- 봉사현장에서 자신의 가치관과 다른 상황을 접하면서 발생하는 윤리적 갈등

(2) 자원봉사자와 유급 직원 간의 갈등

자원봉사자와 유급 직원 간의 갈등은 자원봉사현장에서 가장 흔하게 발생하는 관계이며, 이는 직원 측면에서 몇 가지 요인이 관련되어 있다(남기철, 2022).

① 위치에 대한 불안감

자원봉사자 중 일부는 전문적 지식을 가지고 있으며 유급 직원보다도 변화에 유연하며 창조적이고 지역사회에 관한 많은 정보를 가지고 있다. 우수한 자원봉사자의 활동에서 기관의 직원들은 자신의 지위에 불안감을 가질 수 있으며, 도전받는다는 의식이나 혹은 피해의식을 가질 수도 있다. 이는 사려 깊은 업무분장과 역할 분담을 통하여 극복될 수 있으며 상호 경쟁관계가 아님을 인식하고 수용하도록 해야 한다.

② 서비스의 질에 대한 우려

자원봉사자는 직무에 대한 전문성이 부족하여 활동 대상자인 클라이언트에게 제공되는 서비스의 질이 저하될 것이라는 우려이다. 유급 직원들에게는 이러한 우려는 어느 정도 공통적이다. 자칫 자원봉사자에 대한 불신이나 직무에 대한 불만족으로 이어져 필요한 권한의 위임을 막고 결과적으로 자원봉사자의 불만족으로 이어져 갈등의 소지가 될 수 있다.

③ 역할에 대한 인식 부족

아직도 많은 직원은 자원봉사자 활용을 일시적인 편의와 단순 노동력의 지원책 혹은 예산 절감책으로 여기고 있다. 혹은 자원봉사자 활용이 대단히 번거로운 일이지만 상급자의 지시나 기관 정책에 의해 마지못해 한다는 태도도 나타난다. 이러한 태도는 자원봉사자의 불쾌감과 갈등을 유발한다.

④ 과거의 나쁜 경험

과거에 자원봉사자와 일하던 과정에서의 나쁜 경험이 자원봉사자에 대한 거부감으로 나타날 수도 있다. 소위 '볼런티어 신드롬'이라고도 불리는 이 현상에 대처하기 위해서 다수 자원봉사자의 장점을 강조하고 부정적 경험은 자원봉사자이기 때문에 발생한 것이 아닐 수 있음을 검토하게 한다.

⑤ 성취감의 상실

자원봉사자의 활용으로 인해 활동 대상자와의 직접적 접촉 기회가 줄어들어서 직원들은 대면 활동에서 나타나는 성취감이 감소할 수 있다. 이는 유급직원이 자원봉사자에 대해 부정적인 느낌을 가지는 원인이 되기도 한다.

(3) 자원봉사자와 동료 자원봉사자 간의 갈등

동료 자원봉사자와 갈등이 발생하거나 관계가 어긋나게 되면 활동을 중단하거나 활동 대상자에게 나쁜 영향을 미치게 되기도 한다. 업무에서의 상호의존성, 목표와 역할기대에서의 차이, 보상 및 인정과 관련된 경쟁심 등이 동료 자원봉사자와의 갈등을 유발하는 요인이 되기 쉽다.

(4) 자원봉사자와 클라이언트 사이의 갈등

활동 대상자들은 특정 기관의 서비스 체계나 내용에 대해 잘 알고 있는 경우가 많다. 그리고 이들은 서비스 품질에 대해서도 민감한 편이다. 여러 가지 요인에 의해 자원봉사자의 활동에 대한 저항 세력으로 존재하기도 한다. 한편으로 자원봉사자는 무의식적으로 활동 대상자로부터의 감사와 인정을 원하고 있어 이것이 어긋나게 되면 갈등을 일으키는 요인이 되기도 한다. 대상자와 갈등을 유발하는 자원봉사자의 특징적 측면으로 다음과 같은 것들이 대표적이다(최유미, 2011).

① 무지성

클라이언트의 특성이나 자원봉사활동의 원칙 등에 대한 무지로 인해 자원봉사자가 활동 대상자의 주체성을 침해하거나 생활방식에 잘못 관여하여 기분을 상하게 하는 경우가 있다.

② 시혜성

동정심이나 위선적인 태도가 대상자에게 전달되면 활동 대상자는 자원봉사자에 대해 거부감을 가지게 된다. 베푸는 우월자와 일방적으로 자선을 받는 열등자로서의 차별적인 인식이 있어서는 곤란하다.

③ 자기도취성

자원봉사자가 자신의 선의나 활동의욕에 도취되어 자신의 책임 영역이 아닌 부문에까지 관여함으로써 활동 대상자의 부정적 감정을 유발할 수 있다.

④ 충동성

자원봉사활동은 계획적이고 체계적인 활동이 되어야 함에도 불구하고 즉흥적이고 충동적으로 활동이 나타나기도 한다. 이 경우에는 위험한 결과를 낳는 잘못된 실천이 발생할 가능성이 높다. 또한 자원봉사자의 일관성이나 신뢰성에 대해 활동 대상자가 믿을 수 없게 되고 갈등의 소지가 많다.

⑤ 일과성/단기성

자원봉사자의 활동이 형식적이고 일회적으로만 이루어지는 경우도 있다. 이런 상황이 반복되면 활동 대상자는 자원봉사자에 대해 개방적인 태도를 취하지 않게 되고 라포가 형성되지 않아 갈등의 요인이 된다.

3) 갈등관리 전략

불가피하게 자원봉사활동에서 갈등이 발생하여 이를 다루어야만 하는 경우 다음과 같은 단계를 거쳐야 한다(김현옥 외, 2008).

① 갈등의 종류를 진단
② 발생한 갈등 및 문제를 해결할 기술과 능력이 자신 또는 조직에게 있는지에 대한 판단과 점검
③ 위임 또는 직접 해결에 대한 판단과 결정
④ 개방적이고 공정한 의사소통을 통해 갈등과 문제해결에 직면
⑤ 합의와 공감대를 통한 문제해결

특히 직원과 자원봉사자 간의 분쟁을 예방하려면 다음과 같이 아홉 가지를 고려해야 할 것이다(스티브 맥컬리 · 수비나드, 이강현 역, 1995).

① 자원봉사자 활용에 관한 결정에 직원들을 참여시킨다. 왜냐하면 모든 사람들은 갑작스러운 결정을 좋아하지 않기 때문이다.
② 자원봉사자들을 위한 업무와 자원계획 그리고 감독체계를 미리 계획한다. 그들 스스로가 일들을 알아서 할 것으로 기대하지 말아야 한다.
③ 지위 때문에 자원봉사를 하려는 사람은 누구든지 받아들여서는 안 된다. 또한 자질을 고려하며, 많은 사람이 참여하는 것이 반드시 중요하지는 않다.
④ 자원봉사를 하려는 사람은 누구나 필요한 기술 혹은 지식을 봉사하면서 배울 수 있다고 간주하지 말고, 자원봉사자들에게 훈련이 필요하면 그들과 함께한다.
⑤ 직원은 자원봉사자의 활용에 필요한 모든 것을 이미 안다고 간주하지 말고, 더 좋고 더 많은 교육을 받아야 한다.
⑥ 자원봉사자들이 기관에 기여하는 것에 감사를 표시한다.
⑦ 자원봉사자들과 함께 업무를 잘 수행한 직원에게도 포상한다. 비록 그들이 단지 자신의 일을 한 것뿐일지라도 자원봉사자들에 대한 감독활동은 함께 할 수 있도록 하고, 모든 권한은 단지 조정자만이 행

사할 수 있는 것은 아님을 명심한다.

⑧ 주의를 끄는 문제가 발견되면 덮어 두지 말고, 경청은 결코 불만을 제고시키지 않음을 안다.

⑨ 분쟁 발생 시에 "직원은 항상 옳다"든지, 혹은 "나의 자원봉사자들이 옳다 또는 그르다"라는 흑백논리를 적용하지 말고, 타협이 최선의 방책이다.

자원봉사현장에서 겪게 되는 갈등은 상호 간의 욕구 충족 조절 또는 타협을 바탕으로 이루어져야 하며, 자원봉사관리자는 세심한 배려와 접근이 필요하다. 이와 관련하여 자원봉사활동에서 갈등을 다루는 대표적인 전략으로 지배, 회피, 타협 등을 제시하기도 한다(류기형 외, 1999).

4) 위험관리

(1) 위험관리의 정의

위험(risk)의 사전적 정의는 '해로움이나 손실이 생길 우려가 있음 또는 그런 상태'를 의미한다. 자원봉사 위험이란 간단히 말하면, 다양한 자원봉사현장에서 손해 혹은 손실이 발생할 가능성이라고 말할 수 있다.

위험관리(risk management)란 한마디로 말하면 위험을 최소화하려는 노력이다. 이것은 대체로 두 가지 측면에서 가능하다. 첫째, 손실을 초래할 수 있는 위태한 상황이나 사건의 발생 가능성을 사전에 예측하여 이를 최소화시키는 것이다. 위험에 대한 적극적인 사전예방인 셈이다. 둘째, 이미 손실이 초래되고 있는 상황이나 사건에 직면하여 이에 효과적으로 대응함으로써 그 피해를 최소화하는 것이다. 이는 위험에 대한 사후 대책이자 위기관리가 된다(박미은, 2010).

즉, 위험관리라고 하면 사고의 대응이라고 생각하기 쉽지만, 사고를 일으키지 않도록 예방하고 사고 발생 시 부차적인 피해를 최소화하는 것이 주된 목적이다. 따라서 위험관리의 경우에는 피해의 극심한 정도와 그 발생확률을 고려해 가장 합리적인 대책을 결정하는 것이 중요하다(노충래, 2009).

(2) 위험관리의 과정

① 1단계 : 잠재적인 위험 확인하기

잠재적 위험이란 자원봉사활동 중에 발생할 수 있다고 예상되는 모든 위험 가능성을 말한다. 따라서 이러한 위험들에 대해 미리 점검해 두는 것이 필요하다. 자원봉사관리자가 유의해야 할 잠재적 위험들은 다음과 같다(김범수 외, 2021).

- 자산손실 : 사무실, 기자재 및 교육장비, 차량 등
- 책임손실 : 다른 사람에 대한 신체적 상해 또는 타인의 재산손실에 대한 책임
- 자원봉사활동 중 발생하는 상해나 질병에 의한 위험
- 사기나 범죄행위, 자원봉사자의 불성실 등으로 발생하는 위험 등

② 2단계 : 잠재적인 위험 평가하기

잠재적 위험들을 확인한 후 자원봉사관리자는 자원봉사센터에 대한 손실 및 충격 정도를 평가하고 측정한다. 이를 위해서 발생할 수 있는 위험의 형태와 빈도, 심각도에 따른 측정지표를 마련한다.

③ 3단계 : 위험 발생 시 조정하기

자원봉사관리자는 발생한 위기를 잘 관리하고 처리하기 위해 적정한 기술을 선택하고 적용해야 한다. 대부분의 조직에서 폭넓게 사용하는 방법

들은 자원봉사활동의 중단, 자원봉사 프로그램 변경으로 위험 제거, 손해의 최소화, 위험의 결과에 따른 책임 이전 등이 있다.

④ 4단계 : 평가와 갱신

잠재적인 위험과 해결책에 관한 추가 정보가 파악되면 그에 대한 심사와 훈련 그리고 감독기술에 대한 내용을 추가하고 변경한다. 추가되는 정보에 대한 평가와 갱신은 전체 위험관리 체계를 점차 안전하게 만들어 준다.

(3) 위험관리 계획의 수립

위험관리 계획을 자원봉사자 선발 배치에 적용하기 위해서는 다음 단계들을 따른다(김범수 외, 2021).

① 자원봉사자 업무에 잠재된 위험관리

자원봉사활동 중에 발생할 수 있는 위험들에 대해 미리 고려해야 한다. 화재나 차량 등의 위험성이 있는 설비를 이용하거나 안전하지 않은 건물 구조 때문에 생길 수 있는 사고들에 관해 미리 숙고한다. 자원봉사 대상자들이 어떠한 사람이며, 그들의 특별한 요구나 한계는 무엇인지에 대해서도 고려해야 한다. 자원봉사 업무에 잠재된 위험을 대비하기 위해 고려할 사항은 다음과 같다.

- 자원봉사자의 신체적 활동 수행 능력
- 각종 설비를 안전하게 사용하는 기술
- 자원봉사 활동처의 환경과 활동 조건
- 자원봉사 대상자의 성격
- 적절한 절차를 따라야 할 필요성

② 자원봉사 업무설명서의 재작성

확인된 위험요소들을 피하거나 대처하는 데 필요한 지식, 기술, 신체능력에 대한 요구와 설명을 업무설명서(직무명세서)의 '자격'란에 자세히 기입한다. 이것은 위험을 피하는 데 필요한 기술이나 성격을 밝히기 위함이다.

③ 잠재적인 위험에 있는 잠재적 자원봉사자의 심사

면접 및 선발 과정에서 자격 미달이거나 추가 훈련이 필요한 자원봉사 지원자에 대해 확인해야 할 점검 목록을 개발한다. 또한 지도감독과 평가 과정에서 이용할 수 있는 정보도 수집한다. 자원봉사활동을 하는 동안 발생할 수 있는 잠재적 위험들을 어떻게 처리할 것인가에 관한 질문을 직접 해 봄으로써 잠재적 자원봉사자를 시험할 수도 있다.

④ 자원봉사자에 대한 위험대비 훈련

확인된 위험에 기초한 '위험대비 훈련 프로그램'을 개발한다. 이 중에 어떤 것은 모든 자원봉사자에게 제공되는 오리엔테이션에서 전달될 수도 있지만 어떤 것은 특정 역할을 위한 업무교육에서 보다 심도 있게 이루어져야 한다.

⑤ 직원 훈련

확인된 위험들에 대해 직원 역시 확실히 훈련을 받아야 한다. 특히 직원은 적절한 준비나 심사를 받지 않은 자원봉사자에게 새로운 업무를 부여할 때 각 업무가 가지고 있는 위험요소를 분명히 이해하고 설명해 줄 수 있어야 한다.

⑥ 위험 발생에 대비한 관리감독 절차 개발

문제상황에 대한 처리절차와 실행규칙에 관한 지침서를 개발한다. 또한 주의가 필요한 잠재적 문제행동에 대해 자원봉사자를 감독하는 직원도 필요하다. 어떤 업무에 대해 자원봉사자의 자격을 주기적으로 평가하는 심사체계도 만들어야 한다. 위험상황에 참여하는 자원봉사자가 조금이라도 벗어나는 활동을 할 경우 적용할 수 있는 규칙과 절차도 필요하다.

⑦ 평가 및 개선

전체 자원봉사 프로그램의 평가와 자원봉사자의 활동 평가에 위험관리 평가를 포함시킨다. 새로운 훈련방법과 감독절차를 개발할 때는 위험상황 목록을 작성하고 보완・이용함으로써 위험관리 과정을 개선하려는 노력을 지속적으로 기울어야 한다. 자원봉사 업무에 대한 확실한 설명, 심사, 훈련 또는 감독절차에 대해서도 중요한 수정이 필요할 만큼 물리적 변화가 있는지 평가하고 반영해야 한다.

(4) 기본적인 위험관리 대책

자원봉사활동을 하면서 직면할 수 있는 위험 및 법적 책임들에 적절히 대처할 수 있는 방안이 마련되어 있어야 한다. 일반적인 예를 들면 다음과 같다(김범수 외, 2021).

① 위험에 대비하는 관리 및 감독 절차 마련

문제상황에 대비하는 자원봉사 지침 및 운영규정, 위험 발생 시 대처방법 등의 목록을 작성하여 자원봉사자에게 교육시킨다. 아울러 자원봉사 관리자는 직원에게 자원봉사자의 잠재적 문제행동을 주시하도록 당부하고, 위험성 있는 특정 업무를 담당하는 자원봉사자의 자격을 주기적으로 심사한다.

② 자원봉사자 자신의 재점검

자원봉사 프로그램 평가에 위험관리 점검을 포함한다. 예견할 수 있는 위험 목록을 작성하고 갱신하며, 그것을 교육훈련 자료에 포함시킨다. 이를 통해 자원봉사자 스스로가 위험에 대비하고 위험이 발생했을 때 처리하는 과정을 이해하도록 훈련시킨다.

③ 자원봉사 변호사 선임

자원봉사활동 중에 일어나는 위험에 대비하기 위해 자원봉사 변호사를 선임하여 각종 사고가 발생했을 때 신속히 대처하도록 한다. 변호사의 프로보노 활동, 즉 공익적인 무료 법률 상담을 적극적으로 활용하거나 필요에 따라서는 일정액의 활동비 및 변호수당을 기관에서 지급할 수 있다.

④ 자원봉사 보험 가입

자원봉사센터나 기관에서는 각종 사고에 대비하기 위해 일정액의 예산을 편성하여 자원봉사자를 자원봉사 상해보험에 가입시킨다. 특히 위험성 있는 업무에 배치된 자원봉사자에 대해서는 반드시 자원봉사 상해보험에 가입해야 한다. 이때 보험료 부담과 상해보험 가입에 대한 별도의 규정과 원칙이 마련되어야 한다.

⑤ 기타 사고보상에 대비한 재원 마련

자원봉사 상해보험 외에도 자원봉사활동 중에 발생하는 불의의 사고에 대비하여 일정액의 예산을 자체적으로 편성하는 것이 필요하다. 이 예산은 사고 발생 시 배상 및 보상 금액으로 사용될 수 있다.

우리나라는 2005년 자원봉사활동 기본법이 제정되면서 자원봉사자의 상해보험 제도가 점차 확산되어 이제는 자원봉사활동의 위험관리가 제도화된 것은 매우 의미가 크다고 할 수 있다. 그러나 여전히 일부 기관에서는 자원봉사자 상해보험 외에 별다른 대책이나 체계적인 위험관리가 이루어지지 않고 있다. 자원봉사 위험관리에서 가장 중요한 점은 자원봉사활동과 관련하여 안전사고가 일어나지 않도록 위험요인 예방을 위해 철

저하게 대비하는 것이다.

이처럼 자원봉사활동 상해보험은 자원봉사활동 기본법 제14조에 근거하여 자원봉사자의 보호를 위해 자원봉사활동 중 입을 수 있는 손해에 대한 경제적 보상을 통해 안전한 환경에서의 봉사활동을 보장하는 것이다. 자세한 보험금 청구 절차는 다음과 같다.

사고 신고 · 접수 (피해자, 활동기관 → 시행기관)	• 자원봉사활동 중 피해 사실을 시행기관 등*으로 신고 · 접수 * 자원봉사센터, 사회복지자원봉사관리본부, 청소년활동진흥원
⬇	
구비서류 안내 (시행기관 → 피해자)	• 피해자에게 필요 구비서류* 안내 및 제출 요청 * 구비서류 : 영수증, 진단서를 비롯한 증빙서류, 통장사본 등
⬇	
청구서 작성 · 접수 (시행기관 → 보험사)	• 피해자 제출서류 기반으로 청구서 작성 · 제출
⬇	
담당자 배정 및 진행상황 안내 (보험사 → 피해자/시행기관)	• 청구서 접수 확인, 보험사 담당자 배정 등 진행상황 안내
⬇	
보상처리 및 안내 (보험사 → 피해자/시행기관)	• 보상처리 및 결과 안내
⬇	
만족도 조사 (보험사 → 피해자/시행기관)	• 보험업무 상담 만족도, 진행 절차 만족도, 처리 결과 만족도, 기타 의견 등 수렴

[그림 8-1] 자원봉사활동 보험금 청구 절차

출처 : 행정안전부(2024. 5. 1). 2024년 자원봉사종합보험 신규 계약 체결 보도자료.

CHAPTER

9 자원봉사 인정 · 보상과 평가

1. 자원봉사 인정의 정의 및 유형

1) 자원봉사 인정의 정의

인정(recognition)의 사전적 의미는 '어떤 것을 가치 있다고 받아들임', '승인하고 알아준다'는 뜻을 가진다. 자원봉사활동에 대한 인정은 훌륭한 일을 해준 데 대한 감사와 존경(esteem)의 개념이 적용되어 자원봉사자 개개인이 기여한 바에 대해 이를 알아주고 그 가치를 인정하는 것을 말한다.

또 보상(reward)은 '어떤 것에 대한 인정 표시 방법으로 선물이나 무엇인가를 주는 것'이라는 의미를 가지고 있으며, 일부 인센티브(incentive)라는 용어와 혼용해서 사용하기도 한다. 본질적으로 자원봉사활동에 대한 인정은 자원봉사자에 대한 보상을 포함하는 개념으로 볼 수 있다. 최근에는 정부 및 공공기관에서 자원봉사자에 대한 존중과 감사의 의미로 '예우'라는 표현을 쓰기도 한다. 예우란 예의를 지켜 정중하게 대우한다는 뜻으로 존경의 의미와 유사하다.

따라서 자원봉사 인정 · 보상은 '자원봉사자들을 인정해 주고 그들의 봉사에 대해 보상을 해주는 것이며, 자원봉사자들에게 훌륭한 일을 해준 데 대한 감사를 표현하는 일'이라 정의할 수 있다(박태영 외, 2021). 다시 말해 자원봉사 인정·보상은 공익적인 활동에 헌신적으로 참여한 자원봉사자를 존경하고 예의를 지켜 정중하게 대우하며 다양한 기회를 제공하는 행위를 의미한다고 하겠다.

자원봉사활동 제1차 국가기본계획에서는 인정·보상을 자원봉사활동 가치증진과 참여 촉진을 위한 바람직한 자원봉사 인정·보상 문화 및 제도의 확립의 내용을 근거로 자원봉사자에게 제공되는 유무형의 모든 지원체계를 포괄하는 의미로 사용하고 있다. 그리고 자원봉사 인정·예우 사업 운영은 자원봉사활동의 가치증진과 감사의 표현, 동기부여라는 자원봉사 인정 본연의 목적 범위 내에서 시행해야 한다. 특히 국가와 사회에 기여한 공로가 뚜렷한 자원봉사자, 자원봉사단체, 자원봉사센터 등에 대해 포상을 통해 노고를 격려하고 자긍심을 고취해야 한다(행정안전부, 2024).

2) 자원봉사 인정의 유형

행정안전부에서 제시한 자원봉사 인정·보상의 유형(내용)은 ＜표 9−1＞과 같다(행정안전부, 2024).

<표 9-1> 자원봉사 인정·보상의 유형(내용)

유 형	인정·보상의 내용
정서적 인정	• 감사카드, 축하카드(생일, 성년 등), 연하장, 휴대폰 문자 등 • 언어적·비언어적 감사의 표시와 관심 표현
기회의 인정	• 국내외 행사 참석 기회, 보건소 무료 건강검진 기회 • 전문 심화교육, 워크숍 참석 기회 • 국내·외 연수, 테마여행 기회

상징적 인정	• 자원봉사자 배지(누적 봉사활동 시간에 따른 금 · 은 · 동 배지) • 자원봉사자(리더) 명함 제작 또는 자원봉사 인증패 증정 • 이달의 모범 자원봉사자 선정 또는 봉사왕 선정 등
간접적 · 경제적 인정	• 주차할인권, 공공시설 및 복지관 프로그램 이용료 할인 • 놀이공원 · 공연관람료 할인 또는 무료티켓 등 제공 • 할인쿠폰 제공(할인가맹점 이용)
사회적 인정	• 추천이나 추천서 제공 • 우수 자원봉사자 표창, 정부포상 추천 • 지역 또는 전국적 미디어 활용 홍보 • 자원봉사활동 기록 및 자원봉사 명예의 전당 등재

출처 : 행정안전부(2024). 2024년 자원봉사센터 운영지침.

2020년 행정안전부 실태조사 결과를 살펴보면, 지난 1년간 자원봉사 인정 · 보상을 받은 경험이 있는 경우 그 유형은 '개인적 감사 표시나 연락'이 24.0%로 가장 높게 나타났다. 다음으로는 '봉사활동의 결과에 대해 알려줌'(18.1%), '공식적인 인정 제공'(15.1%), '봉사자 모임, 교육기회 제공'(12.3%) 등의 순으로 조사되었다.

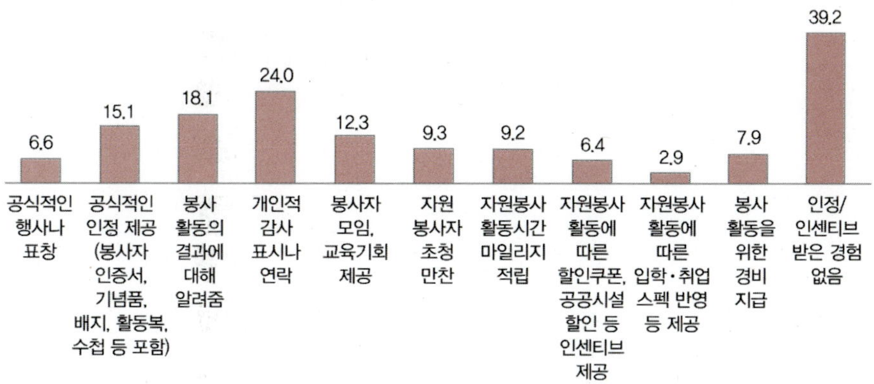

[그림 9-1] 자원봉사활동 인정 및 인센티브 경험(복수응답, %)

출처 : 행정안전부(2020). 자원봉사활동 실태조사 및 법 개정 연구.

또한 자원봉사자들이 선호하는 인정방안에 대해서는 '봉사활동의 결과에 대해 알려줌' 문항이 70.9%로 가장 높았으며, '봉사자 모임, 교육기회 제공'(64.1%), '자원봉사 활동에 따른 할인쿠폰, 공공시설 할인 등 인센티브 제공'(62.7%) 등의 순으로 나타났다.

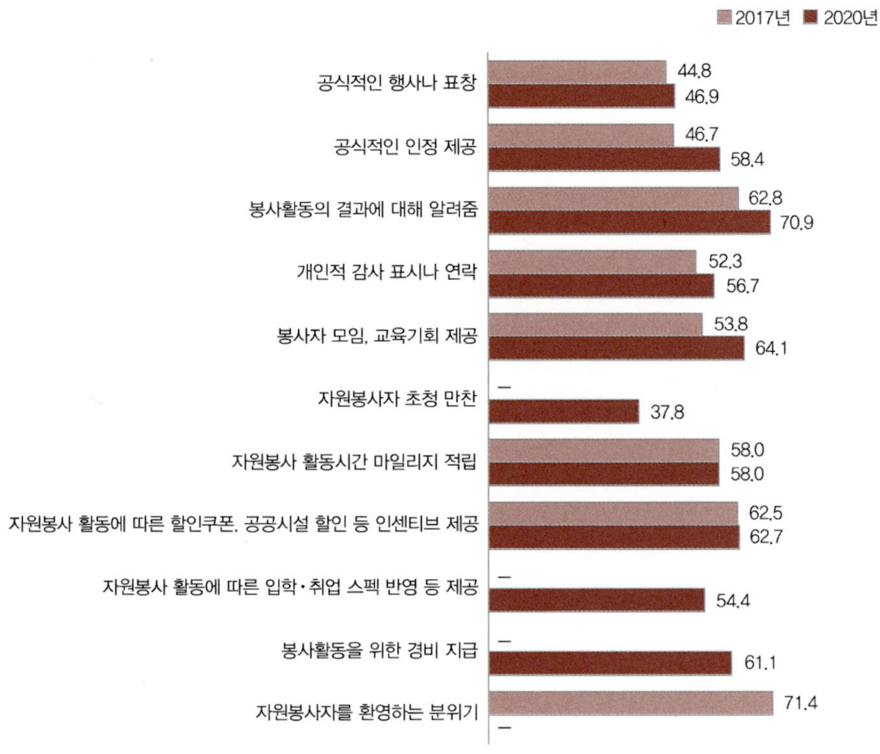

[그림 9-2] 선호하는 자원봉사 인정방안(복수응답, %)

출처 : 행정안전부(2020). 자원봉사활동 실태조사 및 법 개정 연구.

3) 자원봉사 인정의 목적

효과적인 인정·보상은 자원봉사자의 개별욕구를 만족시킴으로써 자원봉사자의 행동을 유발함은 물론 여러 면에서 기관의 목표를 지원한다고 할 수 있다(대구광역시자원봉사센터, 2006).

첫째, 효과적인 인정·보상은 생산성을 높인다. 인정·보상은 기관의 목표를 성공적으로 달성하기 위한 자원봉사자의 노력을 효과적으로 발휘하도록 한다. 자원봉사자의 시간과 노력은 귀중한 자원이므로 관련성이 없거나 쓸모없는 과제로 낭비되어서는 안 된다. 자원봉사자의 생산성을 높이는 결정적인 단계는 적절한 과업선정과 배치이다. 기관에서는 자원봉사자의 열망과 능력을 가능한 한 주의 깊게 과업에 연결시켜야 한다. 자원봉사자들은 많은 부분 성공적인 과업성취에서 보상을 받는다. 그리하여 자원봉사자들은 부적절하거나 관련이 없다고 보는 과업으로는 동기부여가 되지 않으며 생산성이 적을 것이다.

둘째, 효과적인 인정·보상은 자원봉사자가 기관에 오랫동안 남아 있게 한다. 개개인들은 욕구를 충족시키려는 기대를 가지고 자원봉사활동을 한다. 욕구가 충족되지 않을 경우, 자원봉사자들은 효과적인 참여에서 물러나거나 인정·보상이 더 클 것으로 보이는 다른 기관으로 떠날 것이다. 개개인의 구체적인 욕구를 정확하게 알고 만족시켜 줌으로써, 그리고 욕구기대를 만족시키는 인정·보상을 제공함으로써 자원봉사자가 기관에 남아 있을 확률을 증가시킬 수 있다.

셋째, 효과적인 인정·보상은 자원봉사자들의 사기와 자원봉사단체의 정신을 높여준다. 효과적인 인정·보상체계의 핵심요소는 분명한 과업목표와 기대를 수립하고, 개별 과업을 전체적인 기관의 사명과 분명하게 연결하고, 개인 만족의 증가를 위해 개인적 욕구를 충족시키는 것이다.

사람들은 애매모호함을 싫어하며, 자원봉사자에게 구체적인 목표를 제공하여 그들의 노력을 집중시켜야 한다. 자원봉사자들이 중요한 과업을 잘 수행하고 있다고 느끼는 만큼 그들의 사기는 고양될 것이며, 기관의 목표를 위해 다른 사람들과 함께 효과적으로 활동하고 있다고 믿는 만큼 그들의 자원봉사 정신은 고양될 것이다. 기관의 자원봉사조정자가 적절한 과업배치와 과업수행에 대한 인정·보상을 통해 자원봉사자에게 관심을 보여줄 때 자원봉사자의 개인적 만족감과 참여 의지는 증가할 것이다.

2. 인정·보상의 원칙과 방법

1) 인정·보상의 원칙

자원봉사관리자가 인정 활동에서 지켜야 할 원칙으로 강조되는 것은 다음과 같다(Jackson, Locke, Hogg & Lynch, 2019).

첫째, 반드시 인정해 주어야 한다. 자원봉사자는 관리자로부터 적절한 인정을 받지 못할 경우 다른 곳에서 부적절하게 인정받고자 할 수 있다. 예를 들어, 자원봉사 대상자에게서 감사나 인정을 받고자 할 경우에는 부적절한 상황이 발생할 수도 있다. 따라서 격려해 주어야 할 활동에 대해서는 반드시 자원봉사관리자가 인정해 주어야 한다.

둘째, 인정은 자주 하는 것이 좋다. 자원봉사자는 인정받기를 원하고 있으며, 자주 인정해 주고 칭찬해 주는 것은 활동에서 '승리자'가 되었다는 자기존중감 증진의 방안이 된다.

셋째, 인정은 다양한 방법을 활용해야 한다. 자원봉사자가 수행한 구체적 일이나 사안에 대해서 관리자 개인으로서 혹은 기관을 대표해서 감사를 표현할 수도 있고, 관리자가 속한 기관에서 자원봉사자의 활동에 대해 자원봉사자 본인이나 자원봉사자가 속한 학교나 조직에 공식적으로 감사를 표현할 수도 있다.

넷째, 인정은 솔직하게 해야 한다. 형식적이고 늘 같은 감사와 형식적인 인정표현보다는 자원봉사자가 받은 긍정적 인식을 솔직하게 표현하는 내용으로 인정활동을 해야 한다.

다섯째, 일보다도 그 일을 수행한 사람에 대해 인정하는 것에 초점을 두어야 한다. 인정은 자원봉사자의 구체적인 활동과 관련되지만 잘 수행된 그 일만을 언급하는 것이 아니라 일을 수행한 자원봉사자 개인의 이름을 언급하는 칭찬과 결합될 때 더욱 효과적이다.

여섯째, 활동 중에 잘된 부분을 찾아서 적절히 인정해야 한다. 전체적으로 성과가 크지 않은 활동이어도 그 자원봉사활동 중에 잘 수행된 부분은 있다. 긍정적인 부분을 잘 찾아서 적극적으로 감사를 표현해 주어야 한다. 물론 적절하지 않은 활동도 인정해야 한다는 의미는 아니다.

일곱째, 일관성 있게 인정이 이루어져야 한다. 잘못된 활동이 인정받는 일이 발생해서는 안 된다. 개별화의 원칙이 적용되겠지만 같은 수준의 활동이라면 일관성을 해치지 않도록 공정하게 인정이 이루어져야 한다.

여덟째, 시기적절하게 가급적이면 즉시 인정하여야 한다. 인정받을 만한 활동이 나타나면 가능한 한 빠른 시간 내에 인정해 주는 것이 좋다. 너무 시간이 지난 뒤의 인정은 큰 효과를 볼 수 없다.

아홉째, 인정방법을 표적대상인 자원봉사자 개인의 특성에 맞추어야 한다. 인정받을 자원봉사자에게 적절히 부합하는 인정방법을 활용해야 한다. 예를 들어, 개인적인 경력이 중요한 기업의 자원봉사자에게는 활동의 성취에 대한 칭찬과 감사의 편지를 본인만이 아니라 직장 상사에게 보내는 것이 효과적일 수 있다. 혹은 청소년 자원봉사자라면 또래집단 앞에서 이루어질 때 더 효과적이다. 또래집단이나 동료 자원봉사자, 직원들 앞에서와 같은 상황에서 인정하는 것이 좋다.

열째, 무난하게 잘 수행되고 있는 활동에 주의를 기울여 인정하라. 자원봉사관리자는 본질적으로 뭔가 어려움을 겪고 있거나 관리과정에서 문제가 발생한 자원봉사자에게 초점을 기울이는 경향이 있다. 이들에 대해 주의를 기울이는 것도 중요하지만 무난하게 활동을 수행하고 있는 자원봉사자의 좋은 수행이 충분히 주목받아야 한다.

자원봉사관리자가 효과적인 인정・보상을 시행하기 위해서는 다음과 같은 시행 원칙을 지켜나가려는 노력이 필요하다(행정안전부, 2008).

첫째, 자원봉사 인정・보상은 자원봉사활동에 대한 사후적 인정으로서 인정・보상을 시행함에 있어 자원봉사의 기본 가치인 '무급성과 자발성의 원칙'이 고수되어야 한다.

둘째, 자원봉사자를 지향해야 한다. 인정・보상 활동의 초점이 자원봉사자에게 맞추어져야 한다.

셋째, 인정의 방식은 매일 언어와 행동을 통해 자원봉사자에 대한 존중과 감사의 관계를 가장 큰 토대로 해야 한다.

넷째, 자원봉사자(팀)별로 그들의 독특한 특성과 욕구에 맞게 개별적이며 진실한 자세로 인정・보상을 표현해야 한다. 이를 위해 인정・보상의 방법을 가급적 다양화한다.

다섯째, 지나치게 과도한 인정・보상의 제공은 피한다. 인정・보상의 지나침과 과도함은 그 효과를 반감시킬 수 있다.

여섯째, 자원봉사자로 하여금 왜 그러한 인정·보상을 받는지에 대한 명확한 메시지를 전달해야 한다. 즉, 자원봉사자 스스로뿐 아니라 주변 사람들로부터 마땅히 받을 만하다는 생각이 들어야 한다는 것이다.

일곱째, 자원봉사 인정·보상은 합리적이며 공정해야 한다. 이를 위해 중요한 사회적 인정·보상의 경우 구체적인 기준을 마련한다. 아울러 자원봉사활동 시간인증에 대한 기준 마련은 중요하다.

여덟째, 지역사회 단위에서 자원봉사 관련 기관들은 상호 협의하여 가급적 표준화된 기준에 의한 자원봉사 인정·보상을 시행해야 한다. 자원봉사자, 자원봉사센터, 자원봉사단체, 자원봉사활동처, 청소년대학생기업 자원봉사자 등 자원봉사활동 시간 인증 주체 간 통일된 기준 적용이 중요하다.

자원봉사 활동인증의 기본 원칙은 다음과 같다.

① 자원봉사 시간인증은 자원봉사자와 관련 기관·단체 간 상호 신뢰를 바탕으로 한다.

② 인증대상이 되는 봉사활동은 자원봉사의 공익성(공공성, 비영리성), 무보수성의 기준을 충족하여야 한다.

③ 매 활동별 혹은 누적시간에 따라 시간을 인증 관리한다.

④ 자원봉사자가 요구 시 활동시간에 대한 소정의 인증서를 발급한다.

⑤ 시간인증은 자원봉사자 개인단위로 한다.

⑥ 인증시간을 실제 시간보다 늘리거나 양도하는 것은 금지한다.

⑦ 시간인증은 자원봉사활동 실시 후 3개월 이내에 하는 것을 원칙으로 한다.

⑧ 시간인증 및 관리방법, 절차는 가능한 한 간편하고 효율적이어야 한다.

자원봉사 인정·보상을 위한 기본적인 자원봉사활동 시간인증은 1일 8시간 이내 인정을 원칙으로 하며, 실제 봉사활동 시간에 한해 인증하는 것이 원칙이다. 자세한 자원봉사 시간 및 활동 기본 인정기준은 다음과 같다(행정안전부, 2010).

구분	출발	현장 도착	준비/교육	활동	식사	활동	평가	봉사활동 후 여흥	현장 출발	센터 등 도착	귀가
인증			활동인증 대상시간								

※ 차량봉사의 차량운행 및 기타 봉사시간, 아동안전 지킴이 활동의 현장순찰활동시간 등 실제로 현장에서 활동한 시간을 인정
- 다만, 이동시간은 원칙적으로 불인정하되 특별재난지역에 대한 자원봉사 등 국가적 재난극복을 위한 활동의 경우 2시간 이내에서 이동시간 추가 인정

■ 자원봉사 관련 교육 및 회의시간
- 봉사활동과 직접적으로 관련된 기본·전문교육 및 회의시간은 봉사활동시간으로 인정
  ※ 봉사활동 시작 전에 실시하는 교육 등 봉사활동과 직접 관련된 시간은 인정
  ※ 자원봉사 인정보상 일환으로 제공받은 교육기회 부여에 따른 참여나 자격증 관련 교육 등에 투여된 시간은 제외

■ 문화공연 준비
- 공연에 의한 봉사활동 시 공연당일 공식적인 준비시간 및 최종 연습시간은 인정
  ※ 자원봉사활동 현장에서 공연시작 전에 하는 공식적 공연준비나 최종연습 등은 포함하되, 공연주체의 일상적인 공연준비나 연습은 제외

■ 번역
- 공익적 목적에 의해 공식적으로 요청받은 경우, 200자 원고지 5매당 또는 A4 1매를 1시간 기준으로 인증
  ※ 점자, 녹음 등 번역과 유사한 활동의 경우에 유사한 기준을 정하여 인증

■ 행사참여
- 각종 행사에 따른 안내(내빈이나 주차), 주변정리, 홍보 등 실질적 봉사활동은 인정, 단순 참여는 불인정
  ※ 정부·지자체의 기념식 등의 공공행사에 단순 동원식 참여 및 행정기관으로부터 활동비 등 대가를 받는 활동은 제외

■ 물품 및 현금기부 등
- 물품 및 현금 기부는 봉사활동 시간으로 환산하여 인증할 수 없음
■ 헌혈(전혈, 성분헌혈)
- 시간적용기준 : 회당 4시간
- 연간 자원봉사시간 인정 횟수는 전혈 5회, 성분헌혈 24회 이내
※ 혈액관리법 제2조 및 동법 시행규칙 제2조의2에 헌혈 가능 횟수 규정
- 헌혈 자원봉사시간 인정은 헌혈자 본인에 대해서만 적용하고, 헌혈증서를 양도받은 자는 적용하지 않음

2) 인정·보상의 방법

자원봉사 인정·보상 방법은 감사의 표현, 감사 편지, 기념품 제공, 새로운 활동이나 교육의 참여 기회, 표창, 지역사회 홍보와 같은 다양한 방법이 있다. 이러한 인정은 지속적인 관심과 체계적인 접근방법이 필요하다.

인정방법은 공식적인 것과 비공식적인 것으로 살펴볼 수 있다(McCurley & Lynch, 1989).

먼저 공식적 인정은 활동증서가 가장 대표적이다. 그리고 최근에는 활동기록의 공식적인 보관, 마일리지와 같은 누적제 활용과 병행되고 있다. 그 밖에도 시상, 공식적인 행사의 개최, 만찬이나 모임에 초대하는 것, 배지나 상징물들의 제공, 심지어는 경제적 의미를 가지는 보상의 활용 등 다양한 방법이 사용된다.

공식적 방법 중에 대표적인 것은 감사의 행사를 개최하는 것이다. 자원봉사 평가 행사 또는 '감사의 밤'과 같은 기념행사이다. 그러나 행사를 활용하는 방법은 경우에 따라서는 의도하지 않았던 부작용을 가져올 수도 있다. 따라서 행사방법을 활용할 때 자원봉사관리자는 다음과 같은 내용을 검토해 보아야 한다.

- 자원봉사자나 직원이 그 행사에 참여하는 것을 즐겁고 영광스럽게 생각할 것인가?
- 지나치게 형식적인 것은 아닌가?
- 행사를 하는 것이 적절한가? 혹시 자원봉사자들이 이 행사에 드는 비용을 클라이언트를 위한 용도로 써야 한다고 생각하지는 않을 것인가?
- 이 행사를 통해 축하와 감사, 연대의식을 고취할 수 있을 것인가?

검토를 통해서 특별한 부작용이 없고, 행사와 같은 공식적 인정방법이 적절하다고 판단될 경우라면 행사를 적극적으로 활용할 필요가 있다.

반면 비공식적인 형태의 인정과 보상방법도 있다. 대개의 경우 비공식적인 인정방법은 자원봉사자와 활동 현장 혹은 수요처 사이에서 나타나는 매일의 좋은 업무 관계 혹은 수시의 감사 표현과 관련되는 것이다. 이러한 형태의 보상은 소위 '고맙습니다' 하고 진실성 있게 말하는 것과 유사하다. 이는 공식적인 행사만큼이나 중요한 의미를 가진다.

- '감사합니다'라는 표현의 전달
- 자원봉사자를 의사결정 과정에 참여하게끔 하는 것
- 자원봉사자에 대한 개인적인 관심과 지도
- 자원봉사자가 직원과 동등한 처우를 받는다고 느끼게 하는 것
- 자원봉사자의 가족이나 상관에게 감사하다는 표시 전달
- 자원봉사자의 생일이나 개인적 행사를 기관에서 함께 축하
- 교육훈련 과정에 자원봉사자가 참여할 수 있게 하는 것

한편 2005년 자원봉사활동 기본법이 제정되면서 12월 5일을 자원봉사자의 날로 정하고, 이날부터 1주일간을 자원봉사주간으로 규정하고 있다. 이 기간에는 정부를 비롯한 지방자치단체, 자원봉사센터 등이 기념행사,

연구발표회, 자원봉사 유공자 표창 행사 등을 개최하고 있다. 이러한 자원봉사자의 날, 자원봉사주간에 열리는 행사 등이 대표적인 공식적 인정체계에 해당된다.

◆ '자원봉사주간 슬로건'(2021~2012) 한눈에 보기

'자원봉사주간 슬로건'은 자원봉사주간 기념행사를 맞아 지역사회 변화와 환경, 돌봄 등 다양한 분야에서 공동체 의식을 회복하기 위해 애쓰신 자원봉사자들에게 존경과 감사의 마음을 표현하기 위한 메시지로 2021년부터 아래와 같이 진행되었습니다.

2021

빛나는 자원봉사자 여러분!
고맙습니다

2022

세상에서 가장 아름다운 다섯글자!
사랑합니다. 고맙습니다.
'자원봉사자'

2023

세상을 잇는
우리는 자원봉사자입니다
(세상을 잇는 우리, 자원봉사자)

|그림 9-3| 자원봉사주간 슬로건(2021~2023)

출처 : 한국중앙자원봉사센터(2023). 자원봉사 정책저널, Vol. 29.

또한 최근 많은 지역에서 자원봉사활동 실적이 우수한 자원봉사자에게 자원봉사자증을 발급하여 자원봉사활동에 따른 인센티브(할인가맹점)를 제공하고 있다.

<table>
<tr><td rowspan="3">
</td><td>발급기준</td><td>최근 2년간 50시간 이상 활동한 자원봉사자</td></tr>
<tr><td>발급장소</td><td>경상북도 22개 시군자원봉사센터</td></tr>
<tr><td>유효기간</td><td>발급일로부터 2년
(유효기간 만료 후 연장발급 기준 : 최근 2년간 50시간 이상 활동한 자원봉사자)</td></tr>
<tr><td colspan="3"></td></tr>
<tr><td>
</td><td>혜택</td><td>경상북도 자원봉사할인가맹점 이용
숙박, 음식, 카페, 미용, 자동차 정비, 기타 등록 업체 이용 시 할인
경상북도 공영시설 이용 시 면제
- 경상북도민물고기생태체험관 : 관람료 면제
- 금오산도립공원 : 주차료 면제
- 경상북도자연휴양림(안동호반, 팔공산금화) : 자원봉사단체에 한하여 시설사용료 50% 감면
- 경상북도청소년수련원 : 자원봉사단체에 한하여 시설사용료 50% 감면</td></tr>
</table>

[그림 9-4] 자원봉사자증 및 할인가맹점(예시)

출처 : 경상북도종합자원봉사센터(www.gbvt1365.kr).

<자원봉사종합보험 보상 사례>

- ㄱ씨(40대, 여성)는 농어촌 일손 도움 활동인 무 수확 봉사활동 중 칼에 손을 베어 열상 및 파상풍 예방 치료 등 10일간 통원치료를 받았다. 자원봉사종합보험 제도를 몰라 별도로 보험청구를 하지 않다가 동료 봉사자의 말을 듣고 자원봉사센터로 사고를 접수해 치료비와 통원일당 등 60여만 원의 보험금을 수령하였다.
- ㄴ씨(70대, 여성)는 고령의 나이임에도 어려운 가정에 밑반찬을 만들어 전해드리는 봉사활동을 수년째 진행해 오던 중, 사고 당일 음식을 조리하다가 뜨거운 물에 손을 크게 데어 병원에서 드레싱 등 응급처치를 받고 이후 7일간 통원치료를 받았다. 본인도 쉽지 않은 형편에 치료비가 걱정이었으나, 자원봉사종합보험을 통해 화상진단금 2백만 원을 포함해 총 250여만 원의 보험금을 수령해 안심할 수 있었다.

ㅁ ㄷ씨(50대, 남성)는 교통정체지역에서 교통정리 봉사활동을 하던 중 뺑소니 교통사고를 당했다. 교통사고이긴 하나 가해자가 달아난 상황이라 보험 적용이 가능한지 걱정이었으나, 자원봉사센터를 통해 보험금 청구가 가능함을 안내받아 입원 및 통원일당 등 110여만 원의 보험금을 수령할 수 있었다.

출처 : 행정안전부(2024. 5. 1). 2024년 자원봉사종합보험 신규 계약 체결 보도자료.

<표 9-2> 자원봉사활동 시간인증 표준표

대분류	소분류	시 간
사회복지 및 보건증진	급식소 봉사활동	4시간
	김장김치 만들기	8시간
	나들이 보조, 바자회	8시간
	노인 · 장애인 수발	4시간
	놀이, 말벗	2시간
	도시락, 밑반찬, 물품 배달, 모금활동 및 후원 캠페인	4시간
	보육, 음식조리(제과제빵 포함)	4시간
	빨래방 봉사활동	6시간
	사무보조, 장애인 직업재활작업장 보조	4시간
	영정사진 촬영 및 제작 지원	4시간
	재가세대 이사지원	8시간
	재가세대 행정 및 금융 업무 대행	2시간
	청소, 빨래, 주변 환경 정리, 체육보조활동	4시간
	기타 사회복지분야 봉사활동	4시간
	호스피스활동, 의료수발 및 식사보조	4시간
	환자 접수 및 안내, 의료기구 및 보급품 정리 등 행정보조	4시간
	대기실 환경정리, 입원실 청소 및 화단정리	2시간
	물리치료 관련 운동보조활동	4시간
	무료의료봉사, 수지침, 발 마사지, 스포츠마사지	4시간
	헌혈자 접수 및 안내, 거리 캠페인	4시간
	병동 내 및 재가세대 대상 도서 대출 및 회수	4시간

	이미용, 목욕봉사활동	4시간
	보건의료 분야 자문위원활동	2시간
지역사회 개발・발전	집짓기, 수리(전기 및 보일러 수리, 도배장판, 도색 등)	8시간
	공동체 마을만들기, 아파트 공동체 실천활동, 주민자치활동	8시간
	농촌봉사활동, 텃밭 가꾸기	8시간
	알뜰시장 및 벼룩시장 봉사활동	8시간
	꽃길 가꾸기, 놀이터 보수활동	4시간
	기타 지역사회분야 봉사활동	
환경보전 및 자연보호	환경정화활동, 재활용품 수거 및 분류	2시간
	불법 홍보물 제거	2시간
	환경감시	4시간
	기타 환경보전(자연보호)분야 봉사활동	
취약계층 권익보호 및 청소년 육성・보호	문화체험, 홈스테이, 청소년수련 지도	8시간
	청소년유해업소감시 및 정화활동	4시간
	청소년 보호 관련 캠페인 활동	4시간
	기타 청소년 육성·보호분야 봉사활동	
교육 및 상담	평생교육 관련 지도활동(예술, 컴퓨터, 언어, 직업교육 등)	4시간
	학교 교과목과 관련된 학습지도	4시간
	면접, 전화, 인터넷 상담(법률, 세무, 여성, 가족문제 등)	4시간
	멘토링(멘토링사업 참가자) 활동	8시간
	기타 교육상담분야 봉사활동	
인권옹호 및 평화구현	여성차별개선활동, 아동인권보호활동	4시간
	북한동포 돕기 활동 및 캠페인	4시간
	외국인 노동자 및 결혼이민자 지원활동	4시간
	기타 인권옹호 및 평화구현분야 봉사활동	4시간
범죄예방 및 선도	범죄예방, 야간방범, 유해환경추방활동	4시간
	교도소, 감호소 위문(공연)활동	4시간
	아동 안전지킴이 활동	4시간
	기타 범죄 예방 및 선도 봉사활동	

교통 및 기초질서 계도	교통정리, 주정차안내, 등하교 횡단보도 지도 – 지자체 행사 혹은 명절 시 실제 활동시간 적용	4시간
	차량봉사(장애인, 노인, 환자 이송활동)	관내 4/ 타지 8
	카풀운동 참여(승용차 함께 타기), 교통안전교육	4시간
	부정주차금지 캠페인	2시간
	기타 교통 및 기초질서계도분야 봉사활동	
재난관리 및 재해구호	피해복구, 응급구조활동	8시간
	피해복구참여자 대상 급식활동	8시간
	재해예방교육	2시간
	대민안전캠페인 및 재난재해모금 캠페인	4시간
	피해지역 모니터활동 및 현장사무소 업무보조	8시간
	기타 재난관리 및 재해구호분야 봉사활동	
문화 · 관광 · 예술 및 체육진흥	문화재 · 관광 가이드, 문화해설	8시간
	문화예술시설 견학안내	4시간
	문화 · 예술 · 체육 분야에서 (보조)지도자 활동	4시간
	문화, 예술, 체육행사 지원활동	8시간
	공연봉사활동	3시간
	문화재보호 캠페인	2시간
	문화재지역 환경정화, 유해문화 추방활동	2시간
	기타 문화, 관광, 예술, 체육분야 봉사활동	
부패방지 및 소비자보호	지방정부 및 의회 모니터 활동	4시간
	의식계몽활동, 소비자보호활동	4시간
	상업주의 방송 감시활동	4시간
	부패방지 및 소비자보호분야 봉사활동	4시간
	기타 부패방지 및 소비자보호분야 봉사활동	
공명선거	선거 관련 봉사활동	8시간

국제협력 및 해외봉사	국외에서의 봉사활동	8시간
	국제기구 및 단체 지원활동, 국제스포츠행사 지원활동	8시간
	통·번역 봉사활동	8시간
	기타 국제협력 및 해외봉사분야 봉사활동	
공공행정 사무지원	동사무소 · 시청 · 세무서 · 문화의집 · 주민자치센터 · 도서관 등에서 민원안내, 사무협력, 도서정리	4시간
	소방서 소방 · 홍보 업무, 경찰서 민원안내 및 상담	4시간
	자원봉사 실적관리 및 자원봉사자 지도	4시간
	기타 공공행정 및 사무지원분야 봉사활동	
기타 공익사업 수행 등	자원봉사 관련 회의	2시간
	기타 봉사활동	

출처 : 행정안전부(2010). 자원봉사 시간인증 기준(보완).

3. 자원봉사 프로그램 평가

1) 자원봉사 프로그램 평가의 정의

자원봉사 평가(evaluation)는 프로그램을 계획하고 수행한 후의 마지막 단계에 해당되지만 프로그램 설계와 실행의 전 과정에 적용되는 개념이기도 하다. 평가란 프로그램을 통해 문제가 해결된 정도, 즉 프로그램의 목표 달성 정도를 사정(assessment)하는 것이다. 정확하고 의미 있는 평가를 위해서는 적절한 평가지표와 타당성 있는 평가도구를 사용해야 한다. 또한 중요한 것은 평가 결과를 다음 프로그램을 계획할 때 반영하여 기존 프로그램을 수정 · 보완하거나 새로운 프로그램의 질을 높이는 자료로 활용하는 것이다(김범수 외, 2021).

2) 자원봉사 프로그램 평가의 주요 요소

자원봉사 프로그램 평가의 주요 요소는 무엇을 평가할 것인가? 어떻게 평가할 것인가? 누가 평가에 참여할 것인가? 언제 평가할 것인가? 등이며, 자세한 내용은 다음과 같다(볼런티어21, 2004).

(1) 무엇을 평가할 것인가?

① 활동의 목적과 목표

② 무엇이 달성되었는가?

③ 그 밖의 변화들은 무엇인가?

(2) 어떻게 평가할 것인가?

① **양적 평가**(계량화) : 모집결과, 자원봉사자 수, 자원봉사자의 서비스 제공시간, 훈련에 참석한 자원봉사자 수, 인정을 받은 자원봉사자 수, 지속되는 자원봉사자 수, 자원봉사활동에 대한 금전적 기여 환산 등

② **구조화된 설문지를 통한 평가** : 자원봉사자의 노력의 결과로 프로그램 대상자에게 어떤 변화나 성과가 일어났는가를 측정. 평가설문지, 평가토론회, 특정한 평가척도를 이용한 프로그램 전후 검사 실시 등

③ **질적 평가**(사례토의) : 활동 후 간담회 개최, 활동 소감 나누기, 대상자 및 지역사회 주민 간담회

④ **자원봉사자 개인의 목표에 대한 평가**

⑤ **프로그램에 투입된 비용과 프로그램의 효과성을 비교하는 효율성 측정** : 프로그램 실행에 투입된 노력과 산출의 비율로서 투입을 비용으로 보고 산출을 효과로 보면 효율성=산출/투입=효과/비용. 이를 동일한 서비스를 자원봉사자가 아닌 자원봉사조정자가 수행했을 경우에 투입되어야 하는 비용과 비교하는 것도 가능

(3) 누가 평가에 참여할 것인가?

① 자원봉사자

② 운영자

③ 지역사회 및 대상자

(4) 언제 평가할 것인가?

① **계획시점 평가** : 프로그램 계획 자체의 합리성 평가

② **진행시점 평가** : 모든 분야의 진행상황에 대한 지속적인 평가

③ **결과시점 평가** : 프로그램 실행 결과 변화된 정도와 목표달성 정도 측정

평가의 원칙은 첫째, 정기적이고 예정된 피드백 원칙이다. 정기적으로 피드백할 수 있는 기회를 갖지 않으면 문제가 그대로 방치되어 작은 문제가 커질 수 있다. 둘째, 직원과 자원봉사자의 참여 원칙이다. 셋째, 평가의 긍정적인 방향 원칙이다. 가능한 한 평가의 대부분을 자원봉사자들이 한 일을 칭찬하는 긍정적 방법으로 해야 한다(조휘일 외, 2013).

자원봉사 평가의 결과는 등급을 나누거나 심판하기 위한 목적으로 사용되는 것이 아니라 더 나은 자원봉사 프로그램과 활동을 개발하기 위한 자료가 되어야 한다. 특히 환류(feedback)가 이루어지지 않는 평가는 무의미하며, 평가결과는 자원봉사관리자(기관)뿐만 아니라 자원봉사자에게도 적절한 방법으로 알려야 한다.

자원봉사 프로그램을 전개하는 과정에서 가장 중요한 평가는 자원봉사활동 종료 후 차를 마시며 간단한 평가회를 하거나 마지막 인사를 나누는 대화 속에서 자원봉사자의 반응 및 개선점을 파악해 내는 것이다. 몇 주가 지난 후 설문 조사지를 통해 평가하는 방법도 있지만 이보다는 질적

평가에 의한 평가방법을 잘 활용하는 것이 자원봉사 관리에서 더 중요하다고 할 수 있다(김범수 외, 2021).

자원봉사활동 평가서

자원봉사자 여러분!

자원봉사활동을 통한 지역사회의 변화와 자원봉사 프로그램의 향상을 위해 노력하는 본 기관의 지속적인 발전과 개선을 위해 다음의 사항들에 대하여 솔직하게 응답해 주시면 감사하겠습니다.

1) 귀하의 자원봉사활동 중에서 가장 좋았던 경험은 무엇입니까?

2) 자원봉사활동 참여 중 가장 좋지 않았던 것은 무엇입니까?

3) 귀하가 봉사활동에 참여하는 동안 문제나 갈등을 느낀 적이 있습니까?
구체적으로 설명해 주십시오.

4) 자원봉사활동을 더욱 가치 있게 수행하기 위한 방법을 제안해 주시거나 기타 하시고 싶은 말씀을 부탁드립니다.

5) 앞으로 지속적으로 자원봉사활동에 참여하실 의향이 있으십니까?
예 ________ 아니요 ________

6) 다른 사람에게 자원봉사활동을 할 것을 권유하시겠습니까?
예 ________ 아니요 ________

년 월 일

자원봉사자 성명 : ______________(서명 또는 인)

자원봉사활동 결과 보고서

팀명 : ____________　　　　작성자 : ____________

<table>
<tr><td>활동일자</td><td></td><td>활동시간</td><td></td></tr>
<tr><td>프로그램명</td><td></td><td>수요처명</td><td></td></tr>
<tr><td>자원봉사 참여자 수</td><td></td><td>작성일</td><td></td></tr>
<tr><td colspan="4">활동내용

주요 시간대별 활동내용 기재</td></tr>
<tr><td rowspan="2">활동 결과</td><td colspan="3">잘된 점</td></tr>
<tr><td colspan="3">개선할 점</td></tr>
<tr><td colspan="4">다음 활동을 위한 준비사항</td></tr>
</table>

출처 : 행정안전부(2024). 2024년 자원봉사센터 운영지침.

CHAPTER 10

자원봉사자 유형별 자원봉사활동

1. 청소년·대학생 자원봉사활동

1) 청소년 자원봉사활동

청소년들은 학교에서 할 수 없는 다양한 자원봉사활동을 통해 진로 체험과 사회 구성원으로서 건전한 인격 성장을 할 수 있는 기회를 제공받고 있다. 청소년 자원봉사활동은 인간 존중 정신과 공동체 의식 함양, 인간관계 및 자신감 형성, 민주시민으로서의 책임감 형성, 진로 선택에 대한 정보와 기회 제공의 계기가 된다.

최근에는 단순한 자원봉사활동에서 벗어나 청소년들이 지역사회에 관심을 가지고 자신의 재능을 활용하여 문제해결 및 개선을 위해 스스로 활동의 목표와 방법을 정하고 이를 실행하는 '청소년 자기주도형 봉사활동'이 등장하였다. 기존 봉사활동과 청소년 자기주도형 봉사활동의 차이는 <표 10-1>과 같다(한국청소년활동진흥원, 2022).

<표 10-1> 기존 봉사활동과 청소년 자기주도형 봉사활동의 차이

단 계	기존 봉사활동	자기주도형 봉사활동
준비단계	참여가능 봉사활동 목록/내용 검색	나와 내 주변 탐색해서 활동목표 설정하기
		사전계획하고 준비하기
	봉사활동 신청	활동계획서 작성하기
활동단계	봉사활동 진행	봉사활동 진행 및 기록하기
평가단계	참여내역서 제출-확인 승인	스스로 활동 평가하기
		봉사활동 보고서 작성하기

출처 : 한국청소년활동진흥원(2022). 2022 청소년 자기주도형 봉사활동 우수사례집.

따라서 청소년 자기주도형 봉사활동에 필요한 마음가짐을 요약하면 다음과 같다.

① 남이 시켜서가 아니라 내가 하고 싶어서 하려는 자발성
② 내가 생활하는 동네 또는 소속된 곳에 대한 관심과 문제의식
③ 새로운 프로젝트를 개발하고 실행하는 기획자로서의 창의성
④ 실제로 필요하고 할 수 있는 봉사를 찾으려는 현실 의식
⑤ 계획대로 수행하려는 성실성과 책임의식
⑥ 활동과정에서 발생하는 문제들을 하나씩 해결하며 활동을 추진해 내는 과제 관리능력
⑦ 혼자가 아니라 함께 목표를 달성해 내기 위해 필요한 협상과 신뢰의 기술

교육부에서 실시하는 학생 봉사활동은 1995년 5·31 교육개혁안에 의해 학생들의 인성 및 창의성 함양의 인성교육 차원에서 교육과정으로 도입되었으나, 최근 공정성 및 신뢰도 제고 이슈에 따라 2019년 대입제도 공정성 강화방안과 2022 개정 교육과정이 발표되면서 정책적 변화를 맞

이했다.

학생 자원봉사의 발전과정을 연도별로 살펴보면 다음과 같다(송민경, 2016).

- 5·31 교육개혁 방안(1995년) : 청소년의 봉사활동 내용과 참가시간을 '학교 생활기록부'에 기재토록 하고 상급학교 진학 시 이를 반영토록 함
- 입학사정관제(2007년) : 2007년 10개 대학, 2013년 66개 대학으로 확장되어 정착되었으며, 대학입시에 영향을 줄 수 있는 평가 근거자료로도 청소년의 자원봉사활동 경력이 활용됨
- 창의적 체험활동(2009년 개정 교육과정) : 초등교육과 중등교육의 교육과정의 교과 외 활동의 한 영역으로 인성·창의교육 강화방안이 마련됨. 구성영역을 자율활동, 동아리활동, 진로탐색활동, 봉사활동으로 구분함
- 자유학기제(2013년 시행) : 2013년에 시범사업으로 시행되었고, 2016년에 중학교에 전면 도입함. 중간·기말고사를 시행하지 않는 대신 토론·실습수업이나 직업 체험활동과 같은 진로교육을 받는 제도로 창의·인성교육을 강화하였고, 구성영역으로 진로체험활동, 동아리활동, 예술·체육활동, 학생 선택 프로그램으로 구분함
- 인성교육진흥법(2015년 시행) : 중앙행정기관의 장과 교육감은 인성교육시행계획을 수립토록 하고, 인성교육 관련 교원연수 필수와 학교교육에서 인성교육 지원이 강화됨

학생 자원봉사활동은 봉사학습(service learning), 인성 함양뿐만 아니라 다음과 같은 의미를 가지고 있다.

첫째, 학생들에게 경험적 학습의 기회가 된다. 학생들이 평소에 교육기관에서 배우고 접하는 지식은 대부분 전해 듣거나 조사·분석된 것이다. 그러나 자원봉사활동은 학생들 자신이 직접적인 경험을 통해 배우게 된다.

둘째, 학생의 소질 및 능력의 개발 측면이다. 자원봉사활동을 통해 자신이 가지고 있는 잠재능력과 소질을 실제로 활용할 수 있는 기회를 가질 수 있다. 이러한 기회는 실제의 상황에서 정보나 자료를 수집하고 분석하는 것, 판단하는 것, 타인을 위한 배려심을 개발하는 것, 도구의 사용법 익히기, 대화기술의 습득 등을 포함한다.

셋째, 지역사회 참여의 계기를 통해 사회적 통합을 도모한다. 학생들은 자원봉사활동을 통해 지역사회 현실과 문제에 대해서 광범위한 이해를 가질 수 있다. 여러 연령층, 다른 가치관 및 배경을 가진 사람들과 관계를 맺고 협동하는 가운데 평소와는 다른 사람들과 상호작용하고 일상생활과는 다른 이웃의 삶과 환경을 경험할 수 있다.

넷째, 직업세계의 경험이다. 학생들은 봉사활동을 통해 직업의 선택에 영향을 줄 수 있는 통찰력을 얻게 되고, 미래 직업을 탐색하는 데 있어서 도움이 될 경험을 얻을 수 있다.

다섯째, 사회적 책임감의 함양이다. 자원봉사활동을 통해 학생들은 주도권을 가지고 일을 추진하며 책임을 지는 경험을 하게 된다. 문제를 파악하고 결정을 내리고 책임을 지도록 도전받을 수 있다. 이를 통해 학생들은 사회적 책임감을 함양하며 다른 사람들을 통해 자신의 행동 결과를 관찰하게 된다.

2) 대학생 자원봉사활동

현재 사회봉사를 교과목제로 운영하는 대학들의 수가 증가하고 있으며, 이 중에서도 일부 학과(사회복지학과, 간호학과 등)를 중심으로 졸업 필수요건으로 자원봉사활동을 이수하는 제도가 자리 잡아 가고 있다. 그러나 여전히 상당수의 대학생들에게 자원봉사활동이란 개인의 자발적인 의지에 따라 참여하는 선택적인 활동이다. 따라서 대학생들의 자원봉사활동 참여도를 높이기 위해서는 학생들의 동기를 이해하고 그에 맞는 프로그램을 기획하거나 기존 프로그램을 조정할 필요가 있다.

그렇다면 대학생들은 어떤 이유로 자발적으로 봉사활동에 참여하는 것일까? 학자들은 사람들이 자원봉사에 참여하는 동기가 생각보다 단순하지 않다는 것을 발견하고 있다. 클라리와 동료들의 연구(Clary, et al., 1998)인 기능주의적 동기이론에 의하면, 사람들이 자원봉사에 참여하는 동기는 크게 6가지로 나누어 볼 수 있다. 즉, 자신의 내적 가치 추구 동기를 비롯하여 세상을 이해하고 싶거나 자아를 향상하고 싶은 동기, 사회적 인정을 받고 싶거나 직업에 도움이 되기 때문에, 마지막으로 자신을 죄책감 등의 부정적인 감정으로부터 보호하고 싶은 동기로 요약될 수 있다.

2. 노년 사회참여와 자원봉사활동

1) 노인의 사회참여와 자원봉사활동의 의의

최근 우리나라의 노인인구 비중이 급격히 증가하고 있다. 2000년 65세 이상 노인인구 비율이 7%를 넘어 고령화사회에 진입하였고, 2017년에는 노인인구 비율이 14%를 넘기며 고령사회가 되었으며, 2024년 12월 노인

인구 비율이 20%를 넘기며 초고령사회에 진입하여 세계 최고의 고령화 속도를 나타내고 있다. 그동안 생활환경의 개선 및 의료기술의 발전 등 평균수명이 연장되었고, 특히 베이비붐 세대(1955년~1963년생)의 노인인구 진입이 폭발적으로 증가하고 있다. 게다가 우리나라의 심각한 저출생 현상 또한 노인인구 비중 증가를 가속화하고 있다.

현대사회에서 65세 이상의 노인이라도 건강하고 사회활동 능력과 경력을 갖춘 경우가 점점 많아지고 있어 자원봉사활동이나 사회참여 활동의 욕구가 높아지고 있다. 이에 노인의 활기찬 노후생활을 위해 자원봉사활동의 중요성이 대두되고 있다. 노인 개인의 측면이나 국가사회의 측면 모두에서 노인의 사회적 활동이 활발해질 필요가 있으므로 국가에서는 노인의 사회참여활동을 지원하고 있다.

노인복지법 제23조에 따르면 국가 또는 지방자치단체는 노인의 사회참여 확대를 위하여 노인의 지역봉사 활동 기회를 넓히고, 노인에게 적합한 직종의 개발과 그 보급을 위한 시책을 강구하며 근로능력 있는 노인에게 일할 기회를 우선적으로 제공하도록 노력하여야 한다고 명시하고 있다.
또 국가 또는 지방자치단체는 노인의 지역봉사활동 및 취업의 활성화를 기하기 위하여 노인지역봉사기관, 노인취업알선기관 등 노인복지관계기관에 대하여 필요한 지원을 할 수 있다고 규정하고 있다.

노인 자원봉사활동이 가지는 의미 역시 노인에 대한 일방적 부양의 관점에서 벗어나 노인 인력을 적극적으로 활용하는 관점과 밀접하게 관련된다. 노인층의 자원봉사활동은 다른 연령층의 활동과는 또 다른 독특한 의미와 중요성이 있다. 노인은 퇴직이나 주요한 사회적 역할의 상실로 인해 역할 없는 역할(roleless role), 그리고 심리적 고립감과 소외감 등으로 고통받기도 한다.

노인 자원봉사활동은 활동에 참여한 노인 개인에게 다음과 같은 이득을 준다(최성재 · 장인협, 2002).

- 퇴직으로 상실했던 사회적 지위와 역할을 보충해 준다.
- 사회의 일선에서 물러나 자칫하면 상실하기 쉬운 자신의 사회적 가치성을 회복하거나 유지할 수 있게 함으로써 아직도 자신이 사회에 유용하고 중요한 존재라는 생각을 가지게 한다.
- 노년기의 자아상을 긍정적으로 유지하고 자존심을 유지 · 향상시켜 줄 수 있다.
- 소외감을 극복하는 데 유익하다.
- 노인의 자기성장과 자아실현을 돕고 창의성과 책임성을 발휘할 수 있는 기회를 제공해 준다.

다른 한편으로 노인의 자원봉사활동 참여는 다음과 같은 측면에서 지역사회에 이익을 준다(최성재 · 장인협, 2002).

- 노인의 자원봉사활동 참여는 노화 또는 노인에 대한 인상을 긍정적으로 바꾸어 놓는다. 노인의 사회적 기여는 노인에 대한 사회적 평가를 높이고 노인에 대한 사회적 존중을 과거 사회와는 다른 형태로 새롭게 재정립하게 한다.
- 노인들 스스로가 노인을 보는 시각을 긍정적으로 바꾸어 놓는다. 노인의 활발한 사회적 활동은 노인 스스로 노년기를 보다 바람직한 인생주기로 인식하는 데 일조할 수 있다.
- 자원봉사활동에의 참여는 무엇보다도 사회에 봉사하고 사회를 발전시키는 데 공헌하게 된다. 노인의 사회적 경험과 능력이 사장되지 않고 지역사회를 위해 발휘되는 것은 사회 전체적으로 커다란 복지자원의 확충으로 볼 수 있다.

2) 노인 자원봉사활동 참여 현황

2020년 자원봉사활동 실태조사 결과 지난 1년간 자원봉사활동 참여 경험에 대한 연령별 분포도는 20대(39.2%)와 60~70대(38.4%)가 가장 높게 나타났다(행정안전부, 2020).

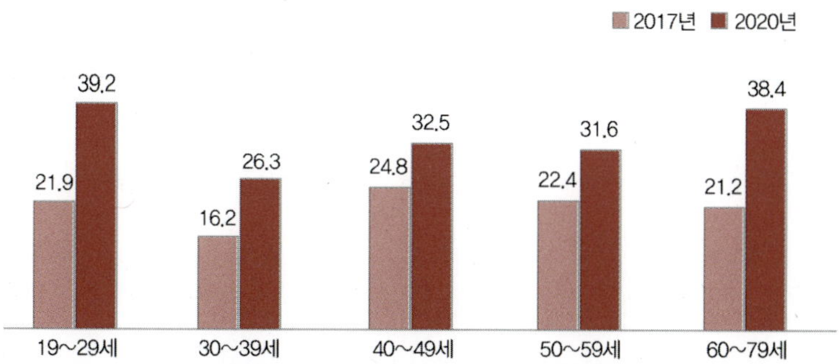

[그림 10-1] 자원봉사 참여자 연령별 특성(%)

출처 : 행정안전부(2020). 자원봉사활동 실태조사 및 법 개정 연구.

반면 2023년 노인실태조사에 따르면 각종 단체 이용·참여에서 65세 이상 응답자 중 경로당을 이용하는 비중은 26.5%, 친목 단체에 참여하는 비중은 54.2%로 나타났으나 자원봉사활동 참여율은 2020년 2.9% 대비 0.4%p 감소한 2.5%로 조사되었다. 코로나19의 영향으로 외부활동의 제약이 있었던 것은 사실이나 노인 자원봉사활동은 지난 10년간 지속해서 감소하는 추세이다(보건복지부, 2024).

<표 10-2> 경로당 및 각종 단체 이용·참여 현황 (단위 : %)

구 분	2008	2011	2014	2017	2020	2023
경로당 이용률	46.9	34.2	25.9	23.0	28.1	26.5
친목 단체 참여율	54.9	37.4	43.3	45.6	44.1	54.2
정치사회 단체 참여율	0.4	0.7	0.5	0.4	1.2	1.3
동호회 참여율	–	3.8	4.9	4.4	4.7	6.6
자원봉사활동 참여율	–	3.9	4.5	3.9	2.9	2.5

출처 : 보건복지부(2024). 2023년 노인실태조사.

이러한 결과로 봤을 때 경로당, 친목 단체, 동호회와 연계하여 새로운 자원봉사 프로그램을 개발하거나 노인 자원봉사 참여의 접근성을 높이고, 지속적인 홍보가 필요하다.

보건복지부에서는 노인의 경륜을 사회에 재투자할 수 있도록 노인 자원봉사를 활성화하여 노인의 적극적 사회참여 및 노인의 인적자원 활용 극대화를 위해 노인 자원봉사 활성화 지원사업을 시행하고 있다(보건복지부, 2023).

노인자원봉사단은 지역사회 수요에 따라 자체 활동계획을 수립하여 활동을 수행하며, 만 60세 이상 노인 5~50명으로 구성한다. 활동내용으로는 노인치매예방활동, 노인건강증진활동, 마을 가꾸기, 주거 및 환경보호, 상담 및 교육, 생활편의지원, 문화예술, 안전지도, 위탁기관별 특성화 활동 등이 있다. 단, 자원봉사활동은 지역 내 추진 중인 노인일자리, 기타 사회활동 사업과 중복되지 않도록 운영되어야 한다.

<표 10-3> 노인 자원봉사 활성화 활동 유형

구 분	유 형	활동 내용 예시
지역사회 공헌활동	주거 및 환경보호	마을공동체, 주거개선, 농어촌봉사, 기능·기술
	생활편의지원	급식지원, 식사·반찬지원, 이동지원, 청결지원, 활동보조
	안전지도	교통안전, 어린이청소년취약계층 안전계도, 지역방범
재능나눔 활동	상담 및 안내	말벗·상담, 전문상담, 진로상담, 취업상담, 집단상담, 우울·자살예방, 치매예방, 도서관/박물관/미술관 도슨트, 프로그램 운영 강사(바둑, 장기 등)
	교육지도	멘토링, 학교폭력 예방교육, 노인학대 예방교육, 스마트폰 및 IT 정보화 교육, 시니어 소비피해 예방교육, 학습지도, 세대공감 교육
	문화예술	민요, 국악, 악기, 댄스스포츠, 인형극, 가요, 사진, 연극 등 공연활동, 관광안내, 숲생태문화해설, 캠페인, 행사보조 등
	보건의료	간호·간병, 발 마사지, 약손봉사, 수지침, 지압, 테이핑요법, 수기요법, 이·미용서비스 등 ※ 보건의료 관련 자격증 소지자로 해당 분야에 한하여 활동해야 함
특성화활동	특성화 활동	위탁기관별 특성화 활동(※ 만 55세부터 참여 가능)
기타	기타	위 활동유형에 해당되지 않는 다양한 자원봉사활동

출처 : 보건복지부(2023). 2023년도 노인자원봉사 활성화 지원사업 운영 안내.

대한노인회 노인자원봉사지원본부와 시니어신문 백세시대가 공동으로 주관한 자원봉사활동에 참여한 회원 1,000명을 대상으로 실시한 설문조사에 따르면 노인 자원봉사 참여자 10명 중 8명 이상이 봉사활동에 만족하는 것으로 나타났다. 또한 10명 중 9명은 '앞으로도 자원봉사활동을 계속하겠다'고 응답했다(백세시대, 2017. 4. 7).

3) 노인 자원봉사활동 활성화 방안

노인의 자원봉사활동을 활성화하기 위해서는 자원봉사 관리 활동뿐만 아니라 사회환경과 제도적인 측면의 보완이 필요하다(남기철, 2022).

첫째, 노인 자원봉사 프로그램을 확충해야 한다. 아직도 많은 경우에 단순한 몇 가지 활동내용이 지배적인 상황을 시급히 개선해야 할 필요가 있다. 다양한 노인의 경력과 지식을 활용할 수 있는 프로그램을 보급해야 한다.

둘째, 노인 자원봉사관리자의 활동이 보편화되어야 한다. 특히 노인 자원봉사활동을 수행하고 있는 노인단체에 노인 자원봉사관리자가 배치 혹은 연계되어 활동할 수 있어야 한다. 이를 위해서는 일단 노인 자원봉사관리자가 많이 양성되어야 하고 교육 프로그램과 체계도 만들어져야 한다.

셋째, 노인 자원봉사 관리체계와 추진체계의 접근성이 개선되어야 한다. 아직도 활동 욕구를 가진 많은 노인이 어떻게 자원봉사활동에 참여할 수 있는지 적절한 정보를 가지지 못하는 경우가 많다. 따라서 관리체계나 추진체계의 홍보를 강화해야 한다.

넷째, 노인의 자원봉사활동에 대한 승인과 보상체계를 확충해야 한다. 특히 현재의 노인세대는 자원봉사활동이 보편화되지 않았던 사회 분위기에서 생활해 왔으므로 이들을 유인하기 위한 유인체계로서 적절한 승인과 보상방법을 활용하는 것이 필요하다. 노인은 학생들과 달리 자원봉사활동 시간의 인증이 그 자체로서는 큰 유인이 되지 못한다. 이와 아울러 노인의 자원봉사활동을 전반적으로 지원하기 위한 지원체계를 제도적으로 강화해야 할 것이다.

다섯째, 노인의 사회참여활동, 특히 자원봉사활동에 대해 긍정적으로 인식하고 장려하는 사회적 분위기를 확산시키는 것이 중요하다. 노인에 대해 역할 없는 역할을 암묵적으로 강요하고 노인을 주변화하여 소극적 태도를 유발하는 분위기는 노인의 자원봉사활동 활성화에 결정적 장애가 된다.

3. 기업 사회공헌과 자원봉사활동

1) 기업 사회공헌의 정의

기업의 사회공헌활동을 표현하는 용어로는 가장 광범위한 개념인 기업의 사회적 책임(CSR : Corporate Social Responsibility)부터 인류를 사랑하는 기업정신과 자선활동을 의미하는 기업 사회공헌, 기업도 사회의 한 구성원으로서 책임과 의무를 다한다는 보다 포괄적인 관점에서의 기업시민정신 등에 이르기까지 여러 가지가 혼용되고 있다. 이 외에도 사회적 책임의 이행에 있어 그 대상 및 방법을 어디에 두느냐에 따라 지역사회 관계(community relationship), 기부(donation, grant), 기업자선, 자발적 봉사활동 등의 용어가 사용되기도 한다(전국경제인연합회, 2009).

기업 자원봉사는 자신들의 시간 및 기술을 지역사회에 환원하고자 하는 임직원과 퇴직자들을 위한 공식적이며 체계화된 회사의 지원활동이라고 말할 수 있다. 또 전국경제인연합회(2005)에서는 회사가 임직원들의 봉사활동을 정책적으로 유도하고 임직원들이 자신의 시간과 기술을 지역사회에 제공하는 활동을 공식적으로 지원하는 행위라고 정의하고 있다.

즉, 기업 사회공헌의 한 분야라 할 수 있는 기업의 자원봉사활동은 1970년대 이후 미국 기업들이 임직원 자원봉사활동을 기업 차원에서 제도적으로 뒷받침해 주면서 시작되었다.

이는 기업홍보 차원과 기업의 사회적 책임이 강조되는 맥락 속에서 점점 보편화되고 있다. 기업이 단지 임직원에 대한 자원봉사활동 참여를 장려하는 것에서 벗어나 인사고과 반영, 자체 자원봉사단 운영, 자원봉사활동에 대한 유급휴가 인정 등의 프로그램을 운영하기 시작했다. 특히 우리나라에서는 삼성의 사회봉사단 활동이 본격적인 사회적 관심의 대상이 된 후 큰 규모의 기업들이 자원봉사활동 관련 조직을 갖추기 시작하였으며, 언론의 자원봉사캠페인 등도 큰 역할을 하고 있다. 최근 기업의 경영에서도 기업의 사회적 책임과 관련된 CSR이나 지속가능경영의 ESG 등은 핵심적인 의제가 되고 있어 이는 기업의 자원봉사활동 참여 및 지원과도 직결되고 있다(남기철, 2022).

기업이 자원봉사활동을 전개함으로써 얻게 되는 이득을 요약하면 다음과 같다(배기효 외, 2023).

① 직원들 간 팀워크 기술을 향상하고, 훈련의 기회를 제공한다.
② 사회에 대한 책임감, 도덕적 윤리의식을 고취하는 기회를 갖는다.
③ 기업의 공공 이미지와 평판을 높임과 동시에 직원의 사기를 높일 수 있다.
④ 노동생활의 질 향상으로 애사심과 생산성을 제고시킨다.
⑤ 사원들의 직무능력과 기술을 향상시킨다.
⑥ 기업과 지역사회와의 관계를 강화한다.

2) 기업 자원봉사활동의 현황 및 사례

2023 사회공헌백서에 따르면 주요 100대 기업 임직원의 총 자원봉사 시간은 191만 6,014시간으로 조사되었으며, 사회공헌 프로그램 분야는 사회복지(39%), 환경(12%), 교육(12%) 순으로 조사되었다. 또 35대 공기업 임

직원의 총 자원봉사 시간은 9만 6,641시간이며, 사회공헌 프로그램 분야는 사회복지(56%)가 가장 높게 나타났다(보건복지부 · 한국사회복지협의회, 2023).

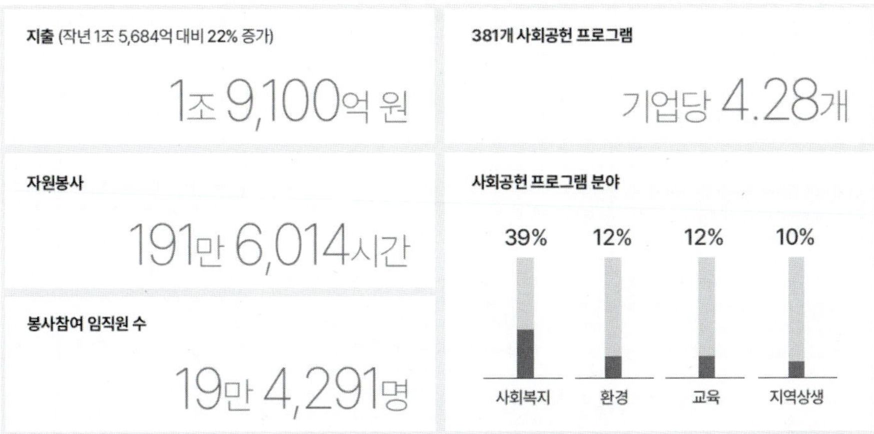

[그림 10-2] 100대 기업 사회공헌

출처 : 보건복지부 · 한국사회복지협의회(2023). 2023 사회공헌백서.

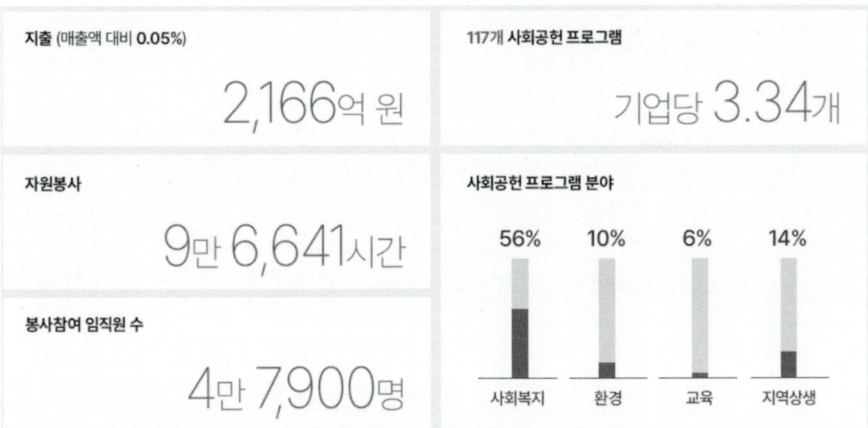

[그림 10-3] 35대 공기업 사회공헌

출처 : 보건복지부 · 한국사회복지협의회(2023). 2023 사회공헌백서.

1994년 우리나라 기업으로는 처음으로 삼성이 '삼성사회봉사단'을 만들며 기업의 사회참여가 조직적으로 시작되었고, 2002년 한일월드컵 개최를 계기로 봉사와 나눔이 확산되며 기업의 사회공헌 규모도 처음으로 1조원을 넘어서는 등 기업의 사회적 책임에 대한 논의가 본격화되었다(보건복지부 · 한국사회복지협의회, 2023).

|그림 10-4| 삼성 '2024 나눔의 날' 행사(자원봉사 모습)

출처 : 데일리안(2024. 11. 14).

3) 기업 자원봉사활동의 발전방안

우리나라 기업 자원봉사활동의 발전을 위해 다음의 우선 과제를 해결하는 것이 필요하다(이기백, 2016).

① 기업 사회공헌활동에 대한 성과 평가 및 사회적 영향력을 측정해야 한다.

② 기업의 사회공헌에서 자원봉사 영역이 좀 더 강조되고 체계화될 필요가 있다. 이렇게 되기 위해서는 기업 자원봉사 담당자의 전문성 및 역량 강화, 기업의 특성과 지역사회 욕구에 적합한 다양한 프로그램 개발, 임직원들의 폭넓은 참여를 촉진할 수 있는 다양한 운영체계 마련 등이 강화되어야 한다.

③ 시민단체(NGO) 등과 파트너십을 통해 일하려는 기업들의 노력이 약하다. 기업은 서비스 전달, 업무 완수 등의 능력은 뛰어나지만 사회변화를 일으키는 것에는 약하기 때문에 협업을 통해 사회변화를 만들 필요가 있다(정희선, 2015). 이를 위해 지역사회 내의 다른 단체나 기관과의 연계와 협조체계 구축이 필요하며, 공동 프로그램의 운영을 통한 지역사회 기관들과의 긴밀한 관계 형성이 필요하다.

④ 기업 자원봉사를 위한 인재육성 및 역량강화, 파트너 간의 상호 이해 증진을 목적으로 기업 실무자와 지역사회 수요처 담당자, 자원봉사단체 리더, 자원봉사센터 종사자를 위한 전문교육 과정 개설이 필요하다.

⑤ 임직원 자원봉사 프로그램 개발・지원을 위하여 임직원뿐만 아니라 가족, 협력기업, 지역주민 등이 함께 참여할 수 있는 다양한 프로그램 개발 및 운영이 필요하다.

4. 전문직 및 종교계 자원봉사활동

1) 전문직 자원봉사활동

(1) 전문직 자원봉사활동의 의의와 특성

전문직 자원봉사활동은 주로 변호사, 의료인 같은 전문 직업인을 생각할 수 있으나 전문직 자원봉사활동에는 특별한 기술과 자격을 가진 이미용, 중장비, 제빵 기술 등 다양한 분야에서 전문성을 발휘하는 것도 포함된다.

전문직 자원봉사활동은 자원봉사활동 현장에서 다음과 같은 의의를 가지며, 전문직 자원봉사자 모집과 활용을 위한 별도의 노력이 중요하다(남기철, 2022).

① 전문직 자원봉사활동은 사회복지기관이나 자원봉사활동을 필요로 하는 현장이 가지지 못한 전문성을 보충해 줄 수 있다.
② 전문직 자원봉사활동은 전문기술을 경제적으로 구매하여 사용하기 어려워 전문성의 지원으로부터 배제된 계층의 인권을 옹호하고 사회적 통합을 도모할 수 있다.
③ 욕구의 세분화 경향에 따라 서비스의 전문성을 통한 욕구 대응성을 높이고, 공익적 서비스의 품질을 제고할 수 있다.
④ 전문직 자원봉사활동은 전문직의 사회적 공헌과 책임을 이행할 수 있는 기회를 제공한다.

이러한 전문직 자원봉사자에 의한 자원봉사활동은 전문직의 특성과 자원봉사의 속성을 반영하고 있으므로 일반적인 자원봉사활동과는 다른 다음과 같은 몇 가지 특성을 가지고 있는데, 이를 살펴보면 다음과 같다(박태영 외, 2021).

첫째, 전문직 자원봉사는 전문직의 노블레스 오블리주 문화를 형성하는 활동이다. 노블레스 오블리주(noblesse oblige)는 고귀한 신분에 따른 윤리적 의무를 뜻하는 프랑스어에서 파생된 말이다. 이것은 전문직이 사회 내에서 경제적 부와 사회적 위세를 독점하는 만큼 이에 대한 윤리적 의무를 가져야 할 사회적 책임성을 뜻한다. 따라서 전문직은 자기의 위치에 따른 책임을 자각하고 사회적 약자를 돕는 것이 공동체의 구성원으로서 가져야 할 당연한 윤리이며 전문직은 그러한 문화를 형성할 의무를 가진다. 전문직 자원봉사는 전문직 내에 이러한 문화 형성을 유도하는 가장 좋은 방법이다.

둘째, 전문직 자원봉사는 전문적인 기술과 지식을 활용하므로 사회복지 서비스의 질적 향상과 확대를 유도할 수 있는 활동이다. 전문직이 가진 전문지식과 기술은 인간의 기본적인 필수 욕구를 보다 효과적으로 충족할 수 있게 하므로 이들의 자원봉사활동이 가지는 파급력은 매우 크다고 할 수 있다.

셋째, 전문직 자원봉사는 사회복지기관의 효과성과 효율성을 높이는 활동이다. 사회복지기관은 이들이 가진 사회적 지위와 네트워크를 활용하여 최소한의 시간과 비용, 노력으로 경제적 효율성과 정치적 효과성 등을 거둘 수 있을 뿐만 아니라 기관 내부의 직원을 전문적으로 보조하거나 자문하는 역할을 수행할 수 있다.

넷째, 전문직 자원봉사는 사회계층의 통합활동이다. 이들은 건전한 가정생활과 직업생활을 유지할 가능성이 높은 계층으로 대체로 건전한 상식과 사회적 능력을 가지고 있어 서비스 대상자와의 원만한 관계 형성 및 유지를 통하여 사회계층 간의 통합에 이바지할 수 있다. 즉, 전문직 자원봉사를 통해 사회적으로 높은 위치에 있는 전문직 자원봉사자를 자신의 가용자원으로 활용할 수 있게 되며, 또한 이들은 자원봉사활동으로 사회적 책임성을 다할 수 있게 되는 것이다.

한편 1989년 미국변호사협회에서는 '프로보노 공익활동위원회'가 만들어지며, 변호사를 선임할 경제적인 여유가 없는 개인 또는 단체에 대하여 보수를 받지 않고 법률서비스를 제공하는 활동이 전개되었다. 프로보노란 라틴어 'pro bono publico'의 줄임말로 공익을 위한 변호사, 세무사, 경영자 등 전문직의 자원봉사활동을 의미한다. 우리나라에서도 2001년 변호사법을 개정하면서 변호사에게 연간 일정 시간 이상의 의무적인 공익활동을 하도록 권유하고 있다(김범수 외, 2021).

따라서 프로보노는 우리나라에서 다양하게 사용되고 있는 일반적인 '재능기부', '재능봉사'와는 다른 표현으로, 전문직의 공익적인 자원봉사활동을 프로보노라는 고유명사 그대로 사용하는 것이 바람직하다고 볼 수 있다.

사회복지시설 중에서 전문직 자원봉사가 가장 적극적으로 이루어지고 있는 사회복지관을 중심으로 한국표준직업분류에 의해 전문직 자원봉사활동을 구분하여 제시해 보면 <표 10-4>와 같다(박태영 외, 2021).

<표 10-4> 한국표준직업분류에 의한 사회복지관의 전문직 자원봉사활동 분류

분 야	해당 자격 예시	자원봉사활동 예시
보건의료	의사(치과의사, 한의사 포함), 약사, 간호사, 물리치료사, 언어치료사, 심리치료사, 영양사	• 양·한방진료, 치과진료 • 물리치료 • 장애아동 언어 및 심리치료 • 급식·밑반찬·도시락 조리
교 육	대학교수, 초중고 교사, 유치원 교사, 특수학교 교사, 직업훈련기관 강사, 외국어·컴퓨터학원 강사	• 주민사회교육 • 장애아동 교육
행정·경영 및 재정	공인회계사, 세무사, 공인노무사, 홍보전문가, 사회조사전문가	• 세무상담 • 외국인 노동상담 • 소식지 제작 • 지역사회 조사
법률·사회 서비스 및 종교	변호사, 법무사, 사회복지사, 수어통역사, 성직자(목사, 신부, 스님 등), 상담사	• 법률상담 • 수어통역서비스 • 재가 요보호대상자 상담
문화·예술 및 방송 관련	사서, 번역가, 통역가, 언론기자, 화가, 만화가, 연극배우, 음악가, 국악인, 안무가	• 아동도서실 도서정리 • 외국인 상담 통역 • 주민사회교육 • 경로잔치·주민문화행사 지원

출처 : 박태영 외(2021). 자원봉사론.

한국자원봉사협의회에서는 봉사와 나눔문화 확산을 위한 '재능을 나눕시다' 캠페인(조선일보, 사회복지공동모금회 공동)을 전개하고 있으며, 2011년부터 다양한 계층이 참여할 수 있는 창의적이고 일상생활에서 실천 가능한 자원봉사 프로그램을 발굴하고자 재능나눔 프로그램 공모사업을 실시하고 있다. 특히 공모사업 단체의 자원봉사활동을 체계적이고 효과적인 지원을 위해 전문지원단을 구성해 단체들의 역량을 강화하고 성장할 수 있는 기회를 제공하고 있다. 지원분야 프로젝트는 다음과 같다(한국자원봉사협의회, 2014).

<표 10-5> '재능을 나눕시다' 지원분야 프로젝트

프로젝트	지원내용
슈바이처 프로젝트	의료, 보건, 건강 분야 등 사업비 지원 : 전문보건·의료, 건강상담, 마사지, 대체의료 등
키다리아저씨 프로젝트	상담, 교육, 멘토 분야 등 사업비 지원 : 학습지도, 법률상담, 멘토링, 상담 등
헤라클라스 프로젝트	체육, 기능, 기술 분야 등 사업비 지원 : 체육활동, 집수리, 운전, 기술제공 등
마더테레사 프로젝트	돌봄, 시설봉사 분야 등 사업비 지원 : 복지시설봉사, 돌보미, 쉼터후원 등
오드리헵번 프로젝트	문화, 예술 분야 등 사업비 지원 : 공원, 마술, 메이크업, 미술, 음악, 사진, 연극 등

출처 : 한국자원봉사협의회(2014). 2013 재능을 나눕시다.

(2) 전문직 자원봉사의 활성화 방안

향후 전문직 자원봉사의 활성화를 위해 자원봉사관리자가 유념해야 할 사항은 다음과 같다(박태영 외, 2002).

첫째, 전문직 자원봉사자에 대한 가치 인식과 그 활동에 의미를 부여하는 일이 선행되어야 한다. 전문직 자원봉사자에 대한 시각 및 인식 변화

는 이 활동의 필요성이 부각되고 있는 시점에서 반드시 가져야 할 중요한 관점이다. 또한 이러한 부분은 전문직 자원봉사자에 대한 사회복지시설·기관의 전문적이고 체계적인 관리와 활성화를 위한 기반 조성과 관련되어 있다. 따라서 사회복지시설·기관의 직원, 특히 관리자로부터 전문직 자원봉사에 대한 사회복지시설·기관의 관리체계 및 역할 변화를 유도할 것이다.

둘째, 전문직 유입을 위한 다양한 자원봉사 프로그램이 개발되어야 한다. 현재 사회복지시설·기관의 부족한 전문직 자원봉사 프로그램은 이 활동의 활성화를 저해하는 가장 핵심적인 요소이다. 전문직 자원봉사자들이 직접 사회복지시설·기관을 방문하여 활동할 수 있는 사회복지 프로그램의 수를 늘리고 지역사회 주민과 지역사회 내의 요보호가정을 위한 프로그램을 개발하는 것이 필요하다. 또한 지역사회 내에는 다양한 기능·기술인을 양성하는 직업훈련 프로그램이 대학과 직업훈련기관, 직업학교, 사회복지관 등에서 운영되고 있다. 이들은 교육 후 자격을 취득하여 전문가로 활동하게 되는데, 직업훈련 과정에서 이와 같은 사항을 고려하여 훈련과정과 연계된 프로그램을 개발하는 것 또한 의미가 있을 것이다.

셋째, 전문직이 있는 곳을 직접 찾아가서 홍보하는 모집방식의 개선이 필요하다. 전문직 자원봉사자를 모집하기 위해서는 기존의 언론매체를 통한 모집방법을 탈피하여 전문직 협회, 대학 학과, 학회, 연구모임 등을 직접적으로 접촉하여 다양한 모집 통로를 개발하는 것이 중요하다. 그리고 이들 단체의 회보나 소식지, 인터넷 홈페이지를 활용하여 홍보하거나 보다 적극적으로 관련 단체의 회원명부를 지원받아 개인적으로 이메일을 보내는 방법 등도 고려해 볼 수 있다.

넷째, 전문직 자원봉사자를 위한 별도의 교육 프로그램을 개설하고 그

운영을 참가집단의 단위별로 다양화할 필요가 있다. 전문직 자원봉사자 교육은 자원봉사 의식과 지속화·전문화·체계화 향상에 도움을 줄 수 있으므로 이들을 위한 교육 프로그램의 개설은 매우 중요하다. 따라서 일반 자원봉사자 교육과는 다른 별도의 전문직 자원봉사자 교육 프로그램 개설이 필요하며, 교육 운영 초기 사회복지사의 전문직 교육에 대한 인식 부족 및 부담감 증대와 전문직 자원봉사자의 시간 부족 요인 등을 고려할 때 이들을 위한 교육 프로그램은 사회복지시설·기관 내에서의 교육뿐만 아니라 전문직 협회의 보수교육이나 정기모임 등으로 다양화하여 운영할 필요가 있다. 그리고 전문직 자원봉사의 특성상 참가집단 단위 혹은 유사 직종 단위별로 묶어 교육 프로그램을 운영하는 방안을 강구해야 할 것이다.

다섯째, 전문직 자원봉사활동의 적합성 향상을 위한 참가 단위별 혹은 직업별 활동지도 방법이 개발되어야 한다. 이를 위해 참가 단위별, 특히 전문직 협회 단위의 활동 참가를 적극적으로 활성화할 필요가 있으며, 직업별 활동지도 혹은 유사 직업 간의 모임 구성을 통한 활동지도 방식을 개발하는 것도 필요하다. 유사 직업 간의 모임 구성은 타 전문직과의 새로운 만남에서 생기는 심리적인 만족감과 같은 이점이 있으므로 많은 인원이 자원봉사활동에 참여하는 준전문 직종에 우선 적용해 볼 수 있을 것이다.

여섯째, 시간 가치에 초점을 둔 실질적인 정신적 보상체계가 마련되어야 한다. 전문직의 경우 시간 가치의 수준이 타 직종에 비해 높고 그 통제력을 함께 가지고 있으므로 전문직 자원봉사자의 시간 가치 인정은 효과적인 보상책이 될 수 있다. 또한 전문직 자원봉사자의 경우 경제적 보상보다 정신적 보상에 집중하는 경향이 있으므로 이 두 가지 상황을 잘 활용할 필요가 있다. 예를 들어, 현재 몇몇 기관에서 사용하고 있는 500시간, 1000시간 등의 자원봉사시간 기준을 마련하여 감사패를 전달하는 방식은 전문직 자원봉사자에게는 특히 의미 있는 보상 방식이라고 사료된다.

일곱째, 활동의 지속화를 위한 참가집단 단위 중심의 평가방식이 마련되어야 한다. 개인 참가 단위 중심으로 이루어지고 있는 평가방식보다 단체·모임 단위 혹은 전문직 협회 단위로의 평가모임 개발과 운영이 더욱 효과적이다. 이 같은 집단의 경우 집단 내 규준, 지도력, 구성원 간의 상호작용, 응집력 등 집단역동을 활용할 필요가 있다. 이들의 자원봉사활동 평가는 활동의 지속화와 더불어 클라이언트에 대한 서비스의 질적 고급화와 자원봉사자의 전문기술 향상 등을 유도할 수 있을 것이다.

여덟째, 지역사회 내 자원봉사활동 관련 기관 간의 전문직 자원봉사자 관리 업무의 연계방안이 마련되어야 한다. 자원봉사인력의 공급이 부족한 전문직의 경우에 적은 인력을 효과적으로 활용하기 위해서는 정보공유를 통하여 이들의 도움이 필요한 클라이언트에 대한 정보 및 프로그램 정보, 자원봉사를 신청한 전문직의 정보 등을 공유하는 업무 연계 및 정보공유체계가 구축되어야 한다. 또한 각 전문직 협회와의 공동협력사업 추진을 통한 연계통로를 개발해야 한다. 각 전문직 협회와 사회복지시설·기관의 공동협력사업 추진은 협회 내부의 연계조직 신설을 유도할 수 있을 뿐만 아니라, 전문직의 공식적인 자원봉사활동 참여와 보편화에 기여할 수 있을 것이다.

또한 전문직의 자원봉사활동을 활성화하기 위해 자원봉사관리 영역에서 필요한 점을 다음과 같이 살펴볼 수 있다(류기형 외, 2018).

① 전문가 단체와의 협력 강화이다. 전문가들은 자체의 협회 등을 통해서 자신들의 권익과 사회참여활동을 수행하는 경향이 강하다. 따라서 개별적으로 전문가를 발굴하려는 것보다 협회 등 전문가 단체와

의 협력을 강화하는 것이 효과적이다. 예를 들어, 직종별 전문가협회의 뉴스레터에 자원봉사 모집에 관련된 홍보를 한다든지 전문가들의 모임에 찾아가 자원봉사활동의 취지와 목적을 설명하는 것도 유용한 방법일 것이다. 그리고 모집에 있어 이미 형성되어 있는 전문가들의 비공식적 모임에 대한 정보를 파악하여 적극 활용하는 것도 필요할 것이다.

② 전문기술 중심의 자원봉사 프로그램 개발과 제공기회 증대이다. 전문가의 자원봉사활동은 전문가들이 가진 기술과 지식 및 재능을 활용하는 데 일차적으로 초점을 두어야 한다. 즉, 법률, 재정 및 경영관리 기술과 관련된 운영위원회 활동, 교육 및 강의, 치료 상담, 자선행사 등의 기획가 역할, 자선공연 등 개별 전문가들이 가지고 있는 관련 기술을 사용할 기회 확대에 초점을 두어야 실효성이 있다. 또한 개별적인 활동보다는 이미 연대감이 형성되어 있는 같은 전문가들로 집단을 구성하는 방법이나 다양한 전문가들을 하나의 팀으로 구성하여 활동을 하는 것도 좋은 방법이다.

③ 참여시간의 제약 완화 방법을 강구해야 한다. 시간적 여유를 내기 어려운 전문직 자원봉사자들에게는 전문가들이 기관에 직접 방문해 활동하는 방법에서 벗어나 자신의 직장 공간에서 필요한 시간과 공간을 할애해 서비스를 제공할 수 있도록 하는 방법도 강구되어야 한다.

④ 다양한 자원봉사 프로그램 메뉴 제공이다. 전문가라고 해서 꼭 자신의 전문 분야에 국한된 활동 프로그램이 아니라 자신의 전문기술이나 지식을 응용하여 활용할 수 있는 부분이 훨씬 더 매력적 요소가 될 수 있다. 예를 들어, 의사라고 해서 꼭 의료적인 행위에만 배치할 것이 아니라 그들의 욕구나 관심분야, 재능을 파악해 자원봉사활동

에 연결해 준다면 자원봉사활동은 자신의 잠재능력을 발휘하게 해주는 더욱 즐거운 활동이 될 수 있을 것이다.

⑤ 전문직 자원봉사활동에 대한 지역사회 인정욕구를 충족해 주어야 한다. 전문가들은 대부분 사회에 공헌해야 한다는 도덕적·윤리적 부담감을 가지고 있다. 그리고 그러한 자신들의 이미지가 지역사회에서 인정받기를 원하는 경향도 크다. 그러므로 이러한 지역사회 인정을 받고 싶은 욕구를 충족시키는 전략이 구축되어야 한다. 예를 들면, 노인 한방 자원봉사자로 등록한 한의사에게는 그들의 고객에게도 이러한 사실을 알려주기 위해 활동사진이나 기록 등을 제공해 주거나 자원봉사 활용기관에서 인정하는 어떤 증표를 주는 것도 하나의 방법이 될 것이다. 이러한 것은 지역주민에게 홍보가 되어 전문가에 대한 신뢰를 더 높일 수 있을 뿐 아니라 전문가로 하여금 책임감을 가지고 지속적인 활동을 할 수 있도록 하는 촉진제가 될 것이다.

⑥ 마지막으로 전문가들의 자원봉사교육 참여 현황에서도 나타난 것처럼 전문가들의 자원봉사교육 이수율은 저조한 편이다. 그러므로 사회복지조직이나 자원봉사조직에서는 앞으로 전문가의 개별적인 교육 욕구에 대해 정확한 사정을 기하도록 하고, 또 이의 결과에 따라 차별화된 전문가용 교육 분야와 내용을 개발·제공해야 할 것이다.

2) 종교계 자원봉사활동

(1) 종교계 자원봉사활동의 현황

일찍이 종교단체(교회, 성당, 사찰 등)에서는 자원봉사자의 참여가 활발히 이루어지고 있다. 2020년 자원봉사활동 실태조사 결과 자원봉사자의 활동처로 '사회복지기관 및 시설, 청소년 단체'(38.5%)가 가장 많았으며, 이어서 '종교단체'(32.9%), '교육기관'(17.4%) 순으로 높게 나타났다(행정안전부, 2020).

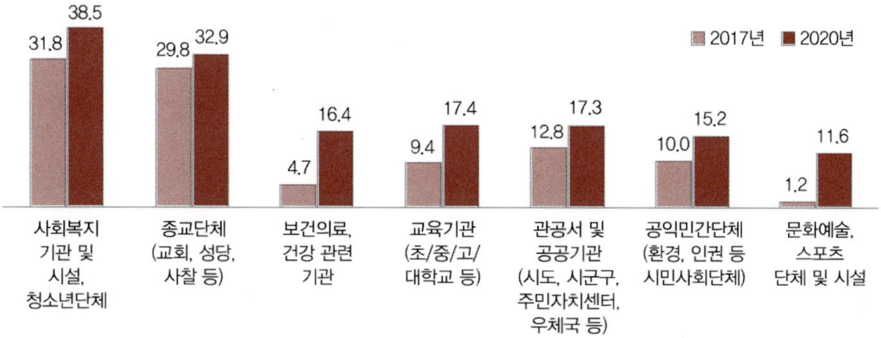

|그림 10-5| 자원봉사 활동처(복수응답, %)

출처 : 행정안전부(2020). 자원봉사활동 실태조사 및 법 개정 연구.

한국자원봉사협의회에서는 대한불교조계종사회복지재단, 예수의꽃동네유지재단, 원불교봉공회, 천수천안, 천주교한마음한몸운동본부, 한국교회봉사단 등의 종교단체가 가입하여 함께 활동하고 있다.

예를 들어, 개신교의 경우 YMCA, YWCA와 함께 시작해 지역사회 속에서 자원봉사 프로젝트들을 실천하는 교회들이 증가하고 있다. 사회복지관의 경영을 위탁받아서 운영하거나 지역사회 내의 독거노인 돕기, 소녀소녀가장 돕기, 불우한 빈민가정들에게 사랑의 쌀을 나누는 운동이나 반찬과 김치를 나누는 교회들이 많아졌다. 경노대학과 같은 노인교실 운영에 많은 자원봉사자들이 참여하고 있으며, 노숙인을 위한 무료급식소 운영에도 자원봉사자들이 많이 참여하고 있다. 대표적인 '밥퍼' 재단이 있다. 특히 IMF 외환위기 이후 한국 교회는 나눔과 섬김의 필요성에 대하여 공감대가 형성되었고, 다양한 모습으로 지역사회 속에서 자원봉사를 생활화하려는 노력을 기울이고 있다(정무성 외, 2009).

(2) 종교계 자원봉사활동의 원칙

종교계 자원봉사활동의 원칙은 다음과 같이 제시할 수 있다(김영호 외, 2006).

① 종교계 자원봉사활동은 자비심, 이웃사랑 등 종교의 이념적 사명을 다방면으로 실천해 나간다.

② 종교계의 자원봉사활동은 연령, 성별, 종교, 지역 등과 상관없이 평등성의 원칙에 따라서 필요한 서비스를 인간 및 자연환경까지 받을 수 있도록 해야 한다.

③ 종교계의 자원봉사활동은 복지공동체 문화의 형성을 위하여 신자들의 자발성에 기초하여 전개해 나간다.

④ 종교계의 자원봉사활동은 공적 사회복지기관의 역할을 보완하거나 보충적 기능을 수행해 나간다.

⑤ 종교계 자원봉사활동은 각 종교계의 조직과 기구들뿐만 아니라 다른 종교계의 조직과 단체들이 함께 네트워크를 구축하여 실시해 나간다.

⑥ 종교계 자원봉사활동은 각 종교의 특성에 입각한 창의적 프로그램을 개발하는 데 주력해야 한다.

⑦ 종교계 자원봉사활동은 단순한 자선활동의 수준을 넘어선 수요자의 문제 예방과 치료 및 자립을 지향하는 활동을 전개해 나가야 할 것이다.

CHAPTER 11

자원봉사현장별 자원봉사활동

1. 사회복지현장의 자원봉사활동

1) 사회복지시설의 종류

현대적 의미의 자원봉사활동은 사회복지현장에서 시작되었고, 다양한 자원봉사활동분야 중에서 사회복지분야는 현재도 자원봉사자들이 가장 많이 관심을 가지며 참여하고 있다. 아동, 노인, 장애인 등 다양한 사회복지시설에서 절대적으로 부족한 직원의 역할을 자원봉사자가 보완해 주고 있는 실정이다.

사회복지사업법에 따르면 "사회복지사업"이란 사회복지사업법 제2조 제1호에 규정된 개별법령에 따른 보호·선도 또는 복지에 관한 사업과 사회복지상담, 직업지원, 무료 숙박, 지역사회복지, 의료복지, 재가복지, 사회복지관 운영, 정신질환자 및 한센병력자의 사회복귀에 관한 사업 등 각종 복지사업과 이와 관련된 자원봉사활동 및 복지시설의 운영 또는 지원을 목적으로 하는 사업을 말한다고 규정하고 있다.

> 개별법령
>
> 「국민기초생활 보장법」, 「아동복지법」, 「노인복지법」, 「장애인복지법」, 「한부모가족 지원법」, 「영유아보육법」, 「성매매방지 및 피해자보호 등에 관한 법률」, 「정신건강증진 및 정신질환자 복지서비스 지원에 관한 법률」, 「성폭력방지 및 피해자보호 등에 관한 법률」, 「입양특례법」, 「일제하 일본군위안부 피해자에 대한 생활안정지원 및 기념사업 등에 관한 법률」, 「사회복지공동모금회법」, 「장애인·노인·임산부 등의 편의증진 보장에 관한 법률」, 「가정폭력방지 및 피해자보호 등에 관한 법률」, 「농어촌주민의 보건복지증진을 위한 특별법」, 「식품등 기부 활성화에 관한 법률」, 「의료급여법」, 「기초연금법」, 「긴급복지지원법」, 「다문화가족지원법」, 「장애인연금법」, 「장애인활동 지원에 관한 법률」, 「노숙인 등의 복지 및 자립지원에 관한 법률」, 「보호관찰 등에 관한 법률」, 「장애아동 복지지원법」, 「발달장애인 권리보장 및 지원에 관한 법률」, 「청소년복지 지원법」, 그 밖에 대통령령으로 정하는 법률*
>
> *건강가정기본법, 북한이탈주민의 보호 및 정착지원에 관한 법률, 자살예방 및 생명존중문화 조성을 위한 법률, 장애인·노인 등을 위한 보조기기 지원 및 활용촉진에 관한 법률

또한 사회복지시설은 동법 제2조에 따른 사회복지사업을 할 목적으로 설치된 시설을 의미한다. 이러한 사회복지시설은 이용 형태에 따라 대상자들이 시설에서 생활(거주)하면서 서비스를 제공받는 생활시설과 도움이 필요한 대상자들이 자신의 가정에 살면서 지역사회의 다양한 서비스를 이용할 수 있는 이용시설로 크게 구분할 수 있다. 사회복지현장에서는 흔히 생활시설을 '사회복지시설'이라고 하고, 이용시설을 '사회복지기관'이라고 표현한다.

사회복지시설은 대상자에 따라 노인복지시설, 아동복지시설, 장애인복지시설, 노숙인시설 등 다양하게 나누어 볼 수 있는데, 세부적인 사회복지시설의 종류는 다음과 같다(보건복지부, 2024).

<표 11-1> 사회복지시설의 종류

<table>
<tr><th rowspan="2">시설 종류</th><th colspan="2">세부 종류</th><th rowspan="2">관련법</th></tr>
<tr><th>생활시설</th><th>이용시설</th></tr>
<tr><td>노인복지시설</td><td>• 노인주거복지시설
• 노인의료복지시설
• 학대피해노인전용쉼터</td><td>• 재가노인복지시설
• 노인여가복지시설
• 노인보호전문기관
• 노인일자리지원기관</td><td>노인복지법</td></tr>
<tr><td>복합노인복지시설</td><td colspan="2">농어촌 지역에 한해 「노인복지법」 제31조 노인복지시설을 종합적으로 배치한 복합노인복지시설 설치 · 운영 가능</td><td>농어촌주민의 보건복지증진을 위한 특별법</td></tr>
<tr><td>아동복지시설</td><td>• 아동양육시설
• 아동일시보호시설
• 아동보호치료시설
• 자립지원시설
• 공동생활가정
• 학대피해아동쉼터</td><td>• 아동상담소
• 아동전용시설
• 지역아동센터
• 아동보호전문기관
• 가정위탁지원센터
• 자립지원전담기관</td><td>아동복지법</td></tr>
<tr><td>장애인복지시설</td><td>• 장애유형별 거주시설
• 중증장애인 거주시설
• 장애영유아 거주시설
• 장애인단기 거주시설
• 장애인공동생활가정
• 피해장애인쉼터
• 피해장애아동쉼터</td><td>• 장애인지역사회재활시설
• 장애인직업재활시설
• 장애인의료재활시설
• 장애인생산품판매시설</td><td>장애인복지법</td></tr>
<tr><td>어린이집</td><td></td><td>• 어린이집</td><td>영유아보육법</td></tr>
<tr><td>정신건강증진시설</td><td>• 정신요양시설
• 정신재활시설 중 생활시설</td><td>• 정신재활시설 중 이용시설</td><td>정신건강증진 및 정신질환자 복지서비스 지원에 관한 법률</td></tr>
<tr><td>노숙인시설</td><td>• 노숙인자활시설
• 노숙인재활시설
• 노숙인요양시설</td><td>• 노숙인종합지원센터
• 노숙인일시보호시설
• 노숙인급식시설
• 노숙인진료시설
• 쪽방상담소</td><td>노숙인 등의 복지 및 자립지원에 관한 법률</td></tr>
<tr><td>사회복지관</td><td></td><td>• 사회복지관</td><td>사회복지사업법</td></tr>
</table>

지역자활센터		• 지역자활센터	국민기초생활 보장법
다함께돌봄센터		• 다함께돌봄센터 (학교돌봄터 포함)	아동복지법
결핵·한센시설	• 결핵·한센시설		사회복지사업법
성매매피해 지원시설	• 일반지원시설 • 청소년지원시설 • 외국인지원시설 • 자립지원공동생활시설	• 자활지원센터 • 성매매피해상담소	성매매방지 및 피해자보호 등에 관한 법률
성폭력피해 보호시설	• 성폭력피해자보호시설	• 성폭력피해상담소	성폭력방지 및 피해자보호 등에 관한 법률
가정폭력 보호시설	• 가정폭력피해자보호시설	• 가정폭력상담소 • 긴급전화센터디지털	가정폭력방지 및 피해자보호 등에 관한 법률
한부모가족 복지시설	• 출산지원시설 • 양육지원시설 • 생활지원시설 • 일시지원시설	• 한부모가족복지상담소	한부모가족 지원법
다문화가족 지원센터		• 다문화가족지원센터	다문화가족 지원법
건강가정 지원센터		• 건강가정지원센터	건강가정기본법
청소년복지시설	• 청소년쉼터 • 청소년자립지원관 • 청소년치료재활센터 • 청소년회복지원시설		청소년복지 지원법

출처 : 보건복지부(2024). 2024 사회복지시설 관리안내.

이러한 사회복지시설의 종류 중 우리나라 사회복지 주무부처인 보건복지부 소관의 사회복지시설을 서비스 대상자별로 생활시설 및 이용시설로 분류하면 <표 11-2>와 같다.

<표 11-2> 보건복지부 소관 사회복지시설의 세부 분류

<table>
<tr><th>대상자별</th><th>형태</th><th colspan="2">시설 종류</th><th>관련법령</th></tr>
<tr><td rowspan="11">노인</td><td rowspan="5">생활</td><td rowspan="2">의료</td><td>노인요양시설</td><td rowspan="11">노인복지법
제31조</td></tr>
<tr><td>노인요양공동생활가정</td></tr>
<tr><td rowspan="2">주거</td><td>양로시설, 노인공동생활가정</td></tr>
<tr><td>노인복지주택</td></tr>
<tr><td colspan="2">학대피해노인전용쉼터</td></tr>
<tr><td rowspan="6">이용</td><td rowspan="2">재가</td><td>재가노인복지시설(방문요양, 주·야간보호, 단기보호, 방문목욕, 방문간호)</td></tr>
<tr><td>재가노인복지시설(재가노인지원)</td></tr>
<tr><td rowspan="2">여가</td><td>노인복지관</td></tr>
<tr><td>경로당, 노인교실</td></tr>
<tr><td colspan="2">노인보호전문기관</td></tr>
<tr><td colspan="2">노인일자리지원기관</td></tr>
<tr><td rowspan="10">아동</td><td rowspan="5">생활</td><td colspan="2">아동양육시설, 공동생활가정</td><td rowspan="9">아동복지법
제52조</td></tr>
<tr><td colspan="2">아동일시보호시설</td></tr>
<tr><td colspan="2">아동보호치료시설</td></tr>
<tr><td colspan="2">자립지원시설</td></tr>
<tr><td colspan="2">공동생활가정(학대피해아동쉼터로 지정된 곳에 한함)</td></tr>
<tr><td rowspan="5">이용</td><td colspan="2">아동상담소, 아동전용시설</td></tr>
<tr><td colspan="2">가정위탁지원센터, 자립지원전담기관</td></tr>
<tr><td colspan="2">지역아동센터</td></tr>
<tr><td colspan="2">학대피해아동쉼터</td></tr>
<tr><td colspan="2">다함께돌봄센터</td><td>아동복지법
제44조의2</td></tr>
<tr><td rowspan="5">장애인</td><td rowspan="5">생활</td><td rowspan="5">거주시설</td><td>장애유형별 거주시설</td><td rowspan="5">장애인
복지법
제58조</td></tr>
<tr><td>중증장애인 거주시설</td></tr>
<tr><td>장애영유아 거주시설</td></tr>
<tr><td>장애인단기 거주시설</td></tr>
<tr><td>장애인공동생활가정</td></tr>
</table>

<table>
<tr><td rowspan="10"></td><td rowspan="2"></td><td rowspan="2">쉼터</td><td>피해장애인쉼터</td><td rowspan="2"></td></tr>
<tr><td>피해장애아동쉼터</td></tr>
<tr><td rowspan="8">이용</td><td rowspan="5">지역사회
재활시설</td><td>장애인복지관</td><td rowspan="8">장애인
복지법
제58조</td></tr>
<tr><td>장애인주간보호시설</td></tr>
<tr><td>장애인체육시설, 장애인수련시설
장애인생활이동지원센터</td></tr>
<tr><td>수어통역센터, 점자도서관, 점서 및 녹음서
출판시설</td></tr>
<tr><td>장애인재활치료시설</td></tr>
<tr><td colspan="2">장애인의료재활시설</td></tr>
<tr><td>직업재활
시설</td><td>장애인보호작업장, 장애인근로사업장
장애인직업적응훈련시설</td></tr>
<tr><td colspan="2">장애인생산품판매시설</td></tr>
<tr><td>영유아</td><td>이용</td><td>어린이집</td><td>국공립, 법인, 직장, 가정, 협동, 민간</td><td>영유아
보육법</td></tr>
<tr><td rowspan="2">정신
질환자</td><td>생활</td><td colspan="2">정신요양시설, 정신재활시설 중 생활시설</td><td rowspan="2">정신건강
증진 및
정신질환자
복지서비스
지원에 관한
법률</td></tr>
<tr><td>이용</td><td colspan="2">정신재활시설 중 이용시설</td></tr>
<tr><td rowspan="2">노숙인
등</td><td>생활</td><td colspan="2">노숙인자활시설, 노숙인재활시설, 노숙인요양시설</td><td rowspan="2">노숙인 등의
복지 및
자립지원에
관한 법률</td></tr>
<tr><td>이용</td><td colspan="2">노숙인종합지원센터, 노숙인일시보호시설
노숙인급식시설, 노숙인진료시설, 쪽방상담소</td></tr>
<tr><td>지역주민</td><td>이용</td><td colspan="2">사회복지관</td><td>사회복지
사업법</td></tr>
<tr><td>기타시설</td><td>이용</td><td colspan="2">지역자활센터</td><td>국민기초
생활보장법</td></tr>
</table>

출처 : 보건복지부(2024). 2024 사회복지시설 관리안내.

2) 사회복지 자원봉사활동 체계와 현황

사회복지사업법 제9조에 의거 국가와 지방자치단체는 사회복지 자원봉사활동을 지원·육성하기 위하여 자원봉사활동의 홍보 및 교육, 자원봉사활동 프로그램의 개발·보급, 자원봉사활동 중의 재해에 대비한 시책의 개발, 그 밖에 자원봉사활동의 지원에 필요한 사항을 실시하여야 한다고 규정하고 있다.

사회복지시설에서 이루어지는 자원봉사활동의 관리는 보건복지부와 한국사회복지협의회에서 운영하는 사회복지 자원봉사 인증체계(VMS : Volunteer Management System)를 통해 이루어진다.

사회복지 자원봉사 관리(인증)체계인 VMS는 1978년 사회봉사안내소를 모태로 2001년 보건복지부 정책사업으로 시작되어 사회복지분야 자원봉사활동의 체계적인 관리와 국민의 자원봉사활동 참여 촉진을 유도하고 있다. 한국사회복지협의회는 사회복지 자원봉사 사업의 운영 주체로서 민·관 협력을 통해 2023년 기준으로 전국 16,550개 사회복지 자원봉사 관리센터에서 23,106명의 사회복지 자원봉사 인증요원이 자원봉사실적 인증관리와 더불어 자원봉사자들의 활동을 지원하고 있다(한국사회복지협의회, 2024).

한국사회복지협의회(2024)에 따르면 2023년 기준 VMS 등록 자원봉사자는 9,312,279명이며, 1회 이상 활동 자원봉사자는 632,061명으로 활동률은 6.8%이다. 사회복지 자원봉사 사업 추진체계는 |그림 11－1|과 같다.

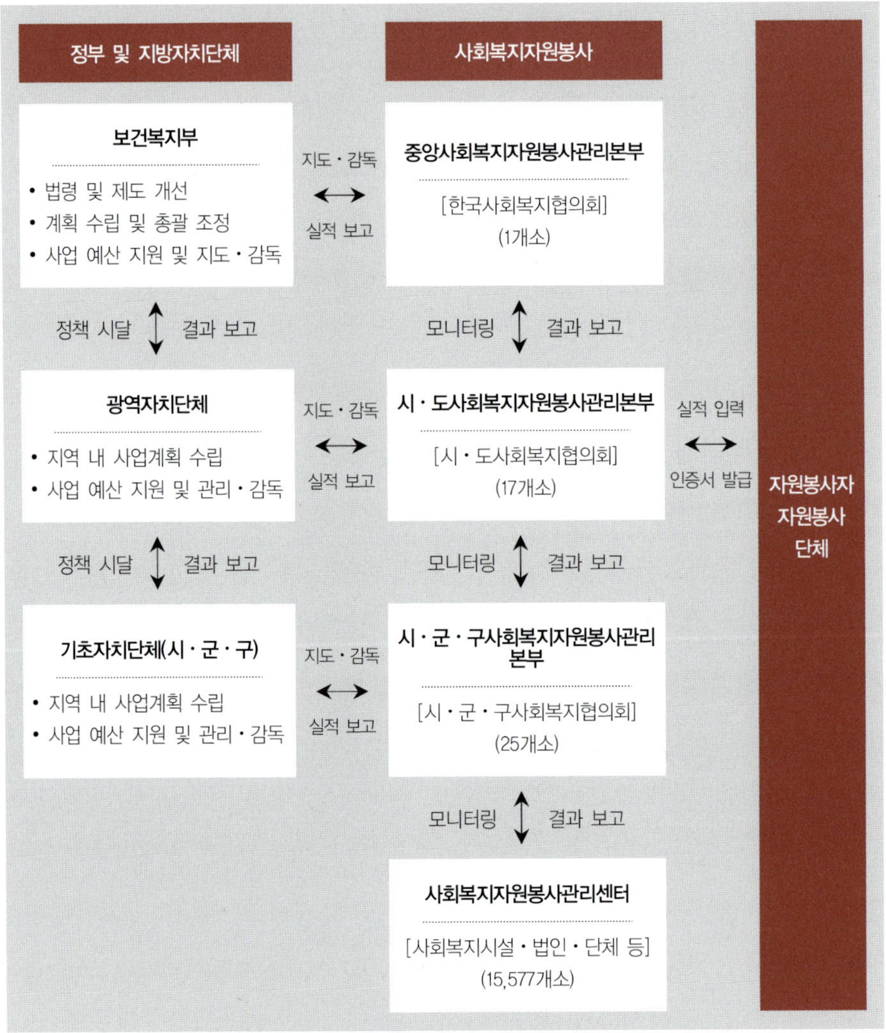

[그림 11-1] 사회복지 자원봉사 사업 추진체계

출처 : 한국사회복지협의회(2024). 2023 VMS 사회복지 자원봉사 통계연보.

시설별 자원봉사자 현황을 살펴보면 전체 469,144명 중에서 기타를 제외하고 노인시설(147,277명), 복지관(98,494명), 장애인시설(90,193명) 순으로 자원봉사자가 많은 것으로 나타났다(한국사회복지협의회, 2024).

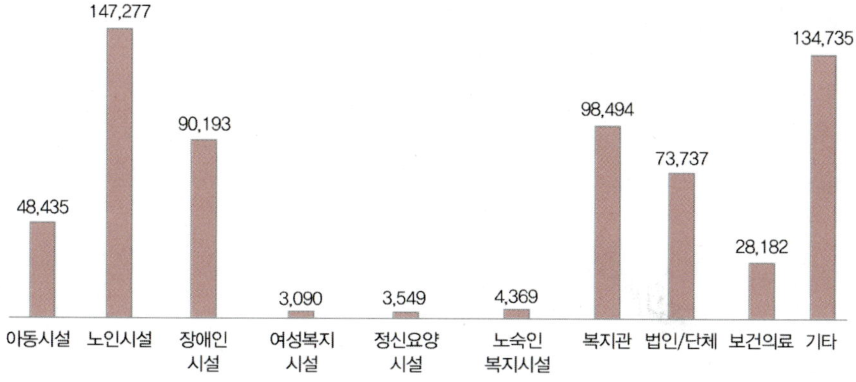

[그림 11-2] 시설별 자원봉사자 현황(명)

출처 : 한국사회복지협의회(2024). 2023 VMS 사회복지 자원봉사 통계연보.

또 봉사영역별 활동 현황(성별)에서는 남성과 여성 모두 시설봉사가 주를 이루었으며, 시설봉사를 제외하면 남성의 경우 헌혈봉사가 높은 비율을 보인 반면, 여성의 경우 지역사회, 재가봉사 순으로 나타났다(한국사회복지협의회, 2024).

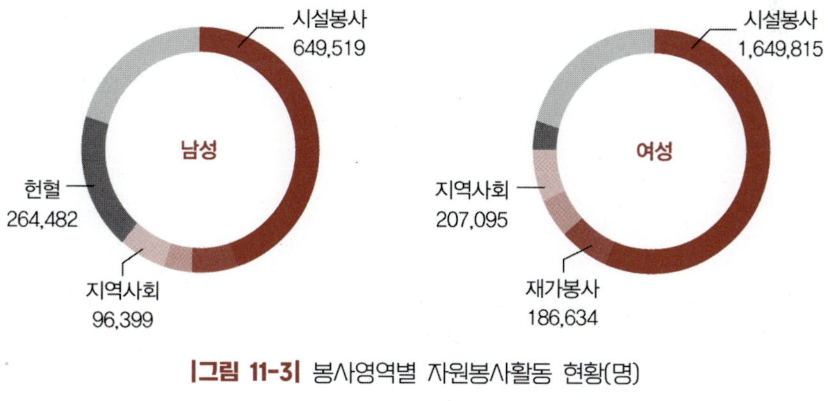

[그림 11-3] 봉사영역별 자원봉사활동 현황(명)

출처 : 한국사회복지협의회(2024). 2023 VMS 사회복지 자원봉사 통계연보.

|그림 11-4| 무료 급식 자원봉사(1999)

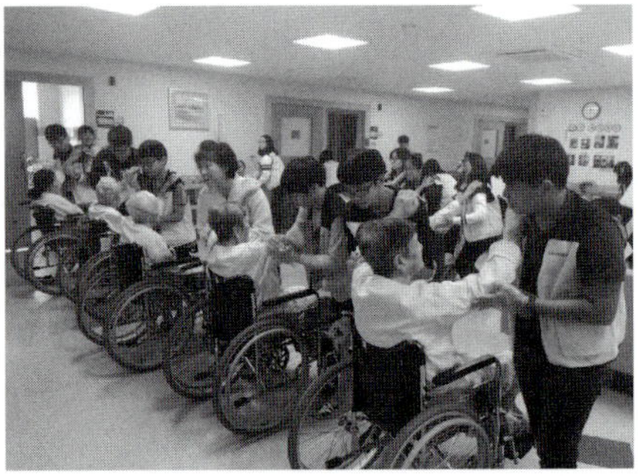

|그림 11-5| 경남 김해 노인케어 봉사활동(2015)

출처 : 행정안전부(2016. 12. 13). 기록으로 보는 나눔과 봉사의 발자취 보도자료.

마지막으로 사회복지시설을 이용하거나 생활하는 대상자를 중심으로 현장에서 자원봉사자가 가져야 할 기본적 자세는 다음과 같다(류기형 외, 2018).

① 대상자의 안전 문제
② 약속 시간의 엄수와 신뢰관계 형성
③ 자원봉사 대상에 대한 지속적인 관심과 이해
④ 대상자에 대한 존중
⑤ 자기 결정에 대한 존중
⑥ 비밀보장 준수
⑦ 자원봉사 대상자에게 도움을 줄 사회적 자원 탐색과 의뢰
⑧ 자원봉사 대상자의 복지에 관한 전문적인 지식과 기술 습득
⑨ 자신의 역할과 업무 및 한계에 대한 명확한 이해
⑩ 활동 시작 전(준비), 종료 후(기록 및 평가)와 관련된 사항

2. 환경분야 자원봉사활동

1) 재난재해 자원봉사

최근 지구의 기후 환경변화가 극심하게 나타나는 것을 체감하고 있다. 평균기온의 상승, 미세먼지 증가, 여름철 폭염과 열대야 현상, 집중 호우 등 심각한 기후변화가 나타나고 있다. 이는 취약 계층에게 더욱 심각한 위협이 되므로, 환경분야 자원봉사활동에도 더 많은 관심과 참여가 필요하다.

(1) 재난 및 재난관리의 개념

「재난 및 안전관리 기본법」 제3조에 따르면 재난이란 국민의 생명·신체·재산과 국가에 피해를 주거나 줄 수 있는 것으로서 자연재난과 사회재난으로 구분한다.

- 자연재난 : 태풍, 홍수, 호우, 강풍, 풍랑, 해일, 대설, 한파, 낙뢰, 가뭄, 폭염, 지진, 황사, 조류(藻類) 대발생, 조수(潮水), 화산활동, 「우주개발 진흥법」에 따른 자연우주물체의 추락·충돌, 그 밖에 이에 준하는 자연현상으로 인하여 발생하는 재해
- 사회재난 : 화재·붕괴·폭발·교통사고(항공사고 및 해상사고를 포함한다)·화생방사고·환경오염사고·다중운집인파사고 등으로 인하여 발생하는 대통령령으로 정하는 규모 이상의 피해와 국가핵심기반의 마비, 「감염병의 예방 및 관리에 관한 법률」에 따른 감염병 또는 「가축전염병예방법」에 따른 가축전염병의 확산, 「미세먼지 저감 및 관리에 관한 특별법」에 따른 미세먼지, 「우주개발 진흥법」에 따른 인공우주물체의 추락·충돌 등으로 인한 피해

이러한 재난으로 인하여 발생하는 피해를 재해라고 말하며, 재난관리는 재난의 예방, 대비, 대응 및 복구를 위하여 하는 모든 활동을 말한다(재난 및 안전관리 기본법). 재난관리는 재난재해 시 전국네트워크를 통해 자원봉사자를 모집, 배치하여 복구하는 과정이며, 첫째, 지방자치단체 재해대책본부와 역할분담 및 관계성, 둘째, 지역사회 다양한 조직과 역할분담, 셋째, 확보된 자원을 적재적소에 배치하는 절차, 넷째, 모집된 자원봉사자를 통해 현장을 신속하게 복구 지원하는 과정이다(행정안전부, 2008).

「재해구호법」에 규정된 민간 구호지원기관으로는 전국재해구호협회, 대한적십자사, 한국중앙자원봉사센터, 전국자율방재단연합회, 새마을운동중앙회 등이 있다. 자원봉사자는 이재민 구호상황 관리, 구호물자 접수 배분, 급식 및 재해구호물품 지원, 임시주거시설 운영지원, 감염병 예방 및 방역활동, 심리회복 지원 등 다양한 구호활동을 지원한다. 이러한 재해구호활동 운영 체계는 |그림 11-6|과 같다.

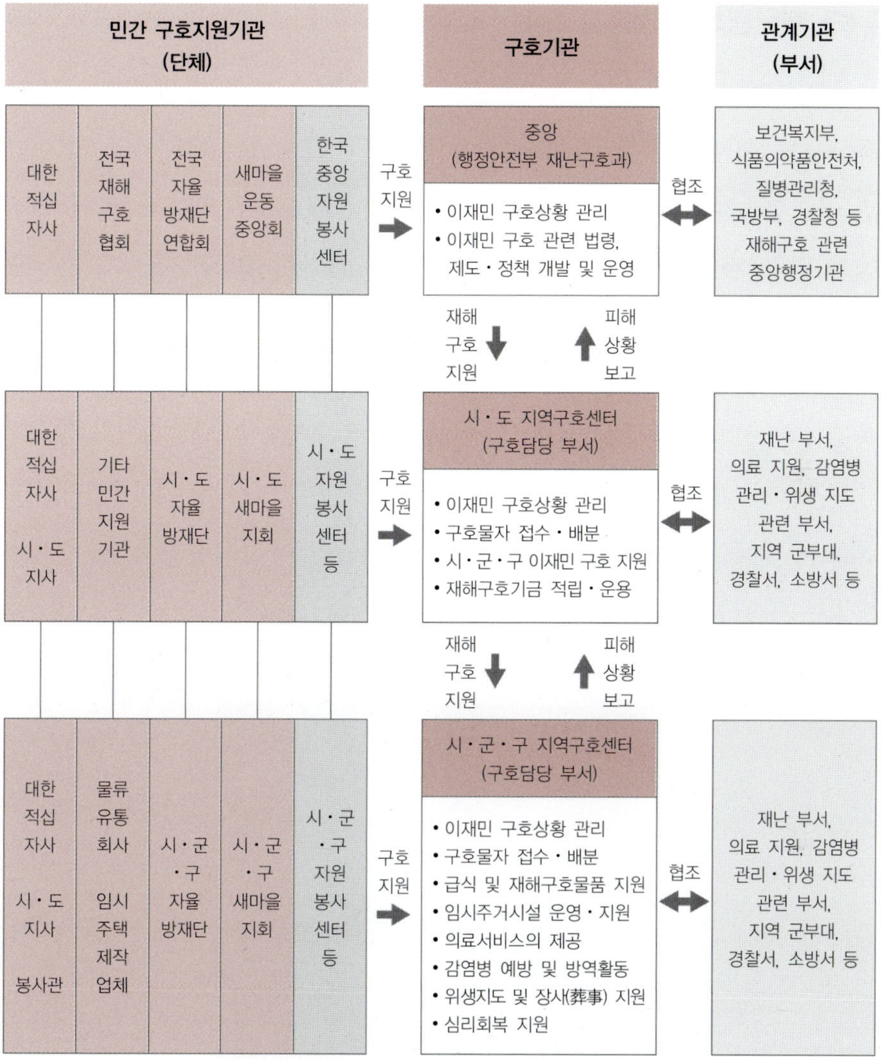

[그림 11-6] 재해구호활동 운영 체계도

출처 : 행정안전부(2023). 2024년 재해구호계획 수립지침.

(2) 재난재해 자원봉사 사례

여러 가지 요인으로 지구촌 곳곳에 재난이 더욱 자주 발생하고 있고 피해규모도 커지게 되면서, 이제는 정부의 노력만으로는 피해복구 및 이재민 구호활동을 할 수 없는 현실이다. 따라서 재난관리 및 재해복구 현장에는 민간 자원봉사자의 적극적인 참여가 절실히 요구된다.

특히 2007년 12월 발생한 서해안(태안) 기름유출사고에는 약 3개월간 123만 명의 자원봉사자가 참여하여 기름 범벅이 된 바다를 되살리기 위해 피해복구 현장에서 구슬땀을 흘렸다(행정안전부, 2017. 9. 15. 보도자료).

최근에도 2020년 신종 코로나바이러스 감염증(COVID-19) 방역현장, 2022년 태풍 '힌남노' 피해지역, 2024년 무안공항 사고현장 등 곳곳에서 수많은 자원봉사자의 헌신적인 참여를 볼 수 있었다.

[그림 11-7] 태안 기름유출사고 자원봉사(2007)

출처 : 행정안전부(2016. 12. 13). 기록으로 보는 나눔과 봉사의 발자취 보도자료.

2) 환경분야 자원봉사활동

한편 환경분야 자원봉사활동이 가능한 대표적인 환경분야의 전국단위 시민단체(NGO)로는 환경운동연합, 녹색연합, 환경재단, 환경실천연합회, 여성환경연대 등이 있다. 행정안전부에서 시행하는 비영리민간단체 지원 사업에도 '탄소중립 및 생태환경'의 사업유형 예시가 제시되어 있다(행정안전부, 2022).

탄소중립 및 생태환경	• 나무 식재, 일회용품 생산 저감 및 재활용 활성화 활동, 탄소중립·온실가스 감축 관련 교육 및 캠페인 등 탄소중립을 위한 활동 • 강·하천 살리기 등 환경보전 • 멸종위기 동식물 보호 • 지구온난화 등 기후변화 대응 • 에너지·자원절약 생활화, 자원순환 및 생활쓰레기 줄이기

출처 : 행정안전부(2022). 2023년 비영리민간단체 지원사업 사업유형별 사업내용(예시).

최근에는 주변 산책이나 조깅을 하며 일상 속에서 쓰레기를 줍는 플로깅(plogging) 캠페인도 활발히 전개되고 있다. 플로깅은 '줍다'라는 스웨덴어 'plocka upp'와 영어 'jogging'의 합성어로, 2016년 스웨덴에서 시작된 환경운동이다.

3. 의료분야 자원봉사활동

의료분야 자원봉사활동은 기관의 목적과 성격에 따라 자원봉사자의 역할이 다양하다. 예를 들면, 환자의 돌봄 및 가족에게 직접적으로 제공하는 봉사, 의료시설의 행정적 지원, 지역사회 교육(조사) 및 캠페인, 자문과 상담 등이 있다. 그리고 의료인이 보수를 받지 않고 취약계층이나 소외된 지역에서 이루어지는 전문적인 자원봉사활동도 포함된다.

특히 지난 2020년 신종 코로나바이러스 감염증(COVID-19) 확산 시기에 전국의 선별진료소, 격리병동 등에서 보여준 자발적이고 헌신적인 의료인들의 자원봉사 참여는 여전히 우리 기억 속에 남아 있다.

|그림 11-8| 세브란스병원 의료봉사단

출처 : 헤럴드경제(2024. 12. 2).

병원에서 자원봉사 영역을 입원환자와 외래환자로 구분했을 때 입원환자를 위한 자원봉사활동으로는 간병, 도서 대여(반납), 미용 및 목욕, 산책, 환자위문, 의료용품 준비, 호스피스 등이 있다. 외래환자를 위한 자원봉사활동으로는 민원 및 안내(위치), 번호표발행기 질서 유지, 차트정리, 의료기관 모니터링 등이 있다. 그 밖에도 응급실, 전화 안내, 지역 보건·의료조사, 부서의 행정업무 보조, 환경정비, 후원금 관리 등이 있다.

의료시설(병원) 자원봉사자의 자세와 유의사항에 대하여 요약하면 다음과 같다(김동배, 2005).

첫째, 환자의 인격과 개성을 존중해야 한다. 자원봉사자를 도움을 베푸는 우월한 존재로 간주하거나 환자를 일방적으로 도움을 받는 열등한 존재로 생각해서는 안 된다. 자원봉사자는 환자를 하나의 독립된 인격체로 받아들이고 그들의 개성을 존중하여 진정으로 관심을 기울여야 한다. 즉, 약속한 봉사시간을 정확히 지키고, 단정한 복장을 해야 하며, 환자와 보호자에게 수용적인 태도를 지녀야 한다.

둘째, 병원 방침을 충실하게 이행해야 한다. 의료분야의 자원봉사자는 인간의 생명과 건강을 다루는 기관에서 봉사활동을 하기 때문에 기관이 요구하는 사항을 성실히 이행하고 그에 반하는 행위를 하거나 영리행위를 추구해서는 안 된다. 의료기관이나 단체가 자원봉사자에게 실시하는 교육에 반드시 참여하도록 하고 봉사시간 중에는 개인적인 업무를 보거나 면회를 하는 것은 삼가야 한다.

셋째, 환자에 대한 충분한 이해와 배려 및 비밀보장을 준수해야 한다. 의료분야의 자원봉사자 중 특히 환자를 직접 대하는 사람은 그 환자의 질병이나 상태에 대해 충분히 이해하고 지식을 쌓아야 한다. 환자의 상태에 대한 충분한 이해와 지식습득을 통해 효율적이고 효과적인 자원봉사를 행할 수 있기 때문이다. 그러나 자원봉사자가 업무와 관련하여 알게 되는 환자의 신상에 관해서는 특별한 경우를 제외하고는, 예를 들어 환자가 자살이나 자해 또는 다른 환자 폭행 등의 자신이나 타인에 대한 심각한 위해나 인권 위반 가능성이 있을 때를 제외하고는 최대한 비밀을 지켜야 한다.

4. 국제협력 및 해외 자원봉사활동

국제구호 또는 국제협력의 역사적 기원은 적십자 운동에서 찾을 수 있는데, 스위스의 사업가 앙리 뒤낭(Jean-Henri Dunant)이 이탈리아 솔페리노 전투에서 부상자 구호활동을 계기로 1863년 국제적십자위원회를 제안하여 설립되었다.

국제개발협력이란 국가 간 또는 개발도상국 내에 존재하는 개발 및 빈부의 격차를 줄이고, 개발도상국의 빈곤 문제 해결을 통해 인간의 기본권을 지키려는 국제사회의 노력과 행동을 의미한다. 또 공적개발원조(ODA : Official Development Assistance)란 정부를 비롯한 공공기관이 개발도상국의 경제발전과 사회복지 증진을 목표로 제공하는 원조를 의미하며, 개발도상국 정부, 지역 또는 국제기구에 제공되는 자금이나 기술 협력을 포함하는 개념으로 정의할 수 있다.

1991년 외교부 정부출연기관으로 설립된 한국국제협력단(KOICA : Korea International Cooperation Agency)은 전 세계 곳곳의 개발도상국을 지원하고 있다. 「한국국제협력단법」 제1조에 따르면 우리나라와 개발도상국과의 우호협력관계 및 상호교류를 증진시키고 개발도상국의 빈곤감소 및 삶의 질 향상, 지속가능한 발전 및 인도주의를 실현하기 위하여 한국국제협력단을 설립하여 각종 국제개발협력 사업을 하게 함으로써 국제협력 증진에 이바지함을 목적으로 한다고 명시하고 있다.

주요 사업으로는 학교, 병원, 직업훈련원 등을 지원하는 프로젝트 사업, 개도국 공무원을 한국으로 초청하여 개발경험을 전수하는 국내 초청 연수사업, 국내 청장년 인력을 개도국에 파견하는 해외 봉사단 파견사업, 해외 긴급 재난복구 지원 등이 있다.

2015년 제70차 UN총회에서는 지속가능발전의 이념을 실현하기 위한 17개 인류공동의 목표를 회원국 만장일치로 채택하였고, 2030년까지 지속가능발전목표(SDGs : Sustainable Development Goals)를 달성하기로 하였다.

|그림 11-9| 지속가능발전목표(SDGs)

출처 : ODA KOREA(odakorea.go.kr).

한편 지난 2009년부터는 여러 정부부처에 분산되어 있던 해외봉사단 사업을 통합하여 |그림 11-10|과 같이 단일 브랜드인 월드프렌즈 코리아(WFK)로 통합하였다.

KOICA 해외봉사단
한국국제협력단(KOICA)

중장기자문단
한국국제협력단(KOICA)

퇴직전문가
정보통신산업진흥원(NIPA)

개도국과학기술지원단
한국연구재단(NRF)

태권도평화봉사단
세계태권도평화봉사재단

한국대학생해외봉사단
한국대학생사회봉사협의회(KUCSS)

대한민국 IT봉사단
한국정보화진흥원(NIA)

|그림 11-10| 월드프렌즈 코리아(WFK)

출처 : 월드프렌즈 코리아(worldfriendskorea.or.kr).

끝으로 2024년 외교부 국제 자원봉사활동 현황을 요약하면 <표 11-3>과 같다.

<표 11-3> 2024년 외교부 국제 자원봉사활동 현황

사 업	사업내용		파견기간	시행기관
KOICA 일반 봉사단	(대상) (내용)	• 만 19세 이상 국민 • 교육, 보건, 공공행정, 산업에너지, 농림수산 분야 등 문제 해결 지원	1년	한국국제협력단
청년중기 봉사단	(대상) (내용)	• 만 19~39세 국민 • 청년 팀제 봉사단 파견을 통한 봉사활동 수행 및 대학생 역량 강화	5개월	한국국제협력단
UNV 대학생 봉사단	(대상) (내용)	• 만 18~29세 대학(원)생 • 청년 인재의 국제기구 진출 기회 확대 및 글로벌 경쟁력 강화	6개월	유엔자원봉사단
NGO 봉사단	(대상) (내용)	• 만 19세 이상 국민 • NGO 사업의 전문영역 공유	1년	한국국제협력단
한의약 봉사단	(대상) (내용)	• 의료면허 소지자 및 19세 이상 국민 • 의료혜택에서 소외된 개도국 주민의 건강 증진을 위한 의료봉사	3~5개월	대한한방해외 의료봉사단
청년 봉사단	(대상) (내용)	• 대학생 • 현지 대학생과의 교류를 통한 상호 이해 증진	2~3주	한국대학사회봉사협의회, 태평양아시아협회
IT봉사단	(대상) (내용)	• 만 18세 이상 국민 • 개도국 IT 접근성 및 역량강화 지원	3~6주	한국지능정보사회진흥원
과학기술 지원단	(대상) (내용)	• 이공계 학사학위 이상 소유자 • 개도국 대학교, 연구소에서 공동연구 및 과학 기술 관련 교육 프로그램 운영	최대 3년	한국연구재단
KOICA 자문단	(대상) (내용)	• 해당분야 10년 이상 실무경력자 • 공공행정, 교육, 보건 분야 등의 정책 자문과 지식전수를 통해 개도국 역량강화 지원	최대 3년	한국국제협력단
NIPA 자문단	(대상) (내용)	• 정보통신 분야 50세 이상 퇴직자 • 정보통신, 에너지자원, 산업기술 등 산업발전개발 노하우 전수 등	최대 3년	정보통신산업 진흥원

출처 : 관계 중앙부처·지방자치단체 합동(2024). 2024년도 자원봉사진흥 시행계획.

CHAPTER 12

자원봉사의 과제와 전망

1. 자원봉사의 이슈와 도전 과제

고령화로 인한 돌봄 수요의 증가, 인구구조 변화로 인한 가족 돌봄의 붕괴와 돌봄 사각지대의 발생, 사회적 고립의 만연, 개인의 노력만으로는 극복할 수 없는 사회적 재난의 다발, 고립과 단절을 심화시키는 위드 코로나 시대의 개막은 오히려 범시민적 협력과 호혜를 이끌었다. 이와 같이 자원봉사에 대한 기대와 수요가 폭증하는 가운데 자원봉사활동의 질적인 변화와 성장에 대한 사회적 요구도 꾸준하게 증가하고 있다. 무엇보다 AI와 ICT의 발달 등은 사회변화에 따른 자원봉사의 변화와 성장에 대한 기대를 높이고 있다(박주홍 외, 2022).

자원봉사에 있어 가장 중요한 핵심은 봉사자와 대상자의 신뢰이며 봉사자의 활동에 대한 인증이라 할 수 있다. 이러한 문제들을 해결하고자 부산광역시에서는 2023년부터 블록체인 기반 자원봉사은행을 설립하여 본격화하고 있다. 다음은 부산광역시의 이러한 행보와 노력을 중심으로 자원봉사의 이슈와 도전 과제를 살펴보았다.

1) 자원봉사활동에서의 신뢰

그동안 자원봉사는 법률적·제도적 정비와 함께 양적으로는 크게 성장해 왔으나 시민사회의 성숙과 시민의 다양한 활동욕구를 담아낼 만큼 다분화, 고도화되는 등의 질적인 성장으로는 이어지지 못했고 관리시스템 또한 급속한 사회변화와 사회적 기대에 부응하기에는 정부 주도의 한계를 벗어나지 못한 획일적이고 경직된 체계를 고수했다.

최근 자원봉사활동 참여율은 전반적으로 감소 추세인 데 반해 시민들의 참여 방식은 다양해지고 있다. 사회적 협동조합과 사회적 기업 등 이윤의 사회적 기여를 전제로 하는 사회적경제 영역과 일정 부분 자기부담이 있는 사회서비스 영역이 확대되고 자신이 살고 있는 지역을 중심으로 하는 마을공동체 및 주민 조직화 사업이 증가하고 있다. 최근 ICT의 발달과 코로나 사태로 온라인과 비대면 방식의 참여도 급격히 증가하고 있다. 자원봉사센터와 자원봉사단체 등 조직을 기반으로 현장 중심의 봉사활동과 봉사시간 실적 중심의 전통적인 경직된 자원봉사 제도만으로는 변화하는 사회와 시민들의 욕구에 대응하는 데 한계가 있는 것이다(서종희 외, 2019).

우선 코로나19 등의 영향으로 비대면 자원봉사활동 참여자가 증가하고 있는데, 참여시간은 짧으나 횟수는 높은 것으로 조사되었다. 비대면 자원봉사활동은 시간과 장소의 구애를 받지 않기 때문에 자원봉사의 저변을 넓히는 계기(정희선, 2021)가 될 수 있으나 현행 자원봉사 시스템은 비대면 온라인 활동에 대해 소극적이다. 또한 지난 10여 년 동안 지속된 시간인증 중심의 자원봉사관리 방식은 비공식 봉사활동, 온라인 자원봉사, 기타 새롭고 창의적이며 융합적인 형태의 자원봉사활동이 확장되는 데 많은 걸림돌이 되고 있다(서종희 외, 2019).

현재 자원봉사활동에 대한 유일하고 객관적인 인정기준은 '활동시간'이므로 모든 자원봉사관리 시스템은 시간관리에 집중되어 있고 시설 기반 및 서비스 제공 중심의 체계는 제공자와 수혜자 간의 수직적 관계와 공급자 중심의 일방적인 전달체계를 고착화한다. 따라서 자원봉사 활성화를 위해서는 비활동 자원봉사자의 새로운 참여, 활동영역과 활동내용, 활동방식의 확장과 그에 걸맞은 관리시스템의 혁신 등이 필요하다.

블록체인 기술을 기반으로 한 타임뱅크 방식의 자원봉사은행은 현행 자원봉사의 시간 인증과 사전승인의 경직성에서 탈피할 수 있고 높은 보안성으로 거래에서 일어날 수 있는 조작, 해킹, 안전사고를 방지할 수 있으며 참여자 간 상호 신뢰의 확보로 자원봉사를 더욱 활성화시킬 수 있는 방안이다.

이에 타임뱅크는 비시장경제 영역에서의 봉사활동을 시간 가치로 환산하여 이를 기록하고 저장, 교환함과 아울러 봉사자와 수혜자 간의 전통적인 역할구분에서 벗어나 양자 간의 상호 호혜적인 봉사활동을 지향하는 운동(이가람, 2019)으로, 봉사자와 수혜자 간의 고정된 역할의 틀을 깸으로써 자원봉사의 새로운 지평을 열어주는 운동이라 할 수 있다. 또한 활동범위, 활동방식, 활동내용을 교환함에 있어서 당사자 간의 동의만 있다면 다른 제약이 거의 없기 때문에 활동의 내용과 방식이 다양해지고 시간과 비용을 절약할 수 있으며 서비스 수급 상황을 실시간으로 파악할 수 있어 미스매치의 문제도 보다 수월하게 개입, 조정할 수 있다.

타임뱅크는 다양한 계층의 사람들에게 봉사활동에 참여할 기회를 주며 무엇보다 전통적으로 수혜자의 위치에 있던 사람들에게 자원봉사에 참여하게 하여 역할전환의 기회를 부여함으로써 자원봉사의 저변 확대에 기여한다.

그동안 자원봉사 인증제는 학생들의 입시와 기업의 인사고과, 지방자치단체의 마일리지 및 할인의 기초자료로 활용되어 왔고 자원봉사활동 기본법에 따른 자원봉사자 상해보험 등의 가입과 보상에 근거자료로 활용됨으로써 긍정적 역할도 컸으나 관리시스템의 비효율을 초래해 왔던 것도 엄연한 사실이다. 자유롭고 창의적인 비대면·온라인 봉사활동의 시간 인증 자체를 반대하는 목소리도 있다(이원규, 2021). 정부는 시간관리를 정확하게 하기 위한 방법으로 공식 인증기관을 두어 수요처를 관리하게 하고, 행정안전부의 1365 자원봉사포털, 보건복지부의 VMS, 교육부의 나이스(NEIS), 문화체육관광부의 문화체육자원봉사 매칭시스템 등 부처별 포털 시스템을 운영하고 있는데, 결국 각 부처별 별도의 시스템과 인증기관으로 인해 막대한 행정력과 예산이 필요함을 알 수 있다(한국자원봉사문화, 2016).

불신으로 인해 불가피하게 길고 복잡한 인증과 승인 절차를 거쳐야 했으나 블록체인 기술을 적용한다면 우선 봉사자들은 승인을 기다릴 필요가 없어지고 기관에서는 시간인증 및 관리에 드는 비용과 인력을 절약할 수 있으며 무엇보다 기관과 봉사자 사이의 불필요한 다툼이 사라져 스트레스가 완화되고 신뢰관계가 구축될 것이다.

한편 자원봉사활동에 참여하는 시민들이 기대하는 인정은 시간에 따른 실적 인정이 아니다. 오히려 자신이 한 봉사활동의 의미를 제대로 알거나, 봉사활동에 주도적으로 참여할 기회 등을 원한다(이원규, 2021). 타임뱅크는 봉사를 필요로 하는 사람과 봉사를 제공할 수 있는 사람이 직접 도움을 주고받기 때문에 당사자들 사이에서 활동의 의미는 한층 선명하게 드러나며 주도적 참여라는 측면에서도 훨씬 강점이 있다 할 수 있다.

자원봉사활동의 재확산에 있어 중요한 문제 중 하나는 자원봉사 수요처와 자원봉사자 간의 욕구 미스매치가 존재한다는 점으로, 예를 들면 수요처 입장에서는 자신들이 필요로 하는 맞춤화된 자원봉사자가 방문하기를 원하는 한편, 자원봉사자 입장에서는 자신의 능력 등이 고려되지 않는 단순한 업무를 맡게 된다는 점에서 자원봉사의 의미가 감소한다는 것이다. 이는 평일과 주말, 개인과 단체라는 자원봉사활동 형태 때문이라고 추정된다(이철선 외, 2016). 이러한 문제 역시, 블록체인과 타임뱅크 방식을 통해 활동할 수 있는 영역이 넓어지고 활동할 수 있는 시간대가 확대되며, 제3자 없이 당사자 간의 상호 신뢰를 바탕으로 실시간 매칭이 이루어지면 상당 부분 해소될 수 있을 것이다.

2) 자원봉사은행의 응용

기본적으로 자원봉사은행제는 개인을 위한 활동이 아니라 타인과 공익을 위한 활동이며 강한 신뢰를 기반으로 이루어진다. 가능한 영역으로는 교육(학습지도를 포함한 멘토링), 동행(차량지원, 행정업무 및 병원동행), 돌봄(안부확인, 반려견 산책), 건강(운동지도, 식단짜기), 가사도움(수납정리, 반찬지원), 환경(탄소중립, 환경캠페인), 기부(물품기부, 포인트기부)에 이르기까지 매우 광범위하다.

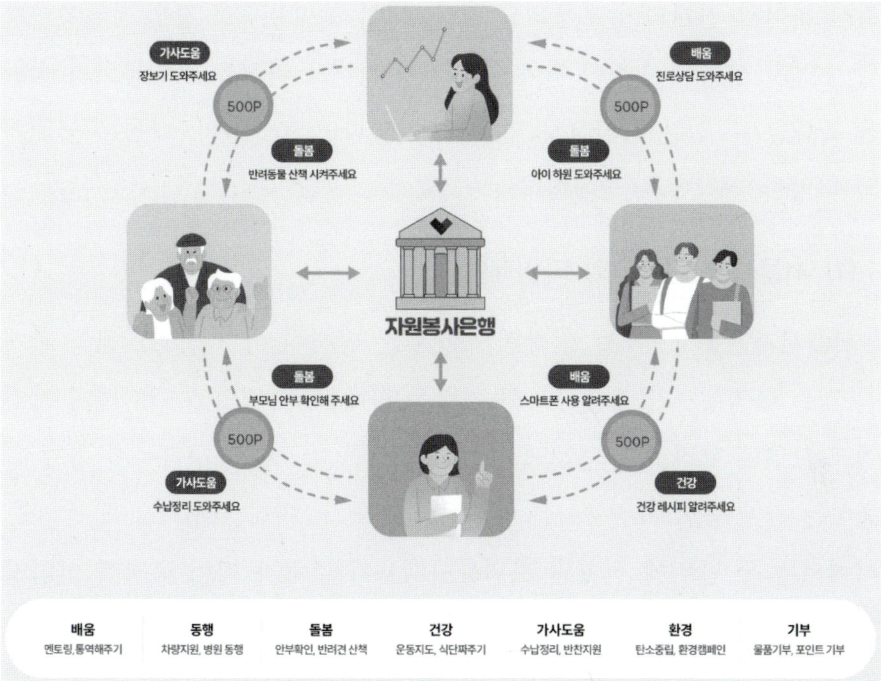

|그림 12-1| 자원봉사은행에서 할 수 있는 활동

출처 : 부산광역시자원봉사센터(busan1365.kr).

블록체인을 언급하기에 앞서 반드시 이해가 선행되어야 할 개념은 '타임뱅크'이다. 본 서의 제1장에서 타임뱅크를 다루었으나 다시 한번 강조하면 다음과 같다. 타임뱅크 코리아는 지역사회 내 주민들이 관계를 만들고 지역 내 사회적 신뢰를 자산으로 축적할 수 있도록 코디네이터를 양성하고 온라인플랫폼을 개발하는 등 전국적인 타임뱅크 운동을 추진하는 단체이다. 공공기관은 물론 민간시설 및 단체와도 손을 잡고 타임뱅크 운동이 지역에서 뿌리내릴 수 있도록 지원하고 있으며 국내외 타임뱅크 사례를 전파하고 타임뱅크 운영매뉴얼 등 저작물 보급과 홍보에도 힘쓰고 있다. 타임뱅크는 다양한 방식으로 변용될 수 있는데 이미 국내에서도 노인일자리, 주민자치활동, 시민단체활동, 장애인 복지사업, 자원봉사 등 다양한 분야와 연계되어 운용되고 있다. 특히 자원봉사의 경우 자원봉사자와 수혜자 사이의 수직적 관계를 수평적 관계로 바꾸고 자원봉사의 저변을 확대할 수 있는 방안으로 활용될 수 있다고 조언했다. 다음은 국내외의 다양한 타임뱅크 사례이다.

(1) 서울시 타임뱅크와 타임페이

서울시자원봉사센터는 일방적으로 주는 방식이 아닌 상호호혜적 관계를 맺는 타임뱅크가 자원봉사의 저변을 확대할 수 있다고 생각하여 타임뱅크 도입을 고려하게 되었고 지역사회 주민 누구나 봉사자로서 함께 활동하는 관계 중심 자원봉사를 시도하고자 했다. 여러 시행착오 끝에 서울시에서는 동 단위에 설치된 자원봉사캠프가 주체가 되어 목적형 타임뱅크를 운영하고 있다.

목적형 타임뱅크는 크라우드펀딩 방식을 활용하여 공동의 목표를 설정한 후 목표를 달성했을 때 각자의 기여 정도에 따라 보상을 받을 수 있게 하고 그 보상은 또한 공동체를 위해 기부할 수 있도록 유도하는 것이다. 이러한 형태를 띠게 된 이유는 타임뱅크 운영에서 상호 매칭이 어려웠기 때문이다. 취약계층이 내놓을 수 있는 활동을 찾고 만들어 가는 것이 과제가 되었고 회원들이 제공할 수 있는 활동과 제공받고 싶은 활동 간의 격차가 커서 안정적 매칭과 수요공급 조절이 힘들었다. 또한 낯선 사람을 경계하는 문화, 전통적 취약계층으로부터 무언가를 받는다는 것에 대한 낯섦 등도 매칭을 어렵게 했다. 목적형 타임뱅크는 사회적 가치가 높은 어떤 공동의 목표를 상정하고 그 목표 달성을 위해 각자가 조금씩 힘을 보태는 형태로 진행되고 목표가 달성되었을 때는 각자의 활동에 따른 보상을 받아 필요한 곳에 기부하므로 매칭이 상대적으로 수월하고 공익적 가치를 추구하면서도 각자의 활동에 대한 보상이 주어지고 그 보상은 다시 공동체를 위해 쓰이므로 타임뱅크의 본질적 가치도 훼손하지 않는 방법이다.

또한 서울시는 실물화폐 대신에 적립되고 인출도 가능한 '타임페이'를 시범운영하였다(2022). 시간은행 활동을 통해 이웃에게 도움을 준 도움제공자는 해당 시간만큼을 '타임페이'로 받게 된다. 그리고 도움을 받은 도움요청자는 해당 시간만큼을 '타임페이'로 주게 된다. 시간은행에서는 활동의 난이도와 수준, 종류에 관계없이 단순히 걸린 시간으로 페이가 환산되는 형식이다.

|그림 12-2| 서울시간은행 타임페이 운영

출처 : 서울시 복지재단 블로그(https://blog.naver.com/swf1004/222804371604).

(2) 구미시 타임뱅크, 사랑의 고리

사랑고리는 시장경제에서 소외된 취약계층에게 노동, 돌봄 등의 가치를 인정해 줌으로써 취약계층도 수혜자가 아닌 봉사자로 이웃을 위해 기여할 수 있으며 봉사한 시간만큼 고리를 적립하여 필요할 때 사용할 수 있게 된다. 1시간 봉사는 1고리가 되며 고리는 자신이 사용할 수도 있고 이웃이 사용할 수 있도록 기부할 수도 있다. 사랑고리는 당사자 간의 일대일 교환이 아니라 다른 사람과의 교환, 여러 사람과의 교환이 가능하고 또한 일회성의 교환이 아닌 연속적으로 순환하는 교환이 되도록 하여 사랑고리가 지역사회 안전망의 역할을 함과 동시에 사회적 신뢰관계를 만들어 나가는 도구가 되도록 하고 있다.

사랑고리은행의 주요 목적(권용신 외, 2016)은 첫째, 사랑고리 봉사 실천을 통해 복지수혜자(일자리참여자, 지역취약계층)를 복지서비스의 적극적인 공급자로 전환하고, 둘째, 참여자와 지역사회에 있는 복지사각지대 취약계층의 전인적 돌봄을 위한 지원체계를 구축하며, 셋째, 참여자와 노노케어 담당자, 지역봉사자 간의 사랑고리 봉사를 통하여 노노케어의 공공복지사업의 효율성을 극대화하고, 넷째, 시장경제와 사랑, 돌봄, 우애 및 정의 등에 기반한 코어경제의 공동협력생산을 통해 마을공동체를 회복하는 것이다.

구미 사랑고리 사례는 전통적 수혜자를 기여자로 역할 전환시켰다는 점과 노인일자리사업과 자원봉사활동을 연계하여 노인들이 스스로 문제해결에 직접 참여할 수 있는 기회를 부여하고 사랑과 우애 등에 경제적 가치를 부여해 코프로덕션을 통한 공동체 회복에 기여했다고 볼 수 있다. 현재 구미 사랑고리는 사단법인 형태로 운영되고 있다.

<표 12-1> 구미 사랑고리 공동체 5대 가치

자 산	세상에 쓸모없는 사람은 없다. 물적 자원의 영역에서 벗어나 모든 사람은 사회를 위해 기여할 수 있는 소중한 인적 자산이다.	
새로운 노동의 정의	의사의 1시간과 청소부의 1시간은 같다. 자녀를 양육하고, 가족을 보존하며, 이웃의 안전과 활력을 도모하고, 사회적 약자를 돌보는 등 민주주의가 이루어지도록 하는 데 필요한 활동은 시장 거래 유무와 상관없이 시장경제 아래 노동과 동일한 가치를 가진다.	

존 중	사람에 대한 우리의 바람으로 존중하는 것이 아니라 그 자체 그대로를 존중해야 한다. 자비 없는 정의, 정의 없는 자비는 없다.	
호혜성	일방적인 봉사와 관계에서 벗어나 호혜적 관계로서 공동 기획하고 공동 실행할 수 있는 관계를 지향한다.	
사회적 자본	도로, 항만, 시설 등 경제적 인프라 구축만큼 신뢰, 호혜, 시민참여로 생성되는 사회적 관계망 유지에도 투자하여야 한다.	

출처 : 구미사랑고리공동체(timegumi.com/introduction).

(3) 영국 타임뱅크

영국의 타임뱅크는 지역화폐로 시작하여 1996년부터 그 면모를 갖추었다. 남는 도운 시간이 타임뱅크에 저장되므로 필요할 때 그 시간만큼 찾아 꺼내 쓸 수 있는, 즉 다른 사람에게 도움을 받을 수 있는 시스템이다. 'One hour = 1 time credit' 원칙으로 운영되는데, 예를 들면 다른 사람에게 컴퓨터 사용 기술을 1시간 가르쳐 준 사람은 이 1시간이 타임뱅크에 저장되어, 후에 이사를 할 때 다른 사람의 도움을 1시간 받을 수 있게 된다. 영국은 Timebanking UK와 더불어 지원단체인 Tempo(템포)가 있다. 영국의 타임뱅크는 지방정부의 공적 서비스와 타임뱅크를 연계하여 공공서비스의 효과를 배가시켰다는 점에서 주목된다. 지방정부 의회와 템포는 프로젝트 계약을 하고, 그 계약에 따라 지정된 민간단체가 해당기관 회원들의 타임뱅크 활동을 지원하고 활동결과를 정기적으로 지방의회에 보고한다. 템포 타임뱅크는 개인 간 교환을 중심으로 하되 기존 지역단체 및 정부의 공적 서비스와 연계해 지역사회에서 타임뱅크의 사회적 임팩트가 확대되도록 움직였다.

템포는 매년 기관 활동의 사회적 임팩트를 평가하여 보고서를 발표하고 있는데, 2018년 이후 실행사업전략을 보면 2023년까지 영국민의 25%가 시간화폐 사용에 참여하는 것을 목표로 하였다. 템포는 봉사를 통해 적립한 시간화폐를 지방자치단체나 지역단체가 제공하는 각종 혜택을 받을 수 있도록 하여 참여를 촉진한다.

Mr. Rickett은 50살 때부터 유전적 원인으로 시각을 잃게 되었습니다. 갑자기 찾아온 이 사실로 그는 삶에서 자신감을 상실했고, 타이어 수리를 하는 직업도 잃게 되었습니다. 그는 집안에 갇히게 되었고 차를 한 잔 만드는 것조차 어려웠다고 합니다. 이로 인한 우울증이 심해 자살까지 시도했었습니다.
이게 불과 4년 전 일이고 그는 지금 장애와 외로움을 겪는 사람들을 돕고 있습니다. 이 클럽은 그가 2016년에 만든 것이며 그는 Men's Shed라는 지역주민들이 커뮤니티 활동에 참여하도록 돕는 자원봉사단체에서도 활동합니다. 그는 이 활동들에서 콘서트나 주차장 사용, 레저 센터 등에서도 사용 가능한 타임크레딧을 벌고 있습니다. 그는 "이것은 돈을 사용하지 않고 도움에 보답하는 방식입니다. 내가 뭔가를 돌려준다고 생각하기에 정말 기분이 좋습니다."라고 했습니다.

이 타임크레딧은 2008년에 설립된 Tempo에 의해 발행됩니다. 이 타임크레딧은 광산도시였던 남부 웨일즈를 재건하는 시험에서 시작되었습니다. 타임크레딧은 전통적으로 지방정부가 취약계층의 돌봄에 지불하지 못하던 일들에 대해서 새로운 보상의 방식을 제시했습니다. 그렇다고 타임크레딧이 시장 노동을 대체하는 것은 아닙니다. 타임크레딧은 시장경제에 참여하는 데 어려움을 겪는 장애인, 정신질환자, 각종 중독자들과의 교환에 가치나 의미를 부여하는 방식입니다. 그리스 금융위기와 같이 화폐경제가 실패를 할 때 이런 공동체 화폐시스템이 힘을 발휘합니다.

출처 : 타임뱅크 코리아 블로그(blog.naver.com/timebankskorea/223434824816?trackingCode=rss).

(4) 미국 타임뱅크

미국 위스콘신주 매디슨시에 있는 데인카운티 타임뱅크는 지역주민의 일상생활을 지원하는 지역중심 교환 타임뱅크와 더불어 이동지원과 청소년 법정이라는 특수목적 교환 타임뱅크를 동시에 운영하고 있다. 이 청소년 법정은 매우 독특한 것으로, 이 프로그램은 가벼운 범죄를 저지른 십대들에게 공식적인 형사소송절차가 아닌 다른 대안을 제공하고 있다. 경찰은 청소년 위반자에게 범법자 티켓을 발급하는 대신에 이들을 청소년 법정에 의뢰한다. 청소년 법정의 십 대 배심원들이 내리는 판결은 희생자들에게 사과하거나 배상하기, 사회봉사 등이다. 이 프로그램은 타임뱅크의 자원을 사용하여 창의적이며 적절한 판결을 개발하게 된다. 더불어, 대부분의 판결에는 범법자가 청소년법정의 배심원으로 봉사하는 것이 필수적으로 포함된다(십 대 배심원들은 그 대가로 봉사시간을 저축한다). 타임뱅크 청소년법정 덕분에 매디슨시에서는 십 대 경범죄로 인한 교외 정학이나 체포기록이 더 이상 발생하지 않게 되었다. 한 통계에 의하면, 2009~2010년 동안 한 개 고등학교 학생들에게 경찰이 발급한 티켓의 수가 126개에서 26개로 감소하였다(timebankskorea, 2024).

타임뱅크 이동지원 프로그램(Timebank Public Transportation)은 대중교통이 열악한 데인카운티에서 주민의 교통불편 문제를 해소하고자 카운티정부가 타임뱅크와 협력하고 있는 사례이다. 데인카운티에서는 시외지역에서 시내로 들어갈 때 자가용으로는 10분밖에 걸리지 않지만 버스를 이용하게 되면 1시간 내에 도착이 어려울 정도로 대중교통이 부족하다. 자가용이 없는 주민은 물론이거니와 특히 시외지역에 거주하면서 치료를 위해 시내로 이동해야 하는 환자들의 경우는 불편함 이상의 어려움이 있었다. 이에 데인카운티 정부가 시외에 거주하면서 정기적으로 병원을 방문해 혈액투석을 받아야 하는 신부전증환자를 위해 데인카운티 타임뱅크에 이동지원 서비스(Medical Transportation)를 요청하면서 서비스가 시작되었다. 이후 데인카운티 타임뱅크는 대상자 및 서비스 범위를 확대해 이동지원이 필요한 모든 시민들에게 서비스를 개방하였다. 일반회원들 중 자가 운전자들도 이 프로그램에 참가하여 병원 방문뿐 아니라, 청소년 법정 참가, 모임 참가, 출근 등을 위해 이동서비스를 제공하고 제공받을 수 있도록 하고 있다. 프로그램 참가 운전자로 승인되면, 운전거리 250마일당 유류카드를 제공한다.

(5) 뉴질랜드 타임뱅크

뉴질랜드의 조그만 항구도시 리틀턴은 2010년과 2011년에 5개월 간격으로 대형 지진이 일어나 도시 전체가 큰 피해를 입었다. 이 지진으로 인해 생긴 혼란과 피해를 복구하는 데 타임뱅크가 큰 역할을 하게 되었다. 당시 경험은 재난 시 시간은행이 지역주민들에게 얼마나 큰 역할을 하는지 보여준 사례로 주목받는다.

원래 리틀턴 프로젝트(Project Lyttleton)는 지역주민들이 서로 도움 주고받기를 하며 공동체를 형성할 수 있도록, 동네 농장과 소비자를 연결하는 식생활 프로그램, 동네 친환경 카페, 식당, 지역산책지도, 전입자 안내가이드 등 다양한 방법으로 지역사회 공동체 의식을 강화하고자 했는데 리틀턴 타임뱅크도 그중 하나였다.

리틀턴 타임뱅크의 회원들은 평소부터 어떤 도움을 주거나 도움을 받고 싶을 때 그러한 정보를 주고받는 소통채널이 있었고 일종의 훈련이 되어 있었기 때문에 지진과 같은 대형 재난이 일어났을 때 신속하게 지진에 대한 정보를 주고받을 수 있었다. 그러한 소통과 정보를 바탕으로 많은 주민들이 혼란 없이 신속하게 지진 복구에 참여할 수 있었고 평소 이웃과 도움 주고받기에 익숙했던 회원들은 복구작업에 효과적으로 기여할 수 있었다. 당시 지진으로 외부의 자원봉사자들이 진입할 입구마저 폐쇄되어 도시가 완전히 격리된 상황에서 비회원이었던 주민들도 타임뱅크에 소속되어 복구작업에 참여하기를 원했고 지진의 직간접 피해자들 또한 타임뱅크 자원봉사자로서 피해 복구에 참여했다.

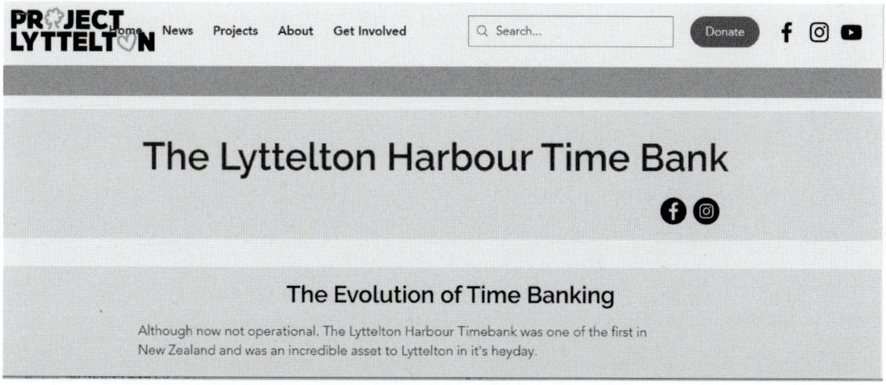

[그림 12-3] 뉴질랜드 리틀턴 온라인 운영

출처 : Lyttleton Time Bank(tindall.org.nz/lyttleton-time-bank/).

3) 안전하고 신뢰할 수 있는 도움 교환의 장 : 블록체인 기반 플랫폼

타임뱅크의 핵심은 '다자간 도움의 교환'에 있으며 그러한 교환의 연속적인 순환을 통한 공동체의 회복이 목적이다. 다자간 교환을 원활하게 하려면 교환의 장이 있어야 하고 교환의 내역이 기록되어야 하며 교환이 가능하도록 돕는 다양한 정보가 제공되어야 한다. 이 교환의 장에는 관련 정보가 모두 투명하게 공개되어야 하고 회원 간에 공유되며 다자간에는 신뢰가 전제되어야 한다.

다자간 신뢰는 일차적으로는 가입조건을 자원봉사 내지 타임뱅크의 가치를 공유하는 사람들로 제한하는 것으로 확보하고, 정보의 축적과 공개는 블록체인 시스템을 통해 함께 만들어 가야 한다. 이와 같이 회원 간의 자유로운 교환이 가능하고 정보의 공유가 가능한 시스템이 블록체인 기술이 적용된 플랫폼인 것이다.

플랫폼은 회원들이 필요한 도움을 등록하고 도움 제공자를 찾을 수 있도록 해주며 도움을 제공한 회원은 자신이 적립한 시간포인트를 사용할 수 있는 상대방을 역시 플랫폼에서 찾는다. 도움을 제공하고 받은 시간포인트는 블록체인 시스템에 적립되고 도움을 받고 시간포인트를 지불하면 그 내력 또한 블록체인에 기록된다. 회원 개인별로 도움교환의 이력이 저장되며 저장된 정보는 모두에게 공유되어 다른 사람이 확인할 수 있으므로 신뢰성과 안전성을 동시에 높인다.

플랫폼은 홍보매체의 기능도 한다. 지역의 특별한 봉사프로젝트가 있거나 특정 사회문제 해결을 위해 다양한 시민들의 참여가 필요할 때 플랫폼을 통해 회원들에게 공지되고 홍보될 수 있으며 모집통로로서의 역할도 가능하다.

마지막으로 개인 간 도움교환에서 발생할 수 있는 안전문제는 블록체인 시스템을 통해 상당 부분 해소할 수 있을 것으로 보인다. 그러나 개인 간 거래는 원칙적으로 개인의 판단에 의존하게 되므로 개별회원에게 안전을 위한 교환규칙 등을 고지하고 확인하게 하는 과정(개인정보 이용 및 활용 동의서를 받는 것과 유사한) 또한 반드시 필요하다. P2P와는 달리 P2A와 A2A에서는 자원봉사센터가 기관에 요청하여 기관 인증의 형태로 안전성을 사전에 확보하는 것이 가능할 것이다(박주홍, 2022).

[그림 12-4] 블록체인 기반 자원봉사 플랫폼

출처 : 부산광역시자원봉사센터(busan1365.kr).

2. 자원봉사의 전망

1) 디지털 시대의 자원봉사

자원봉사는 시민의 자발적 참여와 호혜에 기반한 활동이며 그 사회가 필요로 하지만 공적 서비스가 골고루 미치지 못하는 곳에서 이루어지는 민간의 활동이므로 사회의 변화와 발전을 고스란히 반영하고 이에 대한 적절한 대응이 반드시 따라야 한다. 그런 의미에서 최근 한국 사회의 가장 큰 변화는 디지털 문명화라 할 수 있다.

급속히 진척되는 고령화와 저출산, 그리고 전통적으로 가족돌봄과 부양의 기능을 가지고 있던 보편적인 4인 가구는, 현재 전국 평균 34.5%(통계청, 2023)라는 1인 가구로 변모하고 있어 빠르게 변화하고 있는 한국 사회의 모습을 짐작할 수 있다. 가족돌봄 기능 상실은 공공에서의 지원만으로는 지탱할 수 없는 다양한 문제들이 파생하게 되어 이에 보다 친밀하고 유연하게 접근할 수 있는 민간부문, 그중에서 자원봉사의 지원이 더더욱 요청되고 있다.

덧붙여 2019년 한국을 비롯한 전 세계를 강타하였고 지금까지도 사회적 후유증을 안겨준 코로나19바이러스 팬데믹은 공동체의 삶을 크게 바꿔 놓아 직장으로 출근하던 모습은 재택근무로, 학교 수업 및 회의는 대면이 아닌 비대면 온라인으로 변화시켰으며, 대면접촉을 최소화하기 위해 외식 및 방문 쇼핑은 줄고 배달과 택배 영업이 성행하게 되었다.

아날로그 기술을 근간으로 이룩되었던 산업화, 도시화, 관료화는 복지사회에도 영향을 미치어 다양한 사회적 산물을 낳았지만 디지털 기술을 변혁으로 사회구조의 재구조화를 맞이하게 된다. 산업화의 산업경제 성장, 도시화로 인한 시민사회조직의 증대 등은 디지털 기술로 인해 기존의 시장을 플랫폼으로 이전시키게 되었고 가상공간에서 활동하는 네티즌이 새로운 디지털 시대의 시민 이미지로 변모하였다. 위계적 관료제를 특징으로 해온 정보는 수평적이고 유동적인 협력 네트워크를 지향하기 시작하였고 모든 사회가 플랫폼화, 가상공간화, 네트워크화되는 디지털 네트워크 사회의 구조가 형성되어 가고 있다(김수영, 2021).

이러한 삶의 변화는 봉사의 영역에도 당연히 흡수되어야 하는 것으로, 향후 자원봉사는 더욱더 디지털기술을 응용하는 변모를 갖추게 될 것이다. 젊은 층의 자원봉사 참여를 유도하고 유지하기 위해서는 과학적인 접근과 더불어 디지털 기술을 활용한 모집, 훈련, 배치, 활동, 환류 등이 다양하게 요구된다.

2) 전문화된 자원봉사와 교육

자원봉사 관련 연구들이 집중하는 내용으로는 자원봉사 참여 이유 찾기, 봉사교육 방법 개발, 참여자들의 다양성 확대, 참여자들의 지속성 유지 방법, 인증제의 개발 등 자원봉사활동에 대해 다층적으로 접근한다. 국내외의 많은 연구들은 자원봉사에 노출된 경험이 있는 경우 그렇지 않았던 집단에 비해 다시 봉사활동을 할 확률이 높음을 보고하고 있다. 다시 말하면, 자원봉사활동 경험이 참여자에게 주는 가치와 희열은 또 다음 활동을 하게 하는 기제가 되고 이것은 마치 연못에 던져진 돌이 그냥 수면 밑으로 가라앉는 것이 아니라 파문을 만들고 만들어 연못가에까지 그 파장이 이르게 하는 효과와 같다고 할 수 있다. 그만큼 봉사의 효과는 단편성이 아닌 연속성을 지니고 있다는 것이다. 이러한 연속성과 지속가능한 행위로 남기 위해서는 무엇보다 자원봉사활동의 의미와 가치를 일깨워 주는 교육이 뒷받침되어야 할 것이다. 자원봉사교육은 두 가지 방향에서 설명할 수 있다.

첫째, 봉사교육을 통한 전문자원봉사자 양성이다. 변모하는 사회현상과 사회문제에 대응하고 예방할 수 있는 민간활동의 최전선인 자원봉사활동은 최근 참여자들의 다양화와 참가 폭 확대 등을 관찰할 수 있는데, 기존의 비전문적 활동으로 여겨졌던 자원봉사가 전문적 활동 영역에서 증가하고 있기 때문이다. 이는 전문기술과 지식을 가지고 있는 인력들의 재능기부활동의 적극적인 참여와 전문직의 노블레스 오블리주 문화를 형성하는 활동 참여가 두드러지기 때문이다. 이러한 자원봉사활동은 봉사활동의 질적·양적 확대를 가져올 수 있고 궁극적으로는 사회계층 간의 통합에 기여할 수 있는 사안이다(박태영 외, 2021). 이러한 전문가 집단의 봉사는 여러 영역에서 유용하게 사용된다. 일차적으로 재원의 한계를 두고 있는 사회복지기관에서 가장 두드러진 유익성이다. 이를 위해서는 전문가들에게 이들이 가진 기술과 시간, 지식이 어떻게 유익하게 쓰이며 이는 단순히 나눔이 아니라 시민사회로의 성장을 일깨워 주는 교육적 노력이 요구된다. 둘째, 봉사교육은 특별한 전문자원봉사자 육성이 아니더라도 보다 많은 이들이 봉사활동의 기쁨과 의미를 얻기 위해서 필요한 작업이다. 많은 이들이 봉사교육이 생략된 상태나 지나치게 간단히 축소된 형태로 봉사교육을 받고 봉사현장에 발을 들여놓게 된다. 이렇게 되면 단순 봉사로 그칠 수 있고 지속가능한 봉사활동을 기대하기 어렵다. 이런 이유에서 향후 자원봉사교육의 개발은 다채롭게 이어질 것이다.

3) 쌍방형 활동으로서의 대상자 참여 극대화

자원봉사활동이 갖는 큰 매력은 수혜자와 공급자 간의 경계가 없다는 점이다. 예를 들어, 정부가 취약계층에 복지서비스를 제공하는 경우 서비스 제공자와 수혜자 간 수직적 위계성이 나타나고 서비스 수혜자에 대한 폐쇄성(취약계층 범위 규정)으로 복지서비스 사각지대가 존재하는 데 비해, 타임뱅크는 서비스 제공자와 수혜자 간 수평적 관계를 기반으로 운영되며 서비스 공급과 수요는 참여자의 자발성에 기초하고 서비스 대상을 특정하지 않으므로 사각지대가 존재하지 않는다. 결국 타임뱅크는 상호 호혜성을 전제하며 참여자들의 자발적인 네트워크에 기반한 교환시스템이라 할 수 있으며, 소외계층이 주체로서 공동체에 참여하도록 유도하는 것을 주요 목적으로 하고 있다(김수은 외, 2019).

타임뱅크는 기존의 자원봉사활동 방식에서 수직적, 일방적 관계를 수평적, 양방향적으로 전환시키고 자원봉사의 무보수성 개념을 상호 호혜적으로 확장시킬 수 있는 방안으로서 가치를 지닌다. 즉, 타임뱅크는 서비스를 제공하는 사람뿐 아니라 받는 사람도 주도적으로 참여할 수 있는 방법으로, 봉사를 받기만 하던 수혜자가 자원봉사를 할 수 있는 가능성을 높여 주며 자원봉사를 더욱 적극적으로 격려하고 자원봉사의 순환을 촉진시킨다(손서락, 2020). 또한 타임뱅크는 사회문제를 해결하는 접근으로 시민 간 상호호혜활동에 중점을 두는 것으로 상호 간의 관계성과 신뢰를 회복하며 현장 중심의 문제해결을 위한 활동으로서의 가능성을 가지고 있다고 할 수 있다(김자옥 외, 2019).

자원봉사자는 오히려 자신이 한 봉사활동의 의미를 제대로 알거나, 봉사활동에 주도적으로 참여할 기회 등을 원한다(이원규, 2021). 타임뱅크는 봉사를 필요로 하는 사람과 봉사를 제공할 수 있는 사람이 직접 도움을 주고받기 때문에 당사자들 사이에서 활동의 의미는 한층 선명하게 드러나며 주도적 참여라는 측면에서도 훨씬 강점이 있다 할 수 있다.

이렇게 살펴보았듯이, 디지털시대를 맞이하여 자원봉사활동 및 관리체계는 과거의 방식과는 완전히 다른 디지털 기술이 스며들었으며 향후에도 더욱 고도화되고 세분화될 것으로 전망한다. 또한 참여자들의 지속가능성을 담보하기 위해서는 참여자들의 욕구와 환경, 조건 등을 고려한 자원봉사교육이 개발되어야 하며 이는 봉사참여자와 대상자 간의 쌍방형 의사소통을 통해 이루지는 형태여야만이 가능하다.

참고문헌

관계 중앙부처・지방자치단체 합동(2024). 2024년도 자원봉사진흥 시행계획.

구혜영(2024). 자원봉사론. 서울 : 신정.

권용신・손서락・석재은(2017). 경상북도 타임뱅크 운영모델 개발 연구. 경북행복재단.

김동배(2005). 시민사회와 자원봉사. 서울 : 학지사.

김범수(2007). 자원봉사론. 서울 : 학지사.

______(2017). 자원봉사론. 서울 : 학지사.

김범수・권선진・신승연・이종복・손영희・정옥희・정용충・최은숙(2014). 자원봉사론. 서울 : 학지사.

김범수・이기백(2021). 자원봉사론. 서울 : 학지사.

김성희(2023). 이타적 사회를 위한 자원봉사론. 서울 : 21세기사.

김수영(2021). 디지털시대의 사회복지 패러다임. 서울 : 집문당.

김수은・안동신(2019). 전북코인 도입 및 활성화 방안. 전북연구원.

김영호・오정옥・김상조・문혜숙・이은경(2006). 자원봉사의 이론과 실제. 서울 : 창지사.

김자옥(2019). 타임뱅크의 현실적 적용방안과 효율적 운영관리체계 개발에 관한 연구. 서울시자원봉사센터.

김현옥・안승화・천 희・김형용・오영수・박연수・오은경(2008). 자원봉사활동 관리 표준매뉴얼 개발연구. 행정안전부.

남기민(2011). 사회복지정책론. 경기 : 양성원.

남기철(2022). 자원봉사론. 서울 : 학지사.

남미애(1997). 우리나라 자원봉사활동 체계모형개발에 관한 연구. 부산대학교 대학원 박사학위논문.

노충래(2009). 사회복지와 위험관리. 경기 : 집문당.

대구광역시자원봉사센터(2001). 제3기 자원봉사리더십아카데미 자료집.

____________________(2006). 제8기 자원봉사리더십아카데미 자료집.

____________________(2008). 제10기 자원봉사리더십아카데미 자료집.

____________________(2010). 제12기 자원봉사리더십아카데미 자료집.

____________________(2011). 제13기 자원봉사리더십아카데미 자료집.

____________________(2012). 제14기 자원봉사리더십아카데미 자료집.

____________________(2013) 제15기 자원봉사리더십아카데미 자료집.

____________________(2014) 제16기 자원봉사리더십아카데미 자료집.

류기형·남미애·박경일·홍봉선·강대선·배의식(2018). **자원봉사론**. 경기 : 양서원.

______________________________(2021). **자원봉사론**. 경기 : 양서원.

박경일(2000). 사회복지 프로그램 진행과 관리기법. **사회복지평가제도의 진단과 개선방향**. 2000년도 추계 학술발표 및 워크숍자료집. 한국사회복지행정학회.

박경일·박승기·조수경·오승환·권진아·김안나(2015). **자원봉사 프로그램 개발과 평가 –workbook**. 경기 : 양성원.

박명혜·변진숙(2020). **자원봉사론**. 서울 : 동문사.

__________(2024). **자원봉사론**. 서울 : 동문사.

박미은(2010). **사회복지 위험관리의 이해**. 경기 : 집문당.

박주홍(2022). 블록체인 기반 자원봉사은행 운영방안. 부산연구원.

박태영·김숙경·오 주·이경은·장덕희·채현탁(2008). **자원봉사론**. 경기 : 공동체.

______________________________(2011). **자원봉사론**. 경기 : 공동체.

박태영·서혜석·채현탁(2002). 지역사회 전문인력의 자원봉사활동 활성화 방안. 대구대학교 BK21 핵심분야 복지모형연구팀 연구보고서.

박태영·채현탁·정진석·조미정(2021). **자원봉사론**. 경기 : 공동체.

박현정·홍현정(2011). 자원봉사 측정방법론 연구. 통계연구원.

배기효·남연희·박용오·박정임·박희숙·이미영·전영록·정일교(2020). **자원봉사론**. 경기 : 지식공동체.

백기복(2021). **조직행동연구**. 서울 : 창민사.

보건복지부(2023). 2023년도 노인자원봉사 활성화 지원사업 운영 안내.

________(2024). 사회복지시설 관리안내.

보건복지부·한국사회복지협의회(2023). 2023 사회공헌백서.

볼런티어21(2002). 볼런티어 운영매뉴얼. 행정자치부.

________(2002). 자원봉사관리자 교육매뉴얼.

________(2004a). 자원봉사관리자 아카데미 일반과정.

________(2004b). 자원봉사관리자(일반과정) 교육매뉴얼.

서울특별시 사회복지협의회·서울사회복지정보센터·서울특별시교육연구원(1998). 학생봉사활동 지도자료 더불어 사는 삶.

서종희·석현수·조철민·이지은·권오현·채앤드(2019). 자원봉사 민관협력체계 개편을 위한 방안 연구. 건국대학교.

손서락(2020). 노인돌봄과 코프로덕션, 타임뱅크를 통환 관계형 복지. 한국노인복지학학술대회.

승금희(2005). **자원봉사론**. 경기 : 대왕사.

신기철 · 신용철(1990). 표준국어사전. 서울 : 을유문화사.
신복기 · 박경일 · 이명현 · 윤기혁 · 권진아(2019). 사회복지행정론. 경기 : 공동체.
신승연(2004). 자원봉사 관리자의 업무.
유성호(1997). 자원봉사 프로그램 관리와 리더십. 서울 : 아시아미디어리서치.
유용식 · 원요한 · 김봉순 · 유길준(2017). 자원봉사론. 경기 : 양서원.
이가람(2019). 한국 사회적 경제에서 '사회적인 것'의 의미 : 사회적 가치의 의미 구성과 공유를 중심으로. 한국정책학회 추계학술발표대회자료집.
이근홍(2020). 자원봉사론. 경기 : 공동체.
이병순 · 김효정 · 오효근 · 박미혜 · 민승화 · 김화진 · 강정희(2019). 자원봉사론. 경기 : 공동체.
이성록(1995). 자원봉사활동 관리조정론. 서울 : 학문사.
______(2003). 자원봉사 매니지먼트. 서울 : 지식과 경영.
______(2005). 자원봉사 어드바이저. 경기 : 미디어숲.
______(2013). 자원봉사하는 인간 호모볼룬티타스. 경기 : 미디어숲.
이원규(2021). 2020 자원봉사실태조사로 본 비공식자원봉사 실태와 유형. 2021 제3차 자원봉사 정책집담회 자료집비공식 자원봉사 실태와 유형 : 새로운 자원봉사의 대두. 한국자원봉사문화.
이인희(2005). 복지다원주의의 패러다임에 관한 연구. 한국정책과학학회보, 9(4), 215-237.
이철선 · 이연희 · 남상호 · 김진희(2016). 자원봉사자의 사회적 · 경제적 가치분석-사회서비스 산업을 중심으로. 한국보건사회연구원.
임혜숙 · 김윤재 · 이유섭 · 박남오 · 송노원(2013). 자원봉사론. 서울 : 박영사.
전국경제인연합회(2009). 2008 기업 · 기업재단 사회공헌백서.
정무성(1999). 종교와 사회복지. 제10회 전국사회복지대회 자료집. 한국사회복지협의회.
______(2013). 사회복지프로그램개발론. 경기 : 양서원.
정무성 · 조흥식 · 이만식 · 손의성 · 김성철 · 이종록 · 이승열(2009). 교회 자원봉사. 경기 : 공동체.
정진모(2006). 사회복지 프로그램 기획 시 고려사항. 공동모금회 설명자료(2006. 6).
정희선(2015). 시간관리 프레임을 넘어서는 일상의 자원봉사 문화. 제6회 전국자원봉사 컨퍼런스 자료집. 한국자원봉사협의회.
______(2021). 비대면 자원봉사활동의 현재와 대응전략. 자원봉사정책저널, 20호.
제임스 C. 피셔캐더린 M. 콜 공저, 유성호 역(1997). 자원봉사 프로그램의 관리와 리더십. 서울 : 아시아미디어 리서치.

조휘일(1998). **현대사회와 자원봉사**. 서울 : 홍익재.

주성수(2005). **자원봉사**. 서울 : 아르케.

지은구 · 조성숙(2019). **지역사회복지론**. 서울 : 학지사.

최덕경 · 강기정 · 박경애 · 박창우 · 배은숙 · 이명원 · 이혜자 · 정은미 · 정혜선(2006). **자원봉사론**. 경기 : 공동체.

______(2008). **자원봉사론**. 경기 : 공동체.

최성재 · 남기민(2006). **사회복지행정론**. 서울 : 나남출판.

최성재 · 장인협(2002). **노인복지론**. 서울 : 서울대학교출판부.

최유미(2011). **자원봉사관리론**. 경기 : 공동체.

______(2018). **자원봉사관리론**. 경기 : 공동체.

______(2020). **자원봉사관리론**. 경기 : 공동체.

최일섭 외(1996). 미국의 자원 봉사 유래와 현황. 한국사회복지관협회.

최일섭 · 이창호(1993). **사회계획론**. 서울 : 나남출판.

한국사회복지협의회(2024). 2023 VMS 사회복지 자원봉사 통계연보.

한국자원봉사문화(2016). 웹진 자원봉사문화 87호.

한국자원봉사협의회(2014). 2013 재능을 나눕시다.

한국중앙자원봉사센터(2011a). 자원봉사센터 업무매뉴얼 교육.

______(2011b). 자원봉사센터 업무매뉴얼 프로그램.

______(2012). 자원봉사센터 업무매뉴얼 모집 · 배치.

______(2023). 자원봉사 정책저널 Vol.29.

한국청소년활동진흥원(2022). 2022 청소년 자기주도형 봉사활동 우수사례집.

한성일(2015). 타임뱅크시스템과 무제한적 호혜성의 원리. **문화와 사회**, 18, 381－431.

한양대학교 사회봉사단(1998). **대학의 사회봉사**. 서울 : 한양대학교출판부.

행정안전부(2008). 2008 자원봉사 인정보상 시행실태 조사 및 모형개발 연구.

______(2008). 자원봉사활동 관리 표준 매뉴얼 개발 연구.

______(2010). 자원봉사 시간인증 기준(보완).

______(2020). 2020 자원봉사활동 실태조사 및 자원봉사활동 기본법 개정 연구.

______(2022). 2023년 비영리민간단체 지원사업.

______(2023). 2024년 재해구호계획 수립지침.

______(2024). 2024년 자원봉사센터 운영지침.

현외성(2004). **자원봉사론 강해**. 서울 : 학지사.

Blau, P. M.(1964). *Exchange and power in social life.* NY : John Wiley & Sons.

Clary, E. G., Ridge, R. D., Stukas, A. A., Snyder, M., Copeland, J., Haugen, J., & Meine, P.(1998). Understanding and assessing the motivations of volunteers : A Funtional approach. *Journal of Personality and Social PSYCHOLOGY, 74*(6), 1516−1530.

Ellis, S. J., & Noyes, K. H.(2006). *By the People : A History of Americans as Volunteers*(Rev. ed.). San Francisco : Jossey−Bass.

Fader, S.(2010). *365 Idea for Recruiting, Retaining, Motivating, and Rewarding Your Volunteers : A Complete Guie for Nonprofit Organization.* Ocala, FL : Atlantic Publishing Group.

Fletcher, Kathleen Brown(1987). *The keys to 9 Sucessful Volunteer Program.* Washingtion, D.C. : The Taft Group

Houle, B. J., Sagarin, B., & Kaplan, M. F.(2005). A Functional Approach to Volunteerism : Do Volunteer Motives Predict Task Preference?. *Basic and Applied Social Psychology, 27*(4), 337−344.

Ilsey, P. J.(1990). *Enhancing the Volunteer Experience.* San Francisco : Jossey−Bass Publishers.

Ilsley, P. J., & Niemi, J. A.(1981). *Recruiting and Training Volunteers.* New York : McGraw−Hill Book Co.

Jackson, R., Locke M., Hogg, E., & Lynch, R.(2019). *The complete volunteer manage−ment handbook*(4th ed.). Directory of Social Change.

Jacobson, Ann(1978). Standard and Guidelines for the Field of Volunteerism. Association of Volunteer Bureaus.

McClelland, D. C.(1962). Business Drives and Nation Achievement. Harvard Business Reveiw, July−August.

________________(1987). *Human Motivation.* Cambridge : Cambridge University.

McCurley, S., & Lynch, R.(1989). Essential volunteer management. The Volunteer Management Series of VM Systems.

__________________________(1994). *Essential Volunteer Management.* New York : VMSystems and Heritage Art Publishing.

__________________________(1996). The effect of voluteering on the young volunteer. *Journal of Primary Prevention, 10.*

__________________________(1996). *Volunteer Management.* IL : Heritage Arts Publishing.

McGregor, M. S., James, J. G., & Cater, D.(1982). *For Love Not Money.* Blackburn, Victoria : Dove Communication.

Meneghetti, M. M.(1995). Motivating People to Volunteer Their Services. In T. D. Connors(Ed.), *The Volunteer Management Handbook.* New York : John Willy & Sons, INC.

National Association of Social Workers(1977). Encyclopedia of social work.

Phillips, L. C.(2005). The Impact of Functional Congruence or Incongruence of Volunteer Reward Messages on Task Satisfaction. Ph. D. Dissertation, Capella University.

Schindler-Rainman, E., & Ronald, L.(1975). *The Volunteer Community : Creative Use of Human Resources*(2nd ed.). Virginia : NTL Learning Resources Corp.

Tony Tripodi(1983). Evaluative Research for Social Workers. *Journal of Education for Social Work.*

Vroom, V. H.(1964). *Work and motivation.* New York : John Willy & Sons, INC.

Weiner, B.(1982). An attribution theory of motivation and emotion. Series in Clinical & Community Psychology : Achievement, Stress, & Anxiety.

Wilson, M.(1976). *The Effective Management of Volunteer Program.* Colorado : Volunteer Management Associates.

데일리안(2024. 11. 14).

백세시대(2017. 4. 7).

행정안전부(2016. 12. 13). 기록으로 보는 나눔과 봉사의 발자취 보도자료.

________(2017. 9. 15). 함께 살린 바다, 123만 자원봉사자의 기적 보도자료.

________(2024. 5. 1). 2024년 자원봉사종합보험 신규 계약 체결 보도자료.

헤럴드경제(2024. 12. 2).

1365 자원봉사포털 www.1365.go.kr

ODA KOREA(공적개발원조) www.odakorea.go.kr

경상북도종합자원봉사센터 www.gbvt1365.kr

구미시사랑고리공동체 www.timegumi.com

부산광역시자원봉사센터 www.busan1365.kr

사회복지 자원봉사 인증관리 www.vms.or.kr

서울시자원봉사센터 volunteer.seoul.go.kr

월드프렌즈 코리아 worldfriendskorea.or.kr

타임뱅크 코리아 www.timebanks.or.kr

한국사회복지협의회 www.bokji.net
한국자원봉사문화 volunteeringculture.or.kr
한국자원봉사협의회 www.vkorea.or.kr
한국중앙자원봉사센터 www.1365.or.kr
한국청소년활동진흥원 www.kywa.or.kr
행정안전부 www.mois.go.kr

찾아보기

저/자/약/력

■ **김남숙**
부산대학교 대학원 사회복지학과(행정학 석사)
부산대학교 대학원 사회복지학과(사회복지학 박사)
남구노인복지관 관장 역임
현 동명대학교 사회복지학과 교수

■ **백민수**
연세대학교 경영학과 대학원 석사
대구대학교 사회복지대학원 석사
현 구미대학교 사회복지과 교수
구미대학교 인재개발처 취창업지원센터 팀장

■ **정명환**
경주시종합자원봉사센터 부장 역임
동국대학교 사회복지학과 학사, 석사, 박사수료
현 포항대학교 사회복지과 교수
포항시지역사회보장협의체 실무위원장

자원봉사론

|공저자| 김남숙 · 백민수 · 정명환

|1판 1쇄| 발행 2025년 1월 31일
|1판 2쇄| 발행 2025년 7월 30일

|발행인| 김 동 훈
|발행처| 공 동 체

|주소| 경기도 고양시 일산동구 호수로 358-39, 동문타워 I 905호(백석동)
|전화| 031) 814-3000(대표)
|팩스| 031) 814-3100
|홈페이지| http://www.compub.co.kr
|전자우편| compub@naver.com
|출판등록| 2005년 10월 6일
|등록번호| 제396-2005-36호

|ISBN| 979-11-6725-860-1
정가 19,000원

MEMO

MEMO